马克思恩格斯关于资本主义生态批判理论研究,2014年国家社科基金一般项目,批准号14BKS001。

研究阐释十九大精神国家社科基金专项项目:人与自然和谐共生的理论创新与中国行动方案,批准号18VSJ014。

马克思诞辰200周年纪念文库
The 200ᵗʰ Anniversary Books for Karl Marx

马克思生态思想研究

解保军 | 著

中央编译出版社
Central Compilation & Translation Press

图书在版编目（CIP）数据

马克思生态思想研究／解保军著．—北京：中央编译出版社，2019.1
ISBN 978-7-5117-3677-2

Ⅰ．①马⋯
Ⅱ．①解⋯
Ⅲ．①马克思主义—生态学—研究
Ⅳ．① A811.693

中国版本图书馆 CIP 数据核字（2018）第 288089 号

马克思生态思想研究

出 版 人：	葛海彦
责任编辑：	谭　伟
责任印制：	刘　慧
出版发行：	中央编译出版社
地　　址：	北京西城区车公庄大街乙 5 号鸿儒大厦 B 座（100044）
电　　话：	（010）52612345（总编室）　　（010）52612349（编辑室） （010）52612316（发行部）　　（010）52612346（馆配部）
传　　真：	（010）66515838
经　　销：	全国新华书店
印　　刷：	三河市华东印刷有限公司
开　　本：	710 毫米 × 1000 毫米　1/16
字　　数：	245 千字
印　　张：	15
版　　次：	2019 年 1 月第 1 版
印　　次：	2019 年 1 月第 1 次印刷
定　　价：	78.00 元
网　　址：	www.cctphome.com　　邮　箱：cctp@cctphome.com
新浪微博：	@中央编译出版社　　微　信：中央编译出版社（ID: cctphome）
淘宝店铺：	中央编译出版社直销店（http://shop108367160.taobao.com）（010）55626985

本社常年法律顾问：北京市吴栾赵阎律师事务所律师　闫军　梁勤
凡有印装质量问题，本社负责调换，电话：（010）55626985

自　序

2018年年初，为了纪念马克思诞辰200周年、《共产党宣言》发表170周年和我国改革开放40周年，中央编译出版社推出并实施"马克思诞辰200周年纪念文库"资助出版项目，面向社会公开征集书稿。我的书稿《马克思生态思想研究》被列入"马克思诞辰200周年纪念文库"部分资助推荐出版项目，这令我感到欣慰。作为一名马克思主义理论的研究者和传播者，借此机会，以我的研究成果向马克思诞辰200周年献礼，表达了我对马克思主义的理论信仰和对伟大思想家马克思的崇敬。

马克思生态思想研究已经成为了马克思思想研究中的"显学"，马克思有着丰富而深刻的生态思想已经成为了国内外学术界的共识。随着人们对生态环境问题的重视和中国特色社会主义生态文明建设的需要，马克思的生态思想越来越受到人们的重视。如果说二三十年前，人们还纠结于马克思的理论中是否有生态思想，马克思的生态思想是否能为今天的生态实践提供理论支持等一系列问题的话，那么今天这已不是问题。正如恩格斯谈到的那样，马克思在他所研究的每一个领域都有独到的发现，这样的领域是很多的，而且其中任何一个领域他都不是肤浅地研究的。的确，在生态思想领域，马克思也有独到的发现，他在该领域也不是浅尝辄止、蜻蜓点水，而是有着深刻独到的研究。他的生态思想即使放在今天也是博大精深、熠熠生辉。

自1997年我攻读马克思主义哲学专业的博士学位起，我就把马克思的生态思想及其当代意义作为我的研究方向。《马克思生态思想研究》就是我多年研究成果的荟萃。

人与自然关系理论是马克思生态思想的基础理论，马克思在这方面有着丰富而深刻的论述。在《1844年经济学哲学手稿》中，马克思把自然界视为人的无机的身体，人靠自然界生活，人是自然界的一部分。马克思告诉我们，动物的生产是片面的，人的生产是全面的，所以，人们要再生产整个自然界。马克思提出了"实践的人化自然观"的概念，分析了人与自然的对象性关系，分析了不同性质的对象性关系以及对人的生存方式的影响。历史唯物主义理论并不缺乏"自然"的维度，马克思关于"生产的自然条件"思想就包含着丰富的生态思想，他从生态角度阐发了生产的自然条件对劳动生产力各方面的影响，强调了保护"生产的自然条件"的重要意义。

从生态视角重新阐释马克思的理论，一条研究马克思思想的生态路径就会在我们面前铺展开来。马克思不仅论述了社会生产力理论，还论述了自然生产力理论，分析了自然生产力对社会生产力的作用和影响。马克思的科学技术观也包含着生态维度，在他看来，科学技术是减少和利用废物，促进循环经济和实现生态农业的重要手段和方法。马克思从受动与能动的自然存在物、生产的片面性和全面性、人与自然对象性存在的辩证关系、人—社会—自然三者解放的辩证关系等方面，阐述了生态辩证法思想。马克思提出了"人与土地伦理关系"思想，要求人类像"好家长"关爱自己的孩子那样去关爱土地。这比美国著名生态伦理学家奥尔多·利奥波德（Aldo Leopold）的"土地伦理学"早了近一个世纪。现在，人们常说"垃圾是放错了位置的原料"。其实，马克思早在100多年前就明确讲过：所谓的废料，几乎在每一个产业中都起着重要作用。所以，马克思生态思想中的许多真知灼见值得我们高度重视。

马克思对资本主义的批判是彻底全面的，其中对资本主义的生态批判是马克思社会批判理论的重要内容。马克思对资本主义工业、农业、工人生存环境和资本主义生产外部不经济问题等都展开过生态批判，从资本主义"异化劳动"、资本理性、资本家本质、资本主义生产方式等角度分析探讨了导致资本主义早期生态环境危机的制度根源，为人们了解、批判资本主义开辟了一条生态路径，极大丰富和发展了马克思对资本主义的社会批判理论。

马克思的生态思想在当代世界，特别是在中国引起了极大的反响，产生了强烈的共鸣。马克思生态思想是中国共产党建设生态文明的指导思想，"努力建设美丽中国"是马克思主义中国化的生态维度。党的十九大报告在人与自然关系、生态文明建设方面提出了许多新思想、新观点，如"人与自然是生命共同体""人类对大自然的伤害最终会伤及人类自身，这是无法抗拒的规律""人与自然和谐共生""还自然以宁静、和谐、美丽"和"优美生态环境需要"等，中国共产党在生态文明方面的理论创新都能在马克思的生态思想中寻到"根"、觅到"源"。马克思的生态思想是我们推进社会主义生态文明建设的理论基础，也是我们牢固树立社会主义生态文明观，推动形成人与自然和谐发展现代化新格局的精神动力。

在这里需要说明的是，细心的读者将会看到，在本书所收录的文章中，马克思的有些论述和实例会有一些重复，可能会给读者的浏览带来些许的不便。但是，我在结集时并没有删节这些重复的内容，原因在于，这些是马克思的原。我在不同的文章中引用这些论述和实例时，自然要如实引用。再者，我研究马克思的生态思想也是一个过程，不做删节也是想保持原文的完整性，展示出我研究的思维路径和原初样态。

当然，还应该说明，本书的许多观点和见解都印刻着时代的烙印，透射出本人有限的知识水准和研究能力。今天看来，书中难免有幼稚和不成熟的东西，对马克思生态思想的把握也存在着差距。但是，今天的人们给予了马克思生态思想越来越多的垂注和认同，这是令我欣慰的。

正如杨耕教授所说，有些观点本来不是马克思主义基本观点，马克思、恩格斯只是对此有所论述，但未深入研究、详尽论证，可这些观点所蕴含的问题又是当代实践的"热点"问题。对此，我们应以新的实践、科学和理论成果为基础深入研究、详尽论证，使之成熟完善，上升为马克思主义基本观点，如人与环境关系的观点。

此言诚矣！我赞同对马克思主义观点的这种态度。

目录

第一编 马克思生态思想的基础理论 ································· 1
  马克思是如何看待人与自然关系的
    ——读《1844年经济学哲学手稿》的体会 ······················ 3
  马克思"实践的人化自然观"的多维度界说 ······················· 12
  人与自然的对象性关系和人的存在方式 ··························· 21
  马克思"生产的自然条件"思想探析 ······························· 28
  基于生产力理论的"生产的自然条件"概念新探 ················· 36

第二编 从生态视角对马克思思想观点的重释 ················· 51
  马克思"自然生产力"思想探析 ······································· 53
  马克思科学技术观的生态维度 ··· 61
  马克思《1844年经济学哲学手稿》中的生态辩证法思想及其启示 ··· 67
  马克思"人与土地伦理关系"思想探微 ···························· 74
  生态文明视域下对共产主义社会"财富充分涌流"特征的理解 ··· 85
  马克思的循环经济思想探微 ··· 91

第三编 马克思关于资本主义的生态批判理论 ················· 95
  马克思恩格斯对资本主义的生态批判及其意义 ···················· 97
  马克思对资本主义工业的生态批判 ································· 107

马克思对资本主义农业的生态批判 …………………………………… 121
马克思恩格斯对资本主义工人生存环境的生态批判及其意义 ………… 132
马克思恩格斯对资本主义生产外部不经济问题的生态批判及意义 ……… 146

第四编　马克思生态思想的当代回响 ………………………………… 161
建设生态文明是中国特色社会主义的重要内容 …………………………… 163
"努力建设美丽中国"——马克思主义中国化的新维度 ………………… 172
经济新常态:生态文明建设的新契机 ……………………………………… 181
"环境悬崖"危机倒逼出生态文明建设的新契机 ………………………… 189
基于绿色发展理念的我国欠发达地区经济跨越发展的思考
　　——马克思"跨越资本主义卡夫丁峡谷"设想的启示 ……………… 197
苏联早期马克思主义理论家的生态思想和生态实践索隐 ……………… 205
理解"优美生态环境需要"理念的新视阈 ………………………………… 218

第一编 01

马克思生态思想的基础理论
——人与自然关系研究

马克思是如何看待人与自然关系的[①]

——读《1844年经济学哲学手稿》的体会

《1844年经济学哲学手稿》（以下简称《手稿》）是马克思早期的一部重要著作，其内容深邃博大，不仅包含着丰富的经济、政治、哲学、美学思想，而且还蕴藏着丰富的生态自然观，对人与自然的论述独到而深刻，值得我们认真研究。为了阐述劳动异化理论，揭示资本主义社会中劳动异化现象，马克思对人与自然的关系进行了全方位的研究，科学地阐明了人在自然界中的地位问题，强调了自然界对人的本质确证的重要意义，深刻地揭示了人与自然之间的内在联系和人化自然与自然人化的本质统一性，提出了确立人与自然和谐共生的生态自然观，这些思想对我们加深了解人与自然的关系，理解可持续发展观是大有益处的。

一、自然界是人的无机的身体，人是自然界的一部分

人在自然生物圈中处于何种地位的问题，是一个前提性的问题，因为它直接关系到人对自然界的义务和责任。马克思在《手稿》中，从多角度研究了这个问题，提出了"自然界是人的无机的身体""人是自然界的一部分"的科学结论。

（一）人是自然界的产物

由于宗教的影响及人们对自然界和人的形成史缺乏科学的认识，所以，上帝创世说、上帝造人说在西方社会中相当流行，使人们在人与自然的关系问题

[①] 原载《学术交流》，1999年第1期。

上有许多错误的认识,为此,马克思鲜明地指出:"整个所谓世界历史不外是人通过人的劳动而诞生的过程,是自然界对人说来的生成过程,所以,关于他通过自身而诞生,关于他的产生过程,他有直观的、无可辩驳的证明。"① "自然界,就它本身不是人的身体而言,是人的无机的身体。人靠自然界生活。"② 自然界与人类的形成都是一个自然历史的过程,作为社会产物的人,归根结底是自然界的产物。自然界生养哺育了人类,人类就应该明白自身在自然面前所承担的义务和责任,要尊重自然,爱护自然,维护自然生态系统完整、有序、健康地发展。面对自然界这个人类的伟大母亲,人类只能用爱心去善待,因为这同样是善待人类自身。人类对自然生态系统的任何破坏和损害,都是对人类伟大母亲的亵渎和犯罪,自然之母容不得人类的肆意妄行,历史也多次证明了恩格斯的名言:"我们不要过分陶醉于我们人类对自然界的胜利。对于每一次这样的胜利,自然界都对我们进行报复。"③

(二) 人是自然存在物

人不是外在于自然界的异物,而是自然界的产物,是自然界大家族中的一员,因而人也必定具有自然的属性。正如马克思指出的那样:"人直接地是自然存在物。人作为自然存在物,而且作为有生命的自然存在物,一方面具有自然力、生命力,是能动的自然存在物;这些力量作为天赋和才能,作为欲望存在于人身上;另一方面,人作为自然的、肉体的、感性的、对象性的存在物,和动植物一样,是受动的、受制约的和受限制的存在物,也就是说,他的欲望的对象是作为不依赖于他的对象而存在于他之外的;但这些对象是他的需要的对象;是表现和确证他的本质力量所不可缺少的、重要的对象。"④ 马克思把人作为自然存在物来看待,具有多方面的生态伦理意义:(1) 人作为自然存在物,是自然大家族中的一个成员,他应该关心和爱护自己的家园,善待自然界,对自然生态系统的任何破坏,也是对人类自身机体的破坏,因此,人类要重新审视人类中心主义的价值观,要树立同其他自然存在物一荣俱荣、一损俱损的生态伦理意识,摆正人在自然界中的位置。(2) 人是能动的自然存在物,是自然

---

① 《马克思恩格斯全集》第42卷,人民出版社1979年版,第131页。
② 《马克思恩格斯全集》第42卷,人民出版社1979年版,第95页。
③ 《马克思恩格斯选集》第4卷,人民出版社1995年版,第383页。
④ 《马克思恩格斯全集》第42卷,人民出版社1979年版,第167—168页。

生命中唯一具有自觉意识，并且能体察到自身生存危机的生命形式，因此，在保持自然生态平衡、维护其他生命物种生存权利方面，人类有着不可推卸的道义责任。（3）人作为自然存在物，他的一切活动都要受到自然规律的限制和约束。人不可莽撞行事、胡作非为，而应自觉地按生态自然规律办事，这样才能"制天命而用之"。（4）自然界是人的精神的无机界，人的情感、意志、智慧和灵气，都是大自然赋予的。正如人的肉体生活离不开自然界一样，人之为人的精神生活同样也离不开自然界，自然界的神秘启迪着人类的智慧，自然界的灵秀培养了人类的美感，自然界的厚德载物造就了人类的宽容和谐。大自然为人类提供了丰富的精神食粮，人类应该使青山常在、绿水常流，使人类精神的源泉永不枯竭。

（三）人是属人的自然存在物

人既是自然存在物，但又不同于其他自然存在物。因为在自然面前，人不是被动的单个存在物，而是有意识、有目的，明确自身存在意义和价值的类存在物。人既能"通过自己的劳动占有外部世界，感性自然界"，又能"通过自己的劳动使自然界受自己支配"。所以，马克思明确指出："人不仅仅是自然存在物，而且是人的自然存在物，也就是说，是为自身而存在着的存在物，因而是类存在物。他必须既在自己的存在中也在自己的知识中确证并表现自身。"① 人虽说是自然家族中的一员，但毕竟是天地之精灵，万物之尊长，人不是为了其他自然存在物的存在而存在，而是为了自身的存在而自然存在着的。他爱护动植物，保持生态平衡发展只是手段，而目的是为了人的长远利益和自身生存与发展的需要。在这里手段和目的的关系一定要弄清楚。现在人们提倡善待动植物，保护自然生态系统的有序发展是完全必要的、正确的。但不要过分，不要把动植物的保护同人的生存和发展需要对立起来，甚至主张人类的完全回归，对已有的文明成果采取一种"大拒绝"的方式，回到"茹毛饮血"的原始状态。这种绝对的非人类中心主义就是把人与其他自然存在物的关系搞颠倒了，其结论是荒谬的。我们应该合理地利用、开发自然，这是人在自然面前确证自身的需要，也是人作为人的自然存在物的本质要求。

---

① 《马克思恩格斯全集》第42卷，人民出版社1979年版，第169页。

二、人靠自然界生活

人是一种有意识的自为的存在,是在一定的意识支配下去从事实践活动的。因此,要想使人类树立生态环境意识,自觉履行对自然界应尽的义务和责任,必须使他懂得自然界对人的意义和价值。所以,马克思在深入研究自然界与人的相互关系之后,明确表述了"自然界是人的无机的身体""人靠自然界生活"的思想,科学地解决了上述问题。

(一)人化的自然界才有意义和价值

自从人猿相揖别,人类就用自身的劳动同自然界保持着千丝万缕的联系,人同自然是不可分割的。所以,马克思说:"被抽象地孤立地理解的、被固定为与人分离的自然界,对人说来也是无。"① 也就是说,绝对荒蛮的、与人没有联系的自然界是没有意义和价值的,只有人化的自然界,与人的实践活动发生了互动影响的自然界,才是属人的自然界,才是有意义的。正如马克思所表述的:"在人类历史中即在人类社会的生产过程中形成的自然界是人的现实的自然界;因此,通过工业——尽管以异化的形式——形成的自然界,是真正的、人类学的自然界。"② 这就表明,人的实践活动越深入、越广泛,人的现实的自然界与人的关联就越紧密,两者之间的相互作用就越普遍。人的实践一方面改变了自然界本来的形态和面貌,另一方面也把人的精神需求物化到自然界之中。同时,自然界也对人的生存和发展有着利弊兼存的两种影响。因此,人类为了趋利避害,就必须从人与自然界相互影响的结合上来安排自己的生产和生活,不能偏向任何一个极端。

(二)自然界是人类生存与发展的物质前提

人类的生存与发展无论是从物质的还是从精神的层面上讲,都要依赖自然界。首先,自然界为人类的生产提供了生产资料。因为"没有自然界,没有感性的外部世界,工人就什么也不能创造。它是工人用来实现自己的劳动、在其

---

① 《马克思恩格斯全集》第42卷,人民出版社1979年版,第178页。
② 《马克思恩格斯全集》第42卷,人民出版社1979年版,第128页。

中展开劳动活动、由其中生产出和借以生产出自己的产品的材料"①。其次，自然界为人类的生活提供生活资料。"人（和动物一样）靠无机界生活，而人比动物越有普遍性，人赖以生活的无机界的范围就越广阔……人在肉体上只有靠这些自然产品才能生活，不管这些产品是以食物、燃料、衣着的形式还是以住房等等的形式表现出来。"②

（三）自然界给人类提供丰富的精神食粮

"从理论领域说来，植物、动物、石头、空气、光等等，一方面作为自然科学的对象，一方面作为艺术的对象，都是人的意识的一部分，是人的精神的无机界，是人必须事先进行加工以便享用和消化的精神食粮。"③ 的确，是神奇的大自然赋予了人类灵性，是巧夺天工的自然美培养了人类的审美情趣。因此，人类要想在物质与精神两方面充实地惬意地生活，就必须对大自然细心保护，倍加珍爱。

马克思在强调自然界对人类的重要性时，提出了"自然界是人类无机的身体"的命题，把自然界看成是与人的身体具有同样意义和价值的东西。正如马克思所说："人的普遍性正表现在把整个自然界——首先作为人的直接的生活资料，其次作为人的生命活动的材料、对象和工具——变成人的无机的身体。"④既然自然界是人的无机的身体，那么，人类就应该像保护自身健康一样，来保护自然界无机身体的健康；像预防疾病那样，防止对生态自然平衡的损害；像治疗自身病患那样，治理环境污染；像锻炼身体一样，来积极地建设自然、美化自然；像增强健康意识一样，树立人类应有的环境意识和生态伦理意识。

（四）自然界是人与人联系的纽带

人是类的存在物，类的形成是以人们之间的相互交往为手段的，而这种交往又是在生产和生活的实践中逐步发展的。因此，人要生存与发展，就必须要与自然界进行物质和能量的交换，于是自然界就成为人与人联系的纽带。因此，马克思指出："自然界的人的本质只有对社会的人说来才是存在的；因为只有在社会中，自然界对人说来才是人与人联系的纽带，才是他为别人的存在和别人

---

① 《马克思恩格斯全集》第42卷，人民出版社1979年版，第92页。
② 《马克思恩格斯全集》第42卷，人民出版社1979年版，第95页。
③ 《马克思恩格斯全集》第42卷，人民出版社1979年版，第95页。
④ 《马克思恩格斯全集》第42卷，人民出版社1979年版，第95页。

为他的存在，才是人的现实的生活要素；只有在社会中，自然界才是人自己的人的存在的基础。"① 自然界是人本身的自然与人身外的自然界的统一体。从人本身的自然来看，人的身体是人际交往、相互联系的物质承担者，并且还要使身体处于健康状态，否则，人际交往与互动是不可能的。从人体外的自然界看，自然界是人际交往的媒介物，自然界和谐的存在不仅维系着当代人与人的相互关系，而且也维系着今人与古人的联系。人们可以从远古遗存的自然物上破译那久远的文化意蕴，人们也知道自然生态的破坏给人们带来的文化悬案，许多令世人迷惑不解的千古文明奇迹成为人类文明史上的"哥德巴赫猜想"，这不能不说与自然生态链条的断裂有关。因此，我们必须对生态自然平衡给予精心照顾和维护，使附着在自然界中的人类文明的编码能够永存。

三、再生产整个自然界

由人与各种各样的无机物、有机物、动植物和微生物组成的自然生态系统是一个相互依赖、相互作用的有机整体。人作为其中的一员，有维护自然界和谐发展的义务和责任。因此，马克思向人们提出了"再生产整个自然界"的总要求，为人们正确处理人与自然的关系指明了方向。

（一）保护自然

人类对自然的破坏由来已久。马克思在《手稿》中描述了资本主义异化生产条件下，自然界遭到破坏的情景："甚至对新鲜空气的需要在工人那里也不再成其为需要了。人又退回到洞穴中，不过洞穴现在已被文明的熏人毒气污染……光、空气等等，甚至动物的最简单的爱清洁习性，都不再成为人的需要了。肮脏，人的这种腐化堕落，文明的阴沟（就这个词的本意而言），成了工人的生活要素。完全违反自然的荒芜，日益腐败的自然界，成了他的生活要素。"② 而造成自然界日益腐败的社会根源，正是马克思所深刻揭示的，以追求经济利润为终极目标的异化生产引起的。所以，马克思一针见血地指出："劳动本身，不仅在目前的条件下，而且一般只要它的目的仅仅在于增加财富，它就是有害

---

① 《马克思恩格斯全集》第42卷，人民出版社1979年版，第122页。
② 《马克思恩格斯全集》第42卷，人民出版社1979年版，第133—134页。

的、造孽的。"① 马克思的话振聋发聩，尤其对今年饱受洪水之苦的中国人来说，更具有警世的作用。的确，我国许多地区以乱伐木、乱开矿作为维持当地财政收入的唯一手段，这种以赚钱为目标的生产的确是有害的、造孽的。这就要求我们在生产中不能只注重财富的积累，还要关心自然生态的平衡，关心人的劳动境况。

（二）重视自然界的再生建设

自然界是人类生活的物质基础，人类要想持续生存和发展，就必须改造自然界，进行生产。所以，马克思说："通过实践创造对象世界，即改造无机界，证明了人是有意识的类存生物。"② 人类正是在改造自然界的生产劳动中，才使人的类本质得到确证。但是，自然界的资源是有限的，许多资源是不可再生的，随着生产规模的扩大，人类对自然界的损害程度和范围定会不断加深和扩大。如果这种趋势任其发展，必然会破坏整个自然生态系统的平衡和稳定，直接威胁到人类的生存和发展。因此，为了生存和发展，人类必须重新全面建设自然界，恢复自然界的良性循环。所以，人的生产理应包括再生产自然界的过程。

（三）按美的规律美化自然界

马克思指出："自然界是个有缺陷的存在物。不仅对我说来而且在我的眼里看来是有缺陷的存在物，即就其本身说来是有缺陷的存在物。"③ 的确如此，由于自然和人为的原因，自然界并非完美无缺，人不应被动地去适应这个有缺陷的自然界，而应当通过科学的方法去消除或弥补自然界的缺陷，使之尽善尽美。按照美的规律塑造自然、美化自然，是马克思为人类生产活动提出的一个更高的要求。按照这个原则，人类的生产必须把改造自然、建设自然与美化自然有机统一起来，从而创造出美的产品、美的环境和美的人，使人与自然的和谐统一达到完美的境界。

四、动物的生产是片面的，人的生产是全面的

马克思指出："诚然，动物也生产……但是动物只生产它自己或它的幼仔所

---

① 《马克思恩格斯全集》第42卷，人民出版社1979年版，第55页。
② 《马克思恩格斯全集》第42卷，人民出版社1979年版，第96页。
③ 《马克思恩格斯全集》第42卷，人民出版社1979年版，第180页。

直接需要的东西;动物的生产是片面的,而人的生产是全面的;动物只是在直接的肉体需要的支配下生产,而人甚至不受肉体需要的支配也进行生产,并且只有不受这种需要的支配时才进行真正的生产;动物只生产自身,而人再生产整个自然界;动物的生产直接同它的肉体相联系,而人则自由地对待自己的产品;动物只是按照它所属的那个种的尺度和需要来建造,而人却懂得按照任何一个种的尺度来进行生产,并且懂得怎样处处都把内在的尺度运用到对象上去;因此,人也按照美的规律来建造。"① 马克思在比较了动物和人生产的不同之后,深刻地揭示了人的生产所应遵循的基本生态伦理原则。

(一)人的生产应是全面的

在马克思看来,动物的生产是片面的,只按照自身肉体的需要和自己直接的需要来进行生产。因此,动物的这种生产只能是急功近利、顾此失彼的。而人的生产是全面的,既要照顾到肉体的需要,又要照顾到精神的需要,摆脱了纯粹为了肉体需要而从事的生产才是真正意义上的生产。这就决定了人的生产,既要关注自身的需要,也要关注其他自然存在物的需要;既要关注当代人的利益,又要关注子孙后代的利益;既重视经济效益,又重视生态效益和社会效益。

(二)人按照任何物种的尺度来进行生产

动物的生产只有一个尺度,即只按照自身所属的那个物种的尺度和需要,因此,动物只是以牺牲其他存在物为代价来维护自己生存需要的。而人的生产要遵循内在和外在两种尺度。所谓内在尺度,是指人类生产时,是按照人的需要和目的进行的,生产是以人为本的。而所谓外在尺度,是指人类生产时,要懂得按照各个物种本身的需要和要求来进行生产,要按照自然生态规律来进行生产。这两种尺度在人的生产中要有机结合起来,不能偏废。

(三)人的生产是负责任的、建设性的生产

动物没有意识,不能制造和使用工具,它的生产纯粹是生理本能的需要,对自然生态的保护也不承担任何责任。而人是理性的动物,他能按照科学的行为去从事生产,能自觉爱惜和保护其他自然存在物,尽可能把可能再生的资源再生出来,建设整个自然界。因此,人类应该明确自己对维护自然生态平衡所应承担的责任和义务。

---

① 《马克思恩格斯全集》第42卷,人民出版社1979年版,第96—97页。

马克思在《手稿》中，从人与自然关系的研究中，得出了下面这个结论：人与自然界和谐统一理想境界的实现，不能依靠资本主义制度，而只能依靠共产主义。因为，在资本主义社会中，劳动异化是普遍存在的，"经济规律盲目地支配着世界，人是微不足道的，而产品则是一切。"① 资本家"把工人只当作劳动的动物，当作仅仅有最必要的肉体需要的牲畜"②。因此，资本主义社会的基本矛盾决定了在资本主义社会不可能真正实现人与自然的和谐统一，而这种理想只能在共产主义社会才能实现。因为"这种共产主义，作为完成了的自然主义，等于人道主义，而作为完成了的人道主义，等于自然主义，它是人和自然之间、人和人之间的矛盾的真正解决，是存在和本质，对象和自我确证，自由和必然，个性和类之间的斗争的真正解决"③。由于只有在共产主义社会人类才能够真正解决上述矛盾，所以，人类社会才能真正达到人与自然的和谐统一，从必然王国走向自由王国。

---

① 《马克思恩格斯全集》第42卷，人民出版社1979年版，第72页。
② 《马克思恩格斯全集》第42卷，人民出版社1979年版，第57页。
③ 《马克思恩格斯全集》第42卷，人民出版社1979年版，第120页。

马克思"实践的人化自然观"的多维度界说[①]

在批判黑格尔和费尔巴哈的"人化自然观"的基础上,马克思提出了"实践的人化自然观",完成了自然观上的哲学革命。然而,对于"实践的人化自然观"的实质,国内外学者可以说是见仁见智,争议颇多。在教科书哲学体系的理解框架内,人们把马克思的自然观仅仅归结为一种物质本体论;卢卡奇等人把它视为一种非本体论意义上的实践辩证法;"生态学马克思主义者"却说该自然观表现出极端人类中心主义的谵妄。

造成上述观点相左的原因是多方面的。在我们看来,这与我们长期以来对马克思自然观的理解方式有关。许多哲学家仅从某一固定的理解框架出发,指出该自然观的某一种含义,而有意或无意地忽视掩盖了其他含义。马克思自然观的含义是多样性的,它至少有四种含义。

一、本体论维度的"物质自然观"

马克思的自然观有唯物主义维度这是毋庸置疑的。首先,其中有唯物性的本体论的思考维度。马克思多次申明自己的唯物主义立场,"没有自然界,没有感性的外部世界,工人就什么也不能创造。"[②] 其次,其中还有总体性的本体论的思考维度。马克思多次指出自然是"包括社会在内的一切现象"[③]。马克思经常在相同的意义上使用"自然""物质""全部实在"等具有总体性含义的概

[①] 原载《哈尔滨工业大学学报》(社会科学版),2002 年第 3 期。
[②] 《马克思恩格斯全集》第 42 卷,人民出版社 1979 年版,第 92 页。
[③] 《马克思恩格斯选集》第 2 卷,人民出版社 1972 年版,第 413 页。

念,这说明马克思看到了人类社会是从自然界中逐渐派生出来的,从原生性的角度看,都是自然界不同形式的表现而已。最后,其中还有辩证性的本体论的思考维度。如果说从唯物性和总体性角度对自然观进行研究是一切唯物主义的共性的话,那么,马克思、恩格斯从辩证法的维度对自然观的思考,就结束了西方哲学史上唯物主义的自然本体论与辩证法长期分离的局面。在马克思、恩格斯看来,客观存在着的自然界是永恒发展变化的,他们把辩证法应用到对自然界的探索中,揭示了自然界辩证发展的图景。这是马克思自然观独到新颖之处,它表明了新、旧唯物主义在自然观上的分野。恩格斯明确指出:"马克思和我可以说是从德国唯心主义哲学中拯救了自觉的辩证法并且把它转为唯物主义的自然观和历史观的唯一的人。"①

然而,在许多"西方马克思主义者"的理解图式中,他们从社会历史和主观辩证法角度出发,看到了自然的社会化、人化的倾向,从而认为马克思的自然观根本就没有物质本体论的维度,否认自然辩证法存在的可能性。例如,施密特认为:"马克思把自然——人的活动材料——规定为并非主观所具有的,并非依赖人的占有方式出现的,并非和人直接同一的东西。但他决不是在无中介的客观意义上,即决不是在本体论的意义上来理解这种人之外的实在。"② 施密特甚至认为,要求人们从本体论维度去理解自然,把自然界视为一个辩证发展的物质世界的观点,是恩格斯在哲学上的一大失误,是向18世纪法国唯物主义自然观的倒退,而与马克思的自然观毫不相干。

我们应该看到,在对马克思自然观的理解上,施密特的观点是很富有创建性的,也的确道出了马克思自然观的主要特征。马克思自然观的本质特征也的确不是物质本体论,因为这是一切唯物主义的共同特征。而马克思自然观的创新之处在于突出了自然观上的实践论维度,强调了人对自然的中介与建构。但是,我们不能因此就否认马克思自然观的物质本体论的含义,否认自然界辩证发展的本性。首先,坚持自然界的物质本原性是马克思自然观的应有之义。马克思在批判黑格尔唯心主义哲学时,集中体现了其自然观的唯物主义性质。黑格尔曾建构了一个包罗万象的客观唯心主义的哲学体系。在这个体系中,世界

---

① 《马克思恩格斯选集》第3卷,人民出版社1972年版,第51页。
② [德]施密特:《马克思的自然概念》,吴仲昉译,商务印书馆1988年版,第14页。

的本原不是自然界，而是"绝对精神"，自然界不过是"绝对精神"的外化，是"绝对精神"借以实现自己目的的一个外在环节。在马克思看来，黑格尔完全颠倒了自然界与人类精神的关系，他的学说就是对上帝创世说的一种唯心主义的哲学阐释。这样一来，"现实的人和现实的自然界不过成为这个隐秘的、非现实的人和这个非现实自然界的宾语、象征。因此，主词和宾词之间的关系被绝对地相互颠倒了；这就是神秘的主体—客体，或笼罩在客体上的主体性。"① 马克思从唯物主义的基本立场出发，把黑格尔颠倒了的主词与宾词的关系做了再一次颠倒，并得出如下结论："抽象思维本身是无，绝对观念本身是无，只有自然界才是某物。"② 其次，马克思在明确坚持了"世界是什么"这个问题上的唯物主义基本立场之后，同样在"世界是怎样的"问题上坚持了辩证发展观。因此，主张自然界辩证发展的本性，也是马克思在对自然界进行哲学思考时得出的一个具有本体论意义的结论。马克思是在费尔巴哈唯物主义的导引下成为唯物主义者的，但他俩在对待黑格尔的唯心主义辩证法上却有着不同的表现。费尔巴哈在否认黑格尔唯心主义哲学倾向时，连同他的辩证法也完全抛弃了，恰似在给孩子洗澡时，为了倒脏水把婴儿也一同倒掉了。在这方面，马克思不同意费尔巴哈那种简单、粗陋、否定一切的做法。所以，列宁引述恩格斯的话说："当时几乎只有我和马克思两人决心拯救自觉的辩证法（使其不致与包括黑格尔主义在内的唯心主义同归于尽），使其成为唯物主义自然观。"③

二、实践论维度的"人化自然观"

从实践论的角度看待自然界是马克思自然观变革的重要体现。在马克思看来：实践活动指向的自然界，是现实的自然界，而不是抽象的自然界，是被人类的本质力量中介了的实践的人化自然界。马克思之所以强调要从认识与实践的角度去把自然界"人化"，是因为在马克思的思维中，现实的自然界，首先是与人类主体处于对象性关系之中的自然界，而不具备这种对象性关系的自然界

---

① 《马克思恩格斯全集》第42卷，人民出版社1979年版，第176页。
② 《马克思恩格斯全集》第42卷，人民出版社1979年版，第177页。
③ 《列宁全集》第21卷，人民出版社1979年版，第35页。

只能是抽象的自然界。"非对象性的存在物是非存在物……但是非对象性的存在物，是一种非现实的、非感性的、只是思想上的即虚构出来的存在物，是抽象的东西。"① 其次，这种人与自然之间的对象性关系的确立，不是"绝对精神"外化的结果，而是以"通过自己同对象的关系而占有对象"② 为内容的，只有在认识与实践活动中，人与自然才能建立起真正的对象性关系。正如马克思所说："对象如何对他说来成为他的对象，这取决于对象的性质以及与之相适应的本质力量的性质；因为正是这种关系的规定性形成了一种特殊的、现实的肯定方式。"③ 因此，现实的自然界并不是与人无涉的，而是被人的"本质力量"中介过的自然界。所以马克思说："人的对象不是直接呈现出来的自然对象。"④

马克思历来主张，人与自然之间的实践关系是第一位的，是把握自然的最基本的方式。而主体以感觉、直观和思维等方式去认识、改变自然的能力，归根结底是在生产实践中形成与发展起来的。"不仅五官感觉，而且所谓精神感觉、实践感觉（意志、爱等等），一句话，人的感觉、感觉的人性，都只是由于它的对象的存在，由于人化的自然界，才产生出来的。五官感觉的形成是以往全部世界历史的产物。"⑤ 马克思明确指出："从前的一切唯物主义——包括费尔巴哈的唯物主义——的主要缺点是：对事物、现实、感性，只是从客体的或者直观的形式去理解，而不是把它们当做人的感性活动，当做实践去理解，不是从主观方面去理解。"⑥ 这段名言一针见血地"点击"了旧唯物主义的要害。马克思在《德意志意识形态》中也批评过旧唯物主义的自然观："费尔巴哈对感性世界的理解一方面仅仅局限于对这一世界的单纯的直观，另一方面仅仅局限于单纯的感觉……他没有看到，他周围的感性世界决不是某种开天辟地以来就已存在的、始终如一的东西，而是工业和社会状况的产物，是历史的产物，是世世代代活动的结果，其中每一代都在前一代所达到的基础上继续发展着前一代的工业和交往方式，并随着需要的改变而改变它的社会制度。"⑦ 马克思对旧

---

① 《马克思恩格斯全集》第42卷，人民出版社1979年版，第168—169页。
② 《马克思恩格斯全集》第42卷，人民出版社1979年版，第124页。
③ 《马克思恩格斯全集》第42卷，人民出版社1979年版，第125页。
④ 《马克思恩格斯全集》第42卷，人民出版社1979年版，第169页。
⑤ 《马克思恩格斯全集》第42卷，人民出版社1979年版，第126页。
⑥ 《马克思恩格斯选集》第1卷，人民出版社1979年版，第16页。
⑦ 《马克思恩格斯选集》第1卷，人民出版社1979年版，第48页。

唯物主义自然观批判最深刻、最有启发意义的地方在于,他十分明确地告诉我们,旧唯物主义所主张的那种不受人的实践活动影响的纯粹的自然界,只能是一种"抽象的自然界"。

三、历史论维度的"社会自然观"

在"实践的人化自然观"理解框架中,自然界与人类社会是不可分割的,自然界是在人类社会的作用和影响下变化的。正如施密特所说:"马克思的自然观与其他各种自然观的区别,首先在于他的社会历史的特征。"① 因此,从人类社会历史发展的理解视角出发去把握自然界,同样是马克思看待自然界的一个富有创建的维度。

何谓"社会自然观"这是人们理解和把握自然界的一个独特视点。当我们在观察、处理人与自然的关系问题时,一定要把自然界看成是在社会历史的进程中生成的现实的自然界,把自然界的状况镶嵌在人类社会历史发展的背景上。

马克思在分析旧唯物主义的自然观时,已经明晰地看到了它的一大严重失误,就在于宣扬所谓"纯粹自然"的理论。在费尔巴哈那里,自然与社会历史是分割的。"这样就把人对自然界的关系从历史中排除出去了,因而造成了自然界和历史之间的对立。"② 由于旧唯物主义在自然观上存在着这样一个误区,所以,马克思十分注意从人类社会历史的维度去认识、理解自然。

自然界不是孤立运行的,它与人类社会的发展状况密不可分,人类社会作用于自然的方式、手段和结果都是由一定的社会生产条件决定的。例如,农业文明是一种"本来意义上的文明"③。在当时,面对着残酷而暴戾的自然界,人类差不多完全被动地听命于陌生的、对立的外在大自然的支配,人对自然界的意识是"一种纯粹动物式的意识"④,对人与自然关系的了解十分肤浅,仅从自我生存和繁衍的角度去认识自然的价值,与动物对待大自然的方式没有本质上的区别。在工业社会中,由于人们大量开采煤炭和石油做燃料,所以工业文明

---

① [德]施密特:《马克思的自然概念》,吴仲昉译,商务印书馆1988年版,第13页。
② 《马克思恩格斯选集》第1卷,人民出版社1979年版,第34页。
③ 《马克思恩格斯全集》第25卷,人民出版社1979年版,第119页。
④ 《马克思恩格斯选集》第1卷,人民出版社1979年版,第35页。

是同燃烧化石燃料所产生的黑烟相联系的,工业文明也与黑色的机车头、矿区工厂和贫民窟相关联。工业经济时代所产生的废气、废烟、废水,不仅污染了空气和水源,而且还改变了动植物的颜色。科学家把这称之为"工业黑化"现象。恰如马克思所说:"这种自然宗教或对自然界的特定关系,是受到社会形态制约的,反过来也是一样。"①

只有社会化的自然才是人与人联系的纽带。在马克思看来,人所依赖的自然界不是洪荒时代那种异在的自然界,而是打上了人类活动"烙印"的自然界。自然的社会化与社会的自然化是不可分割的两个过程。马克思说:"自然界的人的本质只有对社会的人说来才是存在的,因为只有在社会中,自然界对人说来才是人与人联系的纽带,才是他为别人的存在和别人为他的存在,才是人的现实的社会要素;只有在社会中,人的自然的存在对他说来才是他的人的存在,而自然界对他说来才成为人。因此,社会是人同自然界的完成了的本质的统一,是自然界的真正复活,是人的实现了的自然主义和自然界的实现了的人道主义。"② 马克思在这段话中多次提到"只有在社会中",表明马克思是强调自然界的社会化问题的。在社会历史的进程中,人与自然的关系、自然环境的状况都对生产力的发展、人们的生活条件有十分突出的影响,后代人在继承了前一代人所遗留的生产和生活条件的同时,也无可选择地面对着前一代人所"人化"了的自然界。虽说后代人会调整人与自然的关系,但它的既定性肯定要在他们社会生活的方方面面留下"痕迹"。前一代人对自然的关系势必影响到后一代人对自然的理解与把握。正如马克思所说:"人同自然界的关系直接就是人和人之间的关系,而人和人之间的关系直接就是人同自然界的关系,这是他自己的自然的规定。"③

只有从解决社会问题出发,才是解决人与自然关系异化问题的正确出路。自然界与人类社会不可分割,自然生态环境的好坏都反映出人们对自然的态度,反映出社会经济状况、生产力水平、科学技术和政治制度等社会情况。因此,马克思一贯主张,解决人与自然的异化关系问题,要从改造社会入手。在这个

---

① 《马克思恩格斯选集》第1卷,人民出版社1979年版,第35页。
② 《马克思恩格斯全集》第42卷,人民出版社1979年版,第122页。
③ 《马克思恩格斯全集》第42卷,人民出版社1979年版,第119页。

问题上，社会的解放、人的解放是自然解放的先决条件。马克思很早就把改造自然和改造社会联合起来考察，强调只有在共产主义社会条件下，人与自然、人与人之间的矛盾才能真正解决，自然主义与人道主义才能达到本质上的和谐。因此，要想纠正这种人与自然异化的现象，就要与社会改造运动相结合，从社会根源上铲除导致破坏自然生态环境的社会因素。用马克思的话来讲就是："实际上和对实践的唯物主义者，即共产主义者说来，全部问题都在于使现存世界革命化，实际地反对和改变事物的现状。"① 马克思上述思想给我们很有意义的启迪，我们在分析、解决社会发展中面临的生态环境问题时，一定要有社会的维度，既要考虑到经济和社会效益，又要考虑到自然生态效益。

四、价值论维度的"生态自然观"

当我们在新的理论需求的促使下去审视马克思的自然观时，我们可以明确地说，马克思在价值论维度上所阐发的自然观实际上是一种"生态自然观"。我们在研读马克思有关著作时，可以强烈地感到这种自然观含有生态学的见解，并不是像有些人所说的，马克思"忘却了自然""自然被失落了"，马克思的主体理论过分张扬了人类的主体能动性，导致了人类妄自尊大、藐视自然、损伤自然的恶习。抛开谬见，如实探究，马克思在价值论上对生态自然观的建树是很有意义的。

马克思明确指出了人与自然之间存在着价值关系："'价值'这个普遍概念就是从人们对待满足他们需要的外界物的关系中产生的。"② 的确，人类与自然界之间存在着满足与被满足、需要与被需要的价值关系，自然界满足主体需要的内涵是多方面的，既有物质层面上的价值体现，也有精神层面上的价值表达。"人（和动物一样）靠无机界生活……从理论领域说来，植物、动物、石头、空气、光等等，一方面作为自然科学的对象，一方面作为艺术的对象，都是人的意识的一部分，是人的精神的无机界，是人必须事先进行加工以便享用和消化的精神食粮；同样，从实践领域说来，这些东西也是人的生活和人的活动的一

---

① 《马克思恩格斯选集》第 1 卷，人民出版社 1979 年版，第 48 页。
② 《马克思恩格斯全集》第 19 卷，人民出版社 1979 年版，第 406 页。

部分。人在肉体上只有靠这些自然产品才能生活，不管这些产品是以食物、燃料、衣着的形式还是以住房等等的形式表现出来。"① 这些话都十分清楚地体现了马克思的自然价值观，体现了他对自然价值的承认与尊重，没有贬低、忽视自然生态价值的意思。

马克思看到了在人与自然的价值关系中，有一个由可能价值向现实价值转化的问题。任何历史条件下的自然界都具有自身的生态价值。但是，对于满足人类的多层次的需要来讲，这时自然界的价值只是"应是"状态下的价值存在，而要真正使它能满足人类的需要，达到"能是"的现实价值，就有一个对自然界进行价值锻造、价值重塑的问题。自然界不能完全满足人类的多方面需要，人们对自然资源、自然环境的开发与利用，实际上就是要使自然界实现价值转移或价值增值，使我们真切地感到自然价值的弥足珍贵。

马克思同样指出了人与自然在价值论意义上对立、分裂的情况。自然界并不总是人类发展的"温床"，"自然界起初是以一种完全异己的，有无限威力的和不可制服的力量与人对立，人们对它的关系完全像动物同它的关系一样，人们就像牲畜一样服从它的权力。"② 在马克思看来，导致人与自然价值背离的原因是多方面的，既有认识论上的原因，又有社会条件的限制。当人们生活在狭隘的社会关系中，他们的生产与生活的目的是很狭隘、很功利的，一切只为了自己生存与繁衍的需要，所以人们很难辩证地分析人与自然之间的价值关系。另外，马克思特别指出了在资本主义条件下，人的异化的生存状况导致了人与自然价值的背离与敌视。所以，在资本主义工业化过程中，出现震惊世界的污染公害就不是奇怪的事了。

马克思说明了在人与自然的价值关系中，居主导地位的是人，人有责任和义务去关爱、保护大自然。要反思、要检点，应该受到责备的不是自然界，而是人类本身。自然界作为价值的客体，是受外在盲目必然性所制约的客观世界，它没有自身的目的和愿望，让这样一个价值客体来代人受过，谴责自然界，这显然是不明智的举动。第一，人与自然之间价值分离的主要责任是人，不是自然界，更不是动植物。"动物也进行生产，但是它们的生产对周围自然界的作用

---

① 《马克思恩格斯全集》第42卷，人民出版社1979年版，第95页。
② 《马克思恩格斯选集》第1卷，人民出版社1979年版，第35页。

在自然界面前只能等于零,只有人才给自然界打上自己的印记,因为他们不仅变更了植物和动物的位置,而且也改变了他们所居住的地方的面貌、气候,他们甚至还改变了植物和动物本身。"① 同时,人们也要注意到"地球的表面、气候、植物界、动物界以及人类本身都不断地变化,而且这一切都是由于人的活动"②。因此,"天灾"是表现,而"人祸"是本质。第二,只有人类有能力担负起"再生产整个自然界"的重任,才能充当人与自然之间健康的价值关系的建立者。"人离开动物愈远,他们对自然界的作用就愈带有经过思考的、有计划的、向着一定的和事先知道的目标前进的特征。"③ 能动地改造自然界是人的类本质,人类在处理与大自然的关系时,会越来越具有目的性和计划性,人的生产是全面的,可以既考虑到当代人的需要,又兼顾后代人的需要;既考虑人类自身的需要,又照顾到其他动植物生存的需要。我们要摆正自己在自然界中的地位,培养对大自然的"敬畏感",尊重自然的价值。这样,人类才能做到对自然价值的合理利用与保护,达到人与自然"物我两旺"的目的。

---

① 《马克思恩格斯选集》第 3 卷,人民出版社 1972 年版,第 457 页。
② 《马克思恩格斯选集》第 3 卷,人民出版社 1972 年版,第 551 页。
③ 《马克思恩格斯选集》第 3 卷,人民出版社 1972 年版,第 516 页。

人与自然的对象性关系和人的存在方式[①]

一、"对象性关系"概念的简略明义

何谓人与自然之间的"对象性关系"?这种关系是如何确立的?对于这些问题,马克思在《1844年经济学哲学手稿》中,用了大量的篇幅阐发了这个思想。

在马克思看来,对象性关系是客观事物普遍具有的互为对象、各自表现和确证对方的存在、对方的生命、对方的本质力量的一种客观而必然的关系。基于此,马克思从现实的人而不是抽象的人,从现实的自然界而不是抽象的自然界出发,较为全面地揭示了人与自然之间的对象性关系。

人直接地是自然存在物。马克思说:"人(和动物一样)靠无机界生活……人在肉体上只有靠这些自然产品才能生活,不管这些产品是以食物、燃料、衣着的形式还是以住房等等的形式表现出来。在实践上,人的普遍性正表现在把整个自然界———首先作为人的直接的生活资料,其次作为人的生命活动的材料、对象和工具———变成人的无机的身体。"[②] 人类归根结底是地球生物化学过程和生态系统循环的组成部分,人不是外在于自然界的"尤物",其生命完全受制于自然界,在这方面人是十分脆弱的。在人类盲目生产和盲目消费的驱使下,自然状况日益恶化,已经深深地威胁到了人类的生存。我们面对的空气是污染的,水源是污染的,粮食、蔬菜和肉蛋也有污染的情况出现。人类在大自

[①] 原载《理论探讨》,2002年第2期。
[②] 《马克思恩格斯全集》第42卷,人民出版社1979年版,第95页。

然的庇护下发展到今天，科学技术如此昌明，但此时我们却惊愕地发现，我们的生存成了大问题。我们不知道吃什么？喝什么？用什么？穿什么？这样看来，人类的确是受大自然限制的存在物，人类的确到了在大自然面前谦虚、谨慎、戒骄、戒狂的时候了。

"人不仅仅是自然存在物，而且是人的自然存在物，也就是说，是为自身而存在着的存在物，因而是类存在物。"① 马克思强调人是"人的自然存在物"，是想说明人的生存方式的另一个特征，即"人只有凭借现实的、感性的对象才能表现自己的生命"②。而这种生命的律动，又表现了人的主体能动性。人在其生存过程中，一定会以不同的方式作用于自然界，这种能力本身就是自然界的"杰作"。人类"他的欲望的对象是作为不依赖于他的对象而存在于他之外的；但这些对象是他的需要的对象；是表现和确证他的本质力量所不可缺少的、重要的对象"③。人类对自然界的改变是一定会发生的，对此不必大惊小怪。我们要注意的是，应该充分了解人的对象性活动对自然界的影响。因为，"动物也进行生产，但是它们的生命对周围自然界的作用在自然界面前只等于零，只有人才给自然界打上自己的印记，因为他们不仅变更了植物和动物的位置，而且也改变了他们所居住的地方的面貌、气候，他们甚至还改变了植物和动物的本身，使他们活动的结果只能和地球的普遍死亡一起消失。"④ 自从人类产生以来，人类的实践活动对自然界产生了重大影响，其中做了很多有利于自然生态平衡的"善事"，如栽培植物、驯养动物、植树造林、治理沙漠等。同时，人类也做了不少破坏生态环境的"恶事"。在我看来，人们以往忽视对人与自然对象性活动性质的分析，是导致对象性活动失误的一个重要原因。可见，"一个存在物如果在自身以外没有自己的自然界，就不是自然的存在物，就不能参加自然界的生活。一个存在物如果在自身之外没有对象，就不是对象性存在物……非对象性的存在物是非存在物。"⑤ "但是非对象性的存在物，是一种非现实的、非感性

---

① 《马克思恩格斯全集》第 42 卷，人民出版社 1979 年版，第 169 页。
② 《马克思恩格斯全集》第 42 卷，人民出版社 1979 年版，第 168 页。
③ 《马克思恩格斯全集》第 42 卷，人民出版社 1979 年版，第 167—168 页。
④ 《马克思恩格斯选集》第 3 卷，人民出版社 1972 年版，第 457 页。
⑤ 《马克思恩格斯全集》第 42 卷，人民出版社 1979 年版，第 168 页。

的、只是思想上的即只是虚构出来的存在物，是抽象的东西。"① 因此，我们不能从非现实的人与自然关系出发，不能把人类的实践活动虚拟化、僵滞化。而应该承认人对自然环境影响和作用的不可避免性。人的生存的两种状态，决定了人是一个矛盾着的存在物，其中充满着人的受动性与主动性、限制性与超越性、派生性和创造性的矛盾。法国思想家帕斯卡尔在《思想录》中的一句名言充分表达了这种矛盾景象："人只不过是一根苇草，是自然界最脆弱的东西；但他是一根能思想的苇草。用不着整个宇宙都拿起武器来才能毁灭他；一口气、一滴水就足以致他死命了。然而，纵使宇宙毁灭了他，人却仍然要比致他于死命的东西高贵得多；因为他知道自己要死亡，以及宇宙对他所具有的优势，而宇宙对此却是一无所知。"②

二、对不同性质的对象性关系的分析

凡是现实的存在物都是以自身之外的他物作为确证自己存在的对象，那种封闭的、僵死的、单独存在的东西只能是观念上的抽象。在以往的理论研究中，由于人与自然之间矛盾关系的激化程度不明显，人们还没有紧迫感去仔细研究、反思人与自然之间的诸种对象性关系。理论上的漏缺阻蔽了人们对大自然本质的真实把握，模糊了人们对人与自然之间对象性关系的明晰透视。所以，在人与自然关系异化日益严重的今天，我们认真反思种种对象性关系是很有意义的。

（一）肯定性的对象性关系与否定性的对象性关系

客观事物所具有的对象性关系是一种原生形态的、自在意义上的关系。这种关系是以双方互相依赖、互相确证和共生共荣为特征的，属于肯定性的对象性关系。在这种关系中，每一事物的存在都必须以他物对其表现和确证的存在状态为前提。反过来，一事物的存在又保有了和支撑着其对象性事物的存在状态。具体到人与自然之间的肯定性关系中，我们可以看到，人是受制于自然的，并成为自然生态进化链条上不可缺少的一部分，人与动植物一样也具有自然生存层面的存在价值。此时，人为了自身的生存与发展依附于大自然的怀抱，人

---

① 《马克思恩格斯全集》第42卷，人民出版社1979年版，第169页。
② ［法］帕斯卡尔：《思想录》，何兆武译，商务印书馆1992年版，第318—319页。

与自然相互表现、相互肯定，结存着对象性关系。大自然在影响、支配着人类的同时，人类也在很大程度上反作用于大自然。因为人同时也是一种自为的、能动的、有意识的存在物。人类从来就不会像动物一样在大自然面前"俯首帖耳""逆来顺受"，自然界从来不会完全满足人的需要，所以人类要不断地"重整河山"。事实上，几千年来，人类一直在创造着新的自然生态系统。中国的都江堰工程、法国的葡萄园、英国和意大利的新古典主义园林等，都是人造自然景观的典型。在这种肯定性的对象性关系中，人们的主体能动性得到了充分的张扬，人作为实践的主体把目的、需要、愿望、本质力量通过现实的客观活动灌注到大自然之中，使人的生命及其本质力量转化为对象性的存在，形成人所需要的、适合人的价值尺度的、新的肯定性的对象性关系。此时，自然界的表面特征是有了一些变化，但这些变化是在自然生态环境承受能力之内发生的，自然界的价值与尊严不是被破坏了，而是以一种新的方式得到了尊重和认可。

同时，我们也应该清楚地看到，人与自然之间还存在着否定性对象性关系。在这种关系中，人忽视了大自然的价值与尊严，不是善待，而是虐待大自然；不是关爱，而是控制、占有大自然。这种否定性对象性关系存在的表现，就是生态环境状况的日益恶化。

其实，人在对自然界加以否定的同时，自然界也对人类进行了无情的否定。自然界对人类否定自己的行为决不会漠视不管，在自然界的承受能力崩溃之时，自然界就会对曾经"虐待"、否定自己的人类进行"报复"。第一，否定人类生存的自然条件。人们在实践活动中否定外部世界的初衷，是为了从中创造出更加适合人的要求、满足人的欲望的外部世界。但这一切都要以外部自然界为前提，人不可能从"无"中创造出"有"。因此，既在的、现实的外部自然界首先是人的对象性活动得以展开的物质前提，没有它，人类的生存与发展将是一句空话。自然界在人类对其否定性对象性关系的作用下发生了逆向性变化，由对人的肯定性作用转向了对人的否定性的限制，即自然生态环境的恶化越来越严重地制约着人的现实的、能动的活动。楼兰曾经是古代丝绸之路上的一个繁华重镇，但是，由于人们破坏了当地的自然生态环境，特别是水源的枯竭，导致了土地的沙化、大片胡杨树的死亡、湖泊干裂，人们被迫迁徙他乡。文明的古国由此成了历史。可见，人与自然之间的否定性对象性关系必然导致人与自然关系的恶化。第二，否定人的主体能动性的可能性。人在现实的改造自然的活动中,淋漓尽致地展示了自己的主体能动性。但是,一旦人们在自然面前狂妄起来,盲目地在自然面前炫耀、抬升自己的占有欲和攻击欲,自然界就会反过来否定人的生存方式。这样,人的主体能动性就很难、甚至不可能发挥,人在恶化的自然界面前,只能发出"有心杀贼,无力回天"的感叹。例如,"工业的历史和工业的已经产生的对象性的存在,是一本打开了的关于人的本质力量的书,是感性地摆在我们面前的人的心理学。"① 然而,正是人们在加速工业化进程的时候,工业污染悄然降临了。生产中的废气、废水和废渣污染了天空、河流和土地,各种工业污染引发的疾病严重影响着人类的健康,人类生存环境日益恶化。这样就产生了工业异化问题,正如马克思所说:"在通常的、物质的工业中,人的对象化的本质力量以感性的、异己的、有用的对象的方式,以异化的形式呈现在我们面前。"② 可见,如果我们不注意否定性、异化性对象性关系的存在,而一味期望在改造、支配、征服自然中凸显人的本质力量的至上性,那么,人与自然关系的异化就是不可避免的。人否定与自然界的对象性关系的同时,自然界也必将以各种方式否定与人的对象性关系。正是这种双向否定关系的存在,构成了人类征服、控制自然,而自然又会向人类"开战",会引发"剥夺剥夺者"的斗争这样的双重危机。

(二)以"小我"为价值轴心的对象性关系和以"大我"为价值轴心的对象性关系

我认为,在人与自然界打交道时,有一种以"小我"为价值轴心的对象性关系的存在。这里所谓的"小我"是指行为主体而言的,一般是指个人、家庭、区域性的人群等小团体的人。这种以"小我"为价值轴心的对象性关系,在处理人与自然的关系时,人们往往以"小我"的利益和需要为价值尺度,裁定用何种方式去改造、支配自然,而很少或根本不考虑其他人的存在,也没有意识到后人生存与发展的自然环境问题。这是一种片面的、狭隘的、地域性的对象性关系,这种对象性中的"对象"是个别的人,而不是类意义上的人类共同体。以"小我"为出发点去与自然界发生关系时,人们对自然界价值的认识是非常功利的、十分短视的。例如,在水资源的利用上,只考虑自己用水的需要,不

---

① 《马克思恩格斯全集》第 42 卷,人民出版社 1979 年版,第 127 页。
② 《马克思恩格斯全集》第 42 卷,人民出版社 1979 年版,第 127 页。

考虑上游截水过多给下游造成的水荒问题。在污染物的排放上只图自己方便，只图本区域安全，而忽视在更大范围上给其他人造成的伤害。在代际交往方面，只考虑自己这代人的各种需要，而不考虑后代人的各种需要。这些具有"小我"意识的人不知道这样一个道理：我们不是从祖先那里继承了地球，而是从我们的后代那里借用了地球。他们在与大自然发生对象性关系时，表现出狭隘的生态本位主义。当然，现在人们已经认识到生态本位主义的缺点与不足，开始提倡一种以"大我"为价值轴心的生态整体主义。以"大我"为价值轴心的对象性关系，表现在与大自然交往时，是从整个人类的价值与需要出发，充分考虑到不同地区、不同社会、不同代际之间自然环境、自然资源的供给量。在自己发展的时候，要考虑到他人的发展；在当代人发展的时候，考虑到下一代人的发展。因为，自然生态系统是一个有机的整体，人们对局部地区生态环境的破坏，势必导致整个自然生态环境系统平衡状态的破坏。反过来，本地区的生态环境也在劫难逃。个别人、某个地区如果把各种污染物一股脑儿地"恩赐"给他人，最后的结果必定是"城门失火，殃及池鱼"，"大我"不保，"小我"难存。

所以，以"小我"为价值轴心的对象性关系，具有明显的生态本位主义，只想让自然界满足"小我"的需要，而忽视"大我"的存在。在发展理念上是一种"杀鸡取卵"式的发展观，表现出功利性短期行为，是应被唾弃的观念。以"大我"为价值轴心的对象性关系，表现出生态整体主义的致思理念，强调从生态和社会大系统的全方位视角，校验人与自然之间对象性活动的是非功过，站在人是一种类的存在物的高度，重新思考和处理人与自然之间的对象性关系，这是应提倡的一种价值取向。

（三）唯我独尊的对象性关系和兼爱共容的对象性关系

人类在与自然界发生对象性关系的时候，还会涉及另一个层面上的问题：人类如何看待自身和动植物与大自然之间的对象性关系。这样我们就面临着两种不同的对象性关系：一种是在自然系统中极端的人类中心主义唯我独尊的对象性关系，另一种是考虑到动植物生存权利的兼爱共容的对象性关系。人类以往在"人化自然"的过程中只考虑如何实现自身的价值和尊严，只想如何确立和证实自己的本质力量，而根本不考虑其他动植物在自然界中所具有的相应的需要和欲望。甚至为了人类自身的目的，直接或间接、有意或无意地剥夺了动植物在自然界中实现自己的权利。在人类的字典中,动植物的价值是人类赋予的,某种动物的肉可食、皮可制革、骨可入药,某种植物具有某种经济价值等。在这种对象性关系中,人类俨然是一个居高临下、统辖万物的"君王",只要有人类自身的需要,根本无须顾及其他生灵的生计状况。这些行为破坏了动植物与自然之间原本和谐的生物链,剥夺了动植物与大自然维系对象性关系的可能性。这是极端人类中心主义唯我独尊的对象性关系所导致的恶果。然而,人类所采用的唯我独尊的对象性关系,在很大程度上也殃及自身,因为自然生态系统是一个巨系统。人与动植物一样,只是该系统中不可缺少的一个要素,每个要素与系统、每个要素与要素之间都存在着千丝万缕的联系。人类在唯我独尊"霸权"意识的支配下所导致的后果,无疑是大大限制了其他物种的生存与发展。那么反过来,人类此举所产生的自然生态环境衰败的态势又加恶于人类本身。例如,山区的人们砍伐树木是为了盖房,养家糊口过日子,而结果是,山上的树木被砍伐光了,山体表层贫瘠的土壤裸露在外,大雨袭来,导致了严重的泥石流,摧毁了山下的村落,房塌人亡。为什么会出现这样的怪圈?即人类为了实现自己的本质力量,确证自己的自身价值,而后果却是那么有悖于人类的初衷,其作祟者就是唯我独尊的对象性关系。

有鉴于此,我们要转变观念,身体力行一种兼爱共容的对象性关系。人类要清醒地认识到,地球并不仅是人类的居所,而是所有生灵共同的家园。人类应该具备兼爱共容的思想,在实现自身对象性关系的同时,也要充分考虑到动植物与自然界的对象性关系。因为与人类一样,自然环境也是它们生存所不可缺少的对象物。如果人类破坏了它们生存的自然生态环境,也就阻碍了这些动植物与大自然建构对象性关系的可能性。那么,大批动植物的灭绝就是不可避免的厄运。这种结果破坏了动植物的种群多样性,不利于动植物的生息繁衍,最终受害者还是人类。单一的动植物种类将无法提供人类充分的食物和生产资料,人类社会发展将严重受阻,人类自身的生存和繁衍也将面临致命的隐患。因此,人类在与大自然形成对象性关系时,一定要全面地、仔细地分析、辨识不同的对象性关系,要清醒地认识到各种不同性质的对象性关系可能导致的不同后果,人类既不能因噎废食,也不能妄自尊大,而应该恰如其分地看待与评价人与自然的诸多关系,做到人与自然万物的和谐共生。

马克思"生产的自然条件"思想探析①

在生态环境问题日益突出的今天,生态学马克思主义的一些理论家重新分析了马克思的生产力与生产关系理论,提出了用生态观点改造历史唯物主义的主张。美国当代生态学马克思主义者詹姆斯·奥康纳(James O'Conner)的观点最具代表性。在其名著《自然的理由》中,他认为,对土地的挚爱,对生产的自然条件等问题在马克思的历史唯物主义理论体系中存在着"理论空场",在马克思生产力与生产关系的理论模式中缺乏"自然"的维度。他指出:"历史唯物主义的确没有(或只在很弱的意义上具有)一种研究劳动过程中的生态和自然之自主过程(或'自然系统')的自然理论。马克思本人很少对自然界本身的问题进行理论探讨。"②

如何看待奥康纳对马克思的微词?马克思的历史唯物主义理论是否缺乏"自然"的维度?我们不能否认奥康纳对历史唯物主义进行生态重构的见解是有启发意义的,但是,不得不承认,奥康纳的"马克思本人很少对自然界本身的问题进行理论探讨"观点有失公允。本文仅以马克思的"生产的自然条件"思想为切入点,来说明马克思的历史唯物主义理论是有自然维度的。

所谓"生产的自然条件"即是指人类劳动生产时所面对的自然状况。马克思曾讲:"自然条件都可以归结为人本身的自然(如人种等等)和人周围的自然。"③在这里,我们主要考察的是"把不同的人的天然特性和他们生产技能上

---

① 原载《学习与探索》,2010 年第 5 期。
② [美]詹姆斯·奥康纳:《自然的理由》,唐正东、臧佩洪译,南京大学出版社 2003 年版,第 62—63 页。
③ 《马克思恩格斯全集》第 23 卷,人民出版社 1972 年版,第 560 页。

的区别撇开不谈……劳动的自然条件，如土地的肥沃程度、矿山的丰富程度等等"①。

马克思一直把自然理解为人本身的自然和人周围的自然，自然物质形态的改变是人通过自己的活动按照对自己有用的方式来实现的。把劳动本身、劳动对象和劳动资料纳入劳动过程的要素中，体现了马克思视野里的自然界是生产要素之一。马克思视野中的自然概念更倾向于社会的生存与发展的各种自然条件：地质条件、地理、气候、河流、瀑布以及人们遇到的其他自然条件。自然界不仅是人类生存和活动的自然条件的总和，而且是人类物质生产中的内部要素，既是人类实践活动所指向的对象，也是人类社会的外部自然环境。马克思非常重视生产劳动的自然条件，他指出，"直接生产者必须：1. 有足够的劳动力；2. 他的劳动的自然条件，从而首先他所耕种的土地的自然条件，必须有足够的肥力。"②他还讲到："如果劳动力是微小的，劳动的自然条件是贫乏的，那么，剩余劳动也是微小的。"③所以，自然条件就成为了社会生产力发展不可或缺的前提条件。

应当承认，由于社会历史的原因，马克思在建构历史唯物主义基本原理时并没有专门去论述"生产的自然条件"思想。但是，马克思这方面的见解是十分丰富的，只不过如思想火花般散见于理论体系中。经过挖掘梳理，我们可以看到马克思"生产的自然条件"思想有着多方面的阐述。

第一，生产的自然条件状况制约着劳动生产率发展的水平。马克思认为，生产的自然条件影响、制约着社会生产力的状态。他指出："撇开社会生产的不同发展程度不说，劳动生产率是同自然条件相联系的。这些自然条件可以归结为人本身的自然（如人种等等）和人的周围的自然。外界自然条件在经济上可以分为两大类：生活资料的自然富源，例如土壤的肥力、渔产、丰富的水等等；劳动资料的自然富源，如奔腾的瀑布、可以航行的河流、森林、金属、煤炭等等。"④良好的自然条件将大大促进社会生产力的提高。马克思在分析剩余劳动必不可少的自然条件时说过："只要花费整个工作日的一部分劳动时间，自然就

---

① 《马克思恩格斯全集》第16卷，人民出版社1964年版，第140页。
② 《资本论》第3卷（下），人民出版社1975年版，第892页。
③ 《资本论》第3卷（下），人民出版社1975年版，第893页。
④ 《马克思恩格斯全集》第23卷，人民出版社1972年版，第560页。

以土地的植物性产品或动物性产品的形式或以渔业等产品的形式,提供出必要的生活资料。农业劳动(这里包括单纯采集、狩猎、捕鱼、畜牧等劳动)的这种自然生产率,是一切剩余劳动的基础,因为一切劳动首先而且最初是以占有和生产食物为目的的。"① 马克思特别强调了农业劳动的生产率状况与自然条件的密切相关性。"农业劳动的生产率是和自然条件联系在一起的,并且由于自然条件的生产率不同,同量劳动会体现为较多或较少的产品或使用价值。"② 这些论述使我们清晰地看到,马克思对自然条件对劳动生产率的影响有着清醒的认识。

第二,自然界是人的无机的身体,其自然资源和生态环境状况,直接影响着作为生产力中最重要因素劳动者的生存方式,影响着"人本身的自然"。生产力要发展,劳动力的再生产是关键环节,人们如果不能从自然条件下获取足够的生活资料,劳动力的维持与繁育就无从谈起。马克思说:"自然界是人为了不致死亡而必须与之不断交往的、人的身体。所谓人的肉体生活和精神生活同自然界相联系,也就等于说自然界同自身相联系,因为人是自然界的一部分。"③ 恩格斯说:"我们连同我们的肉、血和头脑都是属于自然界,存在于自然界的。"④ 人类从自然界获得的生活资料的数量和质量,直接取决于自然条件的状况,取决于生态环境是否有利于人类的生存与繁衍。因此,自然条件和生态环境越优越,人们可获得的生活资料就越丰饶,人本身的自然(脑力和体力)就越强健;反之,如果自然条件不优越或遭到破坏,人本身的自然就越羸弱,劳动力的再生产就成为制约生产力发展的重大难题。如果生态环境遭到人类的严重破坏,被污染的自然资源也会危害劳动力的健康,甚至危及人类的生存。马克思在《资本论》中,对资本主义条件下的环境污染对工人健康的危害以及对劳动力的影响都有过大量的论述。

第三,生产的自然条件对生产工具的影响。在历史唯物主义看来,以劳动工具为主的劳动资料在生产力中发挥着重要作用。马克思说:"各种经济时代的区别,不在于生产什么,而在于怎样生产,用什么劳动资料生产。劳动资料不

---

① 《资本论》第 3 卷(下),人民出版社 1975 年版,第 712—713 页。
② 《资本论》第 3 卷(下),人民出版社 1975 年版,第 922 页。
③ 《马克思恩格斯全集》第 42 卷,人民出版社 1979 年版,第 95 页。
④ 《马克思恩格斯选集》第 3 卷,人民出版社 1979 年版,第 518 页。

仅是人类劳动力发展的测量器，而且是劳动借以进行的社会关系的指示器。"①马克思还提到："只要知道一个民族用什么金属——金、铜、银或铁——制造自己的武器、工具或装饰品，就可以事先确定该民族的文明程度。"② 在人类文明之初，生产工具直接就是当地自然条件的"恩赐"，人们对各种自然物稍加处理与改造就成为了得心应手的生产工具，如锋利的石刀、石斧，木制的犁、锄，藤条做成的弓箭，树叉做成的农具以及青铜器和铁器工具等。各地自然条件的差异，决定了劳动工具的不同形态与用途。马克思所谓的"由于自然条件的不同……就有了劳动工具的天然差别"③，讲的就是这种情况。随着社会的进步和科学技术水平的提高，我们现在的劳动工具已经有了质的飞跃，人们一般情况下很难从劳动工具中直接看到其构成的自然材料。但是，我们不应当忘记，无论是多么复杂和多么先进的劳动工具，都直接或间接来自于自然界，受到自然条件的制约，从石器、青铜器、铁器、大型机械到智能工具，其中的原材料都毫无例外地产生于自然界。可见，在劳动资料这个生产力的重要要素中包含着自然条件的因素和影响。

第四，自然条件的好坏影响着劳动对象的数量和质量。社会生产力的发展需要大自然提供一定规模的劳动对象，例如，渔场中鱼的种类与数量对渔业，石油的开采量对石化工业，牧场的面积与牧草的质量对畜牧业，金属矿藏对冶金业，林木储藏对木材加工业的影响是十分巨大的。可以说，自然资源条件决定着工业布局和社会经济类型的构成。如果自然条件优化，自然界的再生产能力强，它给社会扩大再生产提供的自然资源不仅数量充沛，而且质量上乘，这对经济发展是极为有利的。反之，如果一个地区生产的自然条件极其恶劣或者受到人为破坏，自然的再生能力受到抑制或恢复乏力，自然界提供的劳动对象的数量就会减少，质量就会下降。当地的经济发展和社会进步都将受到恶劣的自然条件的制约，如果维持生产的最低的自然条件都不具备的话，"生态移民"就不可避免。

第五，对资本主义农业破坏生产的自然条件的批判。马克思特别强调农业

---

① 《马克思恩格斯全集》第23卷，人民出版社1972年版，第204页。
② 《马克思恩格斯全集》第46卷（上），人民出版社1979年版，第129页。
③ 《马克思恩格斯全集》第47卷，人民出版社1979年版，第334页。

劳动的生产率与自然条件的密切相关性。他将土地的肥沃程度、渔业资源的丰富程度等自然条件看成影响农业劳动生产率的关键因素。同时，马克思十分敏锐地看到了资本主义农业的生产方式对自然条件的破坏。他指出："资本主义生产使它汇集在各大中心的城市人口越来越占优势，这样一来，它一方面聚集着社会的历史动力，另一方面又破坏着人和土地之间的物质变换，也就是使人以衣食形式消费掉的土地的组成部分不能回到土地，从而破坏土地持久肥力的永恒的自然条件……资本主义农业的任何进步，都不仅是掠夺劳动者的技巧的进步，而且是掠夺土地技巧的进步。在一定时期内提高土地肥力的任何进步，同时也是破坏土地肥力持久源泉的进步……因此，资本主义生产发展了社会生产过程的技术和结合，只是由于它同时破坏了一切财富的源泉——土地和工人。"① 他还提到："大工业和按工业方式经营的大农业一起发生作用。如果说它们原来的区别在于，前者更多地滥用和破坏劳动力，即人类的自然力，而后者更直接地滥用和破坏土地的自然力，那么，在以后的发展进程中，二者会携手并进，因为产业制度在农村也使劳动者精力衰竭，而工业和商业则为农业提供使土地贫瘠的各种手段。"② 在马克思看来，资本主义农业的生产方式导致人类社会与自然界在物质变换的联系中形成了一个"无法弥补的裂缝"，它使土地贫瘠荒芜、粪便得不到利用、河流被污染、空气中充满恶臭。马克思分析了农业生产的自然条件遭到破坏的原因：首先，资本主义农业大土地私有制以及掠夺式的耕作方式是根本原因。马克思提到："因为土地所有权本来就包含土地所有者剥削土地，剥削地下资源，剥削空气，从而剥削生命的维持和发展的权利。"③ 他还提到"纽约州特别是它的西部地区的土地，是无比肥沃的，特别有利于种植小麦。由于掠夺性的耕作，这块肥沃的土地已变得不肥沃了"④。资本主义农业也是以利润最大化为目的，所以农业资本家考虑的只是土地利用的最大化问题，而不关心农业产生的自然条件的生态恢复问题。其次，资本主义城乡分离的不利于物质循环利用的现状是直接原因。资本主义早期的"圈地运动"，迫使大批农民离开土地而集中到大城市，这种单项的流动使得城市越来越大，人口越来

---

① 《马克思恩格斯全集》第44卷，2001年版，第579—580页。
② 《马克思恩格斯全集》第46卷（下），人民出版社2003年版，第918—919页。
③ 《资本论》第3卷（下），人民出版社1975年版，第755页。
④ 《资本论》第3卷（下），人民出版社1975年版，第117页。

越多。这样,城市中人口和动物的排泄物、大量的生产生活垃圾、排放的污水都会导致土壤的污染。马克思看到:"消费排泄物对农业来说最为重要。在利用这种排泄物方面,资本主义经济浪费很大;例如,在伦敦,450万人的粪便,就没有什么好的处理方法,只好花很多钱来污染泰晤士河。"① 这样,土地的养分在以衣食的形式被城市中的人们消费和浪费掉后,土地的肥力得不到补充和恢复,从而破坏了土地持久肥力的永恒的自然条件而导致土地的荒芜。所以,马克思特别强调对农业生产的自然条件的保护,他说:"从一个较高级的经济的社会形态的角度来看,个别人对土地的私有权,和一个人对另一个人的私有权一样,是十分荒谬的。甚至整个社会,一个民族、以至一切同时存在的社会加在一起,都不是土地的所有者。他们只是土地的占有者,土地的受益者,并且他们应当作为好家长,把经过改良的土地传给后代。"② 这里,马克思号召人们当好土地的"好家长",像照顾自己的孩子那样去呵护我们的土地。他还为土地肥力的恢复与提高提出了具体的方法,"农业的改良方法。例如,把休闲的土地改为播种牧草;大规模地种植甜菜,(在英国)于乔治二世时代开始种植甜菜。从那时起,沙地和无用的荒地变成了种植小麦和大麦的良田,在贫瘠的土地上生产的谷物增加两倍,同时也获得了饲养牛羊的极好的青饲料。采用不同品种杂交的方法增加牲畜头数和改良畜牧业,应用改良的排灌法,实行更合理的轮作,用骨粉作肥料等。"③ 只有依靠科学进步,改良耕作方式,如采用新的排灌方法、实行合理的轮作制、施用有机肥料等,才可以保持和改良土壤,保持和提高土地的肥力。马克思在这里,强调了自然条件对农业生产的影响,批判了资本主义农业生产对自然条件破坏的反生态恶行,与此同时,从上面的论述中我们可以认识到,马克思已经具有了农业可持续发展和生态农业的思想萌芽。

马克思对自然条件重要性的论述还有许多:例如,他提到了"再生产整个自然界""经济的再生产是与自然的再生产联系在一起的",在生产中"人和自然,是同时起作用的"这样一些观点。马克思还认为,自然条件是人们劳动分工、文明形态和人们生活方式的自然基础,同时也是人们精神食粮和美感的来

---

① 《资本论》第3卷(上),人民出版社1975年版,第117页。
② 《马克思恩格斯全集》第46卷(下),人民出版社2003年版,第878页。
③ 《马克思恩格斯全集》第47卷,人民出版社1979年版,第599—600页。

源。总之，马克思在他的著作中多次阐发了"生产的自然条件"的思想，这是一个值得我们深入挖掘的理论"富矿"。

当前，研究马克思"生产的自然条件"思想是很有理论意义和现实意义的。

首先，研究梳理马克思"生产的自然条件"思想是对历史唯物主义理论体系的丰富和完善。由于"斯大林哲学体系"的影响，在我国现有的历史唯物主义理论中，对生产理论的研究集中在生产力和生产关系方面，而没有探讨在生产力与生产关系理论中不容忽视的"生产的自然条件"问题。在现有的历史唯物主义理论中，人们都是在预设"生产的自然条件"存在的情况下来研究生产力和生产关系理论的，而没有突出强调"生产的自然条件"在人类整个生产活动过程中的关键作用，没有去考虑一旦用于生产的自然资源枯竭、自然条件遭到破坏的情况下，人类的生产活动还会继续下去吗？"生产的自然条件"是生产力与生产关系形成并展开其辩证关系的自然前提，离开了"生产的自然条件"，生产力与生产关系就无从谈起。通过上面的分析，人们可以深切地感受到，马克思非常重视自然界的使用价值，他把自然条件、自然资源的状况和社会生产劳动的效果联系起来，充分肯定自然界是有价值负载的实体性要素，在人类生产劳动活动中，没有自然界所提供的劳动资料和劳动对象，人类社会的生产劳动将无法维系。所以，马克思的生产力理论中并不存在着"理论空场"。问题在于，我们长期以来忽视了对马克思这些思想的挖掘和研究，没有及时把它们补充到历史唯物主义理论体系中去，给一些人诟病历史唯物主义提供了把柄。因此，马克思"生产的自然条件"思想是对现有历史唯物主义理论的丰富和发展，"生产的自然条件"也应当成为历史唯物主义不可或缺的一个重要范畴。

其次，研究梳理马克思"生产的自然条件"思想有助于澄清西方学者对马克思的误读。一些西方学者认为马克思著作中的自然生态观点与其著作具体内容没有系统地联系，马克思忽视自然，没有解决对自然的掠夺问题，而是采取了一种"普罗米修斯主义"的技术观。他们对恩格斯的自然辩证法采取简单否定的态度，把马克思的辩证法仅仅理解为一种人与人之间关系的辩证法，忽略了他对人与自然辩证关系的讨论。把马克思的生产力仅理解为社会生产力，而忽视了他对自然生产力的论述。通过上面的论述，我们可以知道，某些西方学者对马克思的诋毁是毫无根据的。

最后，研究梳理马克思"生产的自然条件"思想有助于我们重视对生产的自然环境和自然条件的保护,有利于生态农业的发展。在一定意义上,我们可以说当代生态危机与人们长期忽视"生产的自然条件"有关,这种现象集中表现在农业生产方面。例如,由于我国人多地少和单纯追求粮食的高产量,导致了化肥、农药、农膜的大量使用。据调查,在我国化肥施到地里真正被农作物吸收的只有30%左右,大部分被雨水冲刷到江海湖泊中或者残留在土壤里,导致了对水域与农田的污染;农药和农膜对农业生产的自然条件破坏更大,它们长时间不能被降解,造成了农业的生态灾难。在畜牧业方面,牧民们受经济利益的驱动,超载放牧、滥采乱挖等现象非常严重,这种掠夺式、粗放式的生产方式给草原造成了极大的伤害,造成牧区县牲畜超载已近70%,半牧区县超载80%,草产量平均单产下降30%~50%。在牧区,人们疯狂采挖麻黄草、甘草、发菜和冬虫夏草等中药材和经济作物,把草原破坏得千疮百孔,导致了草原的沙漠化。这种"杀鸡取卵""竭泽而渔"式的农牧业生产方式完全无视"生产的自然条件"的状况,结果葬送了农牧业发展的可持续性。在这个问题上,马克思"生产的自然条件"思想是值得人们高度重视的。其实,马克思还有许多关于生态农业的思想,这些思想对我们充分认识"生产的自然条件"的重要性,加快我国生态农业建设的步伐,无疑具有极为重要的启示。

基于生产力理论的"生产的自然条件"概念新探①

生产力理论是历史唯物主义的重要组成部分。当人类面临生产力的高速发展与生态环境的加速恶化,"生产的自然条件"受到严重破坏之时,生产力理论中"生产的自然条件"概念研究的当代意义就凸显出来了。人们不得不反思,人类的生产能否持续的发展下去?生产力的发展是否是无限制的?生产力与生产关系的形成有没有自然条件基础?自然条件对生产力与生产关系有什么影响?要解释并回答这些问题,就必须拓展历史唯物主义研究的新视域,在生产力与生产关系两个范畴之外,添加第三个范畴——"生产的自然条件"并对其进行深入的探索。

一、"生产的自然条件"概念提出的理论背景

在历史唯物主义生产力理论研究中,引进"生产的自然条件"概念,开展对"生产的自然条件"的研究是有其理论背景的。在笔者看来,推动人们对该问题重视的理论动因有如下几个方面。

首先是詹姆斯·奥康纳从生态维度重构历史唯物主义给我们的挑战。

詹姆斯·奥康纳是生态学马克思主义的重要代表人物,他在《自然的理由——生态学马克思主义研究》中指出:对于生态问题,尤其是当今全球性的生态危机,历史唯物主义显然是有"理论空场"的,应该"重构"一种生态学的历史唯物主义。奥康纳指出:"在历史唯物主义的经典阐述中,决定物质生产和自然界关系的,主要是生产方式,或者说是对劳动者的剥削方式,而不是自

---

① 原载《鄱阳湖学刊》,2010年第5期。

然环境的状况和生态的发展过程。这样,它实际上把主要内容放在了人类系统上面,而给自然系统保留了极少的理论空间,尤其是,自然界之本真的自主运作性这一既能有助于又能限制人类活动的力量,在历史唯物主义中却越来越被遗忘或者被置于边缘的地位。"① 奥康纳认为,传统的历史唯物主义忽视了生产力和生产关系既具有社会的特征,又具有自然的特征。"历史唯物主义的确没有一种(或只在很弱的意义上具有)研究劳动过程中的生态和自然界之自主过程(或'自然系统')的自然理论。"② 在他看来应该把生产力和生产关系置于自然的维度中。

詹姆斯·奥康纳不仅试图重构历史唯物主义,更试图找到一种可以清晰地思考全球性环境破坏的理论,一种既对系统性的经济力量,又对社会性和政治性运动做出恰当思考的理论。这种理论显然传统的历史唯物主义无法担当。基于这种想法,奥康纳提出了"资本主义第二重矛盾"思想。他认为资本主义的矛盾和危机实际上有两重。除了马克思认为的生产力和生产关系的矛盾运动带来的需求不足,从而导致生产相对过剩的经济危机外,还有第二重矛盾,即生产力、生产关系与外部的生产条件之间的矛盾,这一矛盾侧重资本主义生产同外部自然的关系。

奥康纳把"生产条件"引入到历史唯物主义研究的范畴之中,提出了生产力和生产关系与生产条件这一矛盾。正是国外学者的挑战促使我们从生态视角拓展历史唯物主义研究的新视域,加大对"生产的自然条件"概念的探索。

其次是马克思丰富的关于"生产的自然条件"的论述对我们的启示。

从对马克思经典著作的研究梳理中,我们可以看到,马克思用了大量的篇幅来阐发"生产的自然条件"对生产力的影响。例如,马克思说过:"撇开社会生产的不同发展程度不说,劳动生产率是同自然条件相联系的。这些自然条件都可以归结为人本身的自然(如人种等等)和人的周围的自然。外界自然条件在经济上可以归结为两大类:生活资料的自然富源,例如土壤的肥力,鱼产丰富的水等等;劳动资料的自然富源,如奔腾的瀑布、可以航行的河流、森林、

---

① [美] 詹姆斯·奥康纳:《自然的理由——生态学马克思主义研究》,唐正东、臧佩洪译,南京大学出版社2003年版,第7页。
② [美] 詹姆斯·奥康纳:《自然的理由——生态学马克思主义研究》,唐正东、臧佩洪译,南京大学出版社2003年版,第62—63页。

金属、煤炭等等。"① 这里说的"自然条件"实际就是指"生产的自然条件"。在马克思看来,"自然界是人的无机的身体""人靠自然界生活"。自然界为人类的生存和发展既提供了生产和生活资料,又提供了精神食粮。马克思还具体论述了"生产的自然条件"对劳动生产率的影响,对劳动者"人本身的自然"的影响,对生产工具、劳动对象的数量和质量的影响。马克思还对资本主义农业破坏"生产的自然条件"的行径进行了批判。只是人们过去忽视了马克思关于"生产的自然条件"的论述。现在是凸显马克思这些思想的时候了。

再次是弥补传统历史唯物主义生产力理论不足的需要。

我们接触的传统生产力理论主要是苏联范式的。苏联范式在解读生产力理论时往往过度强调人类对自然的改造能力。"生产力是人类改造自然、征服自然的能力"。这种定义在历史唯物主义的教科书中俯拾即是。生产力固然是人与自然之间的关系,但这种表述却是一种单向性的关系,自然界只是被人类征服和改造的对象,忽视了自然条件对人类社会的影响,没有科学地概括出人与自然的全部关系。传统生产力理论存在明显的缺陷,即将人类与自然的有机联系割裂了,抛开了人所处的环境,孤立地强调人对自然的作用,没有把人类协调自身与自然关系的能力纳入到生产力理论的范畴中去,没有准确概括出人与自然关系的全部内涵。传统生产力理论过度膨胀了人的主体性,忽略了自然对人类的限制和制约作用。因此,历史唯物主义的紧迫任务就是要摆脱苏联教科书模式的影响,将历史唯物主义的视角扩展到自然领域,在生产力理论中,开展对"生产的自然条件"概念的研究。

最后是顺应经济发展方式转换上的理论渴望。

改革开放以来,我国走的是一条"高投入、高消耗、高排放、难循环、低效率"的粗放型经济增长道路,这种增长方式消耗了大量不可再生的自然资源,其直接后果就是资源和环境对经济的制约日益显现。高消耗换来的高增长,必然是高排放、高污染和低效率。问题的严峻性引起我国政策制定者的高度重视。特别是党的十六届三中全会和四中全会确立了科学发展观和构建社会主义和谐社会的目标之后,对经济发展和资源环境之间的关系有了更为清晰的认识。在"十一五"规划的建议中,我党又明确提出了建设"资源节约型、环境友好型"

---

① 《马克思恩格斯全集》第23卷,人民出版社1972年版,第560页。

社会的发展目标,在此基础上,党的十七大报告明确提出"建设生态文明,基本形成节约能源资源和保护生态环境的产业结构、增长方式、消费模式",并同时指出"要加快转变经济发展方式"。

所谓经济发展方式,是指生产要素的分配、投入、组合和使用的方式。一个国家采取何种经济发展方式,是与该国的"生产的自然条件"息息相关的。我们关注的,不是一个国家或地区的资源丰裕条件和资源配置方式能否支持经济的快速增长,而是其能否有长期可持续维持经济增长的"生产的自然条件"。在一个国家现代化发展的初期,生产力的水平还很低,通常的发展方式是依靠生产要素的大量投入,以大量的消耗"生产的自然条件"为代价,产出更多的产品,满足人们的需求。但是,这种发展方式是不可持续的,最终会导致生产的不能维系。我们对"生产的自然条件"的研究正好顺应了经济发展方式转化上的理论渴望。

二、"生产的自然条件"概念的内涵

在历史唯物主义生产力理论中添加了"生产的自然条件"这个概念后,一个个不可回避的问题就接踵而至,那就是,"生产的自然条件"概念的规定性是什么?它与历史唯物主义原有的"地理环境"概念有什么关系?

"生产的自然条件"是一个新概念,学者们还没有对其给予足够的关注。在我看来,"生产的自然条件"主要是指人类生产活动形成与发展面对的自然前提和自然基础,包括地形条件、气候条件、土壤条件、动植物资源、矿产资源、水利资源、海洋资源、土特产品等自然因素。

"地理环境"一词,最早是1876年由法国地理学家列克留提出的,他认为地理环境是"围绕人类的自然现象的总和"。此后的学者们大都采用此种解释。如李秀林等人将地理环境定义为:"与人类社会所处的地理位置相联系的各种自然条件的总和,如气候、土壤、山脉、河流、矿藏以及植物和动物等等。"[①] 不难看出,此种观点中的"地理环境"在一定程度上指的是我们说的"自在自

---

① 肖前、李秀林:《辩证唯物主义和历史唯物主义》,中国人民大学出版社1995年版,第261页。

然"，是一种狭义的地理环境的理解。而以申盛泰为代表的学者认为，地理环境是指一定社会的自然条件，即进入社会生活领域的自然条件，而不是抽象的脱离人类的单纯的自然界。尤其需要注意的是，这些学者认为，"地理环境"不单单指"自在自然"，它是人类赖以生存和发展的地球表层。它一般包括自然环境、经济环境和社会文化环境。还有一种观点认为，在地理环境作用的考察上应该包括两个方面，即一方面应把地理环境作为社会的外部因素看待，另一方面应把地理环境作为社会的内部因素看待，如薛勇民在《走向社会历史的深处》、顾乃忠在《地理环境与文化——兼评地理环境决定论研究的方法》中持的就是这一观点。

通过概念的辨析，人们可以看到，"生产的自然条件"与"地理环境"在内涵与外延上有一定的交叉，那为什么还要引进"生产的自然条件"这个新概念呢？笔者认为，在历史唯物主义，尤其是生产力理论中引进"生产的自然条件"概念是十分必要的，因为"生产的自然条件"与"地理环境"概念，在历史唯物主义理论中的地位和功能是不同的。首先，两个概念的论域不同。"地理环境"是就人类社会所处的场域来讲的，是从历史唯物主义的"物"的意义上讲的；而"生产的自然条件"是就人类生产活动面对的自然条件而言的，是在生产力理论中论述的。其次，两个概念的范围不同。"地理环境"还有广义的理解，既包括自然环境，也包括经济环境和社会文化环境，而"生产的自然条件"是指生产力形成和发展的自然基础和自然前提，是指在生产过程中起到限制以及促进作用的"自在自然条件"和"人化自然条件"。再次，两个概念的语境不同。"地理环境"是在社会存在的语境中使用的，生产方式、地理环境和人口因素构成了社会存在的主要内容；而"生产的自然条件"是在生产力语境中出现的，生产力、生产关系和生产的自然条件构成了生产力理论的新内容。最后，两个概念的出场境遇不同。"地理环境"在历史唯物主义中是一个意义相对弱势的概念，为了突显生产方式在社会发展中的作用，"地理环境"往往受到矮化的处理，轻描淡写解释一下"地理环境"的作用，最后结论是，"地理环境"在社会发展中不起决定作用，在批判"地理环境决定论"的喧闹中，"地理环境"黯然退场了，更遑论其环境保护的意义。而"生产的自然条件"思想是在生态文明理念的呼唤下，在人类反思传统生产力理论的非生态性缺欠的理论重构中，进入人们的理论视野的。

通过上面的分析，我们可以看出，提出"生产的自然条件"概念是有充分理由的，也是很有意义的。

（一）"生产的自然条件"概念的特点

1. "生产的自然条件"概念是自在自然和人工自然的统一

首先，"生产的自然条件"是自在自然。根据"生产的自然条件"的概念我们可知，"生产的自然条件"的基础一定是"自在自然条件"，整个自然包括我们自身都是人类生产和发展的前提条件，可以说，我们生于斯，长于斯，生产于斯。它是整个物质世界在时间的长河中发展到一定阶段的产物。自然界的风滋养着世界所有生命体的呼吸。人类是与自然界同一的。另外，对于我们的生产活动，无论生产力如何向前发展，都需要在相应的"生产的自然条件"下进行。从这点也可以证明"生产的自然条件"是客观的。

其次，"生产的自然条件"又是人工自然。"生产的自然条件"这个"自在之物"，在人的产生之日起就日益转化为体现人的目的的"为我之物"。"生产的自然条件"在人的生产实践中不断地获得属人的性质，成为人本质力量的确证和展现。原生态的"生产的自然条件"的来源是"人的现实的自然界"，而人类产生后它的来源是"人类学的自然界"。例如，人工开垦的良田、人工运河、人工林场牧场等人工自然条件。

2. "生产的自然条件"是整体与部分的统一

"生产的自然条件"是一个复杂的系统，由各个不同的要素构成，从整体而言，但凡人类要生存和发展，要进行生产活动就必须依赖"生产的自然条件"，那么也就是说全部的"生产的自然条件"都是人类生产所需要的，在这一点上而言它是整体的。就部分而言，"生产的自然条件"对不同地区、不同行业的影响程度是不同的；同样的地区和同样的行业对"生产的自然条件"需求的部分也是不同的。以水稻生产为例，众所周知，我国是世界水稻栽培的起源国，水稻在中国广为栽种后，逐渐传播到世界各地。就整体的"生产的自然条件"而言，水稻是一年生栽培谷物，喜高温、多湿、短日照，对土壤要求不严。但随着水稻耕作的传播和品种的改良，水稻的种植最北可以到达中国黑龙江的呼玛，除了南极洲之外，几乎大部分地方都有稻米生长。各地区的稻米生长所需的"生产的自然条件"出现了差异，但最基本的习性大体上是一样的。

3. "生产的自然条件"是有限与无限的统一

站在悲观主义者的立场上,"生产的自然条件"很显然是有限的,以农业"生产的自然条件"中最重要的可耕地面积为例,"在陆地的总面积中,约 1/5 太冷;约 1/5 太干旱;约 1/5 是山地;约 1/5 是丛林和沼泽地。"① 石油、煤炭、森林等资源的储量呈逐年下降的趋势,气候变暖、尾气排放,水资源污染相当严重。"人类社会和人居环境的关系已经发展到关键时刻。从我们居住的这颗星球能否继续适合人类居住这个意义上说,这颗行星所遭受的毁损已达到了这样的地步:它正在威胁着自然界的延续和社会自身的生存及发展。"② 在这种情况下,"生产的自然条件"无论在数量上还是质量上都是有限的。但在乐观主义者看来,应该有这样两个预设存在:一是人类必定向善;二是科技的进步一定能解决现有的问题。在这些预设的浸润下,人类一定会幡然悔悟,大多数的人会珍惜相对稀缺的"生产的自然条件"。另一方面就是"生产的自然条件"的有限是相对的,人类会在任何现有的"生产的自然条件"下进行生产,并会在科技进步的条件下把它继续赋予人的属性,使其成为人类所需要的"生产的自然条件"。赛义德·侯赛因·纳尔斯(Seyyed Hossain Nars)在《人与自然》一书中写道:"自然已被现代人祛魅,自然已经成为物,这种物在更大的程度上被人们利用和享用。"③ 那么从这个角度看,它又是无限的。

(二)"生产的自然条件"的分类

1. 现实的与潜在的"生产的自然条件"

所谓现实的"生产的自然条件",是指对生产起直接或间接作用的那部分自然条件,是已成为自然生产力构成要素的那部分;而潜在的"生产的自然条件",是指暂时还没有对生产起直接作用,但将来必然起作用的那部分自然条件。

"生产的自然条件"在总体趋势上都将参与生产过程,但在某一阶段只能是部分自然条件对人类的生产活动产生或大或小的影响。这些已经对生产发生作

---

① 陈静生、蔡运龙、王学军:《人类——环境系统及其可持续性》,商务印书馆 2007 年版,第 85 页。
② J. B. Forster. 1999. *The Vulnerable Planet*. Monthly Review Press. p. 85.
③ S. H. Nars . 1997. *Man and Nature*:*The Spiritual Crisis in Modern Man*. Chicago,Illinois:ABC international Group. p. 68.

用的部分就成为现实的"生产的自然条件"。而另一部分还没起作用的"生产的自然条件",随着生产力的发展,人类认识程度的加深,科技水平的提高,一些潜在的"生产的自然条件"逐渐地变成为现实的"生产的自然条件"。我国人民发现石油由来已久,北宋沈括在《梦溪笔谈》中记载了石油,但仅仅是对其颜色和燃烧的特性有所了解,可以说石油在当时对任何一个国家和地区来讲,其作为工业化生产意义上的"生产的自然条件"都是潜在的。而现如今,石油这个昔日潜在的"生产的自然条件"已经全面地渗透到人类生产和生活的方方面面,石油资源的重要性是有目共睹的,它的价格牵动着数以亿计的人,围绕着石油资源的角逐在政治、经济、文化、军事、宗教、历史、地理等领域日趋激烈。

可见,现实的与潜在的"生产的自然条件"这种区分是相对的,而且是相互转化的,不仅潜在的"生产的自然条件"可以转向现实的"生产的自然条件",并且这种转化是可逆的。相信随着科技的进步,我们会对许多现实的"生产的自然条件"说再见,它们渐渐变为"潜在",而也许有一天它们又将变为新的现实的"生产的自然条件"。

2. 直接的与间接的"生产的自然条件"

所谓直接的"生产的自然条件",是指在现实的生产活动中直接参与到生产过程中的各种自然条件。所谓间接的"生产的自然条件",即指间接地参与生产过程的各种自然条件。直接的"生产的自然条件"是非常好理解的。参与到生产过程中的各种生产资料和地理环境等共同构成了直接的"生产的自然条件"。例如,种植业需要的土壤条件,制药业对某些药材原料的依赖,酿造业需要的特殊的空间环境、水分和光照条件。在这些生产过程中的各种物质要素,包括"人化"程度不等的自然要素和原始的自然要素如阳光、温度、湿度、水质、气候等地理环境因素,这些自然因素互相作用,形成了直接的"生产的自然条件"。

间接的"生产的自然条件",就是就生产来讲有一定的隐蔽性、疏离性,它们不直接加入劳动过程,但是没有它们,劳动过程就不能进行,或者不会完全进行下去。因此,不同的自然地理条件,形成了不同的生态环境或微生态环境,从而影响了物种的分布及结构,间接地影响了农业生产的条件、结构和布局,使农作物及林、畜产品都呈现强烈的地区差异和区域特性。

3. 宏观的与微观的"生产的自然条件"

从宏观角度而言,"生产的自然条件"对社会发展起加速或延缓的作用,但不起决定作用,生产力是人类社会发展的决定因素。但从微观角度而言,"生产的自然条件"对特定地区或特定的时间段的某个社会发展可起到决定性的作用。马克思认为:"人们为了能够'创造历史',必须能够生活,首先就需要衣、食、住以及其他东西。因此第一个历史活动就是生产满足这些需要的资料,即生产物质生活本身……任何历史观的第一件事情就是必须注意上述基本事实的全部意义和全部范围,并给予应有的重视。"① 简单说来,在一个国家里要发展煤炭工业,那里一定要有煤矿;土地要长出果实来,那里一定要具备一定的土质和气候状况。在某些条件下微观的"生产的自然条件"甚至可以影响社会历史的进步。像有"天堂岛"之称的瑙鲁,是太平洋上的岛国。瑙鲁虽小,但它的人均国民收入却很高,年均 8500 美元。全国住房、电灯、电话、医疗等全部免费。这个几乎所有食品和饮用水都依赖进口的国家何以如此富有?靠的就是海鸟上万年的栖息,留下的鸟粪化学反应后变成了优质的磷酸盐。仅出口磷酸盐瑙鲁人便成了"富翁"。近些年瑙鲁的磷酸盐矿产资源急剧下降,财政赤字严重,整个国家经济近乎崩溃。所以,相对而言,我们更要关注微观的"生产的自然条件"的变化对人类社会发展的影响。历史上,许多人类文明的硕果都陨落在自然条件的恶变中。现实中,也因为"生产的自然条件"的破坏,造成了大批的"生态移民"和"生态难民"。

(三)"生产的自然条件"的影响

1. "生产的自然条件"对生产力的影响

生产力是人们在物质生产活动中形成的解决社会同自然之间矛盾的实际能力,是人类改造自然使其适应社会需要的物质力量。马克思曾指出:"一切生产力都归结为自然界。"② 生产力从根本上体现了人与自然之间的现实关系。"生产的自然条件"正是限制和影响这种能力发挥的先决条件。这种限制和影响触及到构成生产力的各个因素中。

"生产的自然条件"是劳动者体力和脑力的基础。

---

① 《马克思恩格斯选集》第 1 卷,人民出版社 1995 年版,第 78—79 页。
② 马克思:《机器、自然力和科学的应用》,人民出版社 1978 年版,第 190 页。

在生产力的构成要素中,劳动者是生产过程的主体,是生产力中能动的、起主导作用的要素。劳动者首先应该是自然人,自然人的生存和繁衍便是生产得以开始的自然条件。劳动者体力和智力本身也是以"生产的自然条件"为基础的。现代科学表明,人类有共同的祖先,那么各种肤色的人种究竟是怎样产生的呢?很重要的一点就是我们的祖先从事劳动生产的过程中,面对的"生产的自然条件"是不同的,在长期生产实践的过程中,人类本身也发生了变化,形成了各种肤色、不同的体型特点等。我国古书《大戴礼记·易本命》对不同的人的形成有这样一种说法:"坚土之人肥,虚土之人大,沙土之人细,息土之人美,耗土之人丑。"① 在智力上,随着生产力的发展,人类采集和狩猎水平大大提高,食物来源日渐丰富,特别是动物肉类食物的加入,使得人类大脑的发育加快,智力因素所占的比重日益增加,脑力劳动者在生产中的作用越来越突出。智力的载体人脑本身就是自然的,人脑在劳动的推动下,日益完善,结构越来越复杂和严密,人类的智力日趋提高。总之,"生产的自然条件"促进了劳动者体力的增强和智力的提高,反过来劳动者的体力和脑力也变成了下一步进行生产活动的自然条件。

"生产的自然条件"为劳动对象和劳动资料提供来源。劳动对象是指人们通过自身劳动对之进行加工,使之成为具有使用价值以满足社会需要的那一部分物质资料,包括未经加工的自然物和已经加工过的人工物。看上去劳动对象与"生产的自然条件"很相似,因为劳动对象也是进行物质资料生产的前提,按照传统理论的说法,劳动只有同劳动对象相结合,才是物质财富的源泉。笔者承认传统说法的合理性,但是这只是能够进行劳动生产的必要条件。以农业生产为例,劳动与一块荒漠地相结合,并不是结合了就一定能够创造出物质财富,因为农业生产的特点,决定了农作物的生长需要土地、水源、光照、肥料、耕作方式等多方面因素共同作用。所以"生产的自然条件"为劳动对象提供了来源,并在生产过程中加入到劳动与劳动对象的结合之中。

劳动资料是人们在劳动过程中用以改变或影响劳动对象的物质资料或物质条件,其中最重要的是劳动工具。在历史唯物主义看来,以劳动工具为主的劳动资料在生产力中发挥着重要作用。马克思说:"各种经济时代的区别,不在于

---

① 王聘珍:《大戴礼记解诂》,中华书局1983年版,第246页。

生产什么,而在于怎样生产,用什么劳动资料生产。劳动资料不仅是人类劳动力发展的测量器,而且是劳动借以进行的社会关系的指示器。"① 马克思还提到:"只要知道一个民族用什么金属——金、铜、银或铁——制造自己的武器、工具或装饰品,就可以事先确定该民族的文明程度。"② 在人类文明之初,生产工具直接就是当地自然条件的"恩赐",人们对各种自然物稍加处理与改造就成为了得心应手的生产工具,如锋利的石刀、石斧,木制的犁、锄,藤条做成的弓箭,树叉做成的农具以及青铜器和铁器工具等。各地自然条件的差异,决定了劳动工具的不同形态与用途。马克思所谓的"由于自然条件的不同……就有了劳动工具的天然差别",③ 讲的就是这种情况。随着社会的进步和科学技术水平的提高,我们现在的劳动工具已经有了质的飞跃,人们一般情况下很难从劳动工具中直接看到其构成的自然材料。但是,我们不应当忘记,无论是多么复杂和多么先进的劳动工具,都直接或间接来自于自然界,受到自然条件的制约,从石器、青铜器、铁器、大型机械到智能工具,其中的原材料都毫无例外地产生于自然界。可见,在劳动资料这个生产力的重要要素中包含着自然条件的因素和影响。

2. "生产的自然条件"对生产关系的影响

生产关系是人们在生产过程中所结成的经济关系,由生产资料所有制关系、生产中人与人的关系和产品分配关系构成。生产关系贯穿于生产、分配、交换和消费的全过程。"生产的自然条件"在生产过程中为所有制和产品分配方式提供物质基础,是人与人关系解放的自然前提。

"生产的自然条件"是所有制和分配方式的物质基础。生产资料所有制关系是人与生产资料结合的方式,它表明生产资料归谁所有,为谁支配。所有制的形成与"生产的自然条件"息息相关。因为劳动对象和劳动资料构成生产资料,正如上文所说,"生产的自然条件"是劳动对象和劳动资料的来源,那么,占有生产资料就必须对相应的"生产的自然条件"进行占有。众所周知,有什么样的生产资料所有制关系就有什么样的分配关系,无论公有制还是私有制的分配

---

① 《马克思恩格斯全集》第44卷,人民出版社2001年版,第210页。
② 《马克思恩格斯全集》第46卷(上),人民出版社1979年版,第129页。
③ 《马克思恩格斯全集》第47卷,人民出版社1979年版,第334页。

方式，都必须有个前提：那就是要有"物"可分，有剩余产品可分。例如，地主阶级的剥削关系是建立在土地私有制基础上的，这里的"土地"显然是"可耕地"。试想一下，如果耕地的自然条件恶化了，耕地荒芜了、沙漠化、石漠化，或者被重度污染而丧失了可耕性，地主没有"地"了，他靠什么去剥削？这样的剥削关系还存在吗？所以，社会物质产品比较丰富，人们分得的产品自然就会相对多起来，而前提就是"生产的自然条件"要相对优越。而当"生产的自然条件"受到污染而惨遭破坏时，人们的生产将会夭折，这时的所有制关系和分配方式将无从谈起。

"生产的自然条件"是人与人关系解放的自然前提。社会发展的最终目的在于人自由而全面的发展，也就是达到全人类的解放。而这种解放是通过人与"生产的自然条件"关系的改善，进而冲破人与人的对立来实现的。在"生产的自然条件"相对稀缺的条件下，人与人的关系必然是对立的，因为维持生存和发展的手段不足，本身就需要人自身作为手段来填补，更不用说贪婪欲望支配下的掠夺与对抗对人的自由的践踏。"生产的自然条件"限制和制约着生产力的发展，使其在现阶段还不能充分满足人类的需要，人的解放还受到社会条件与自然条件的限制。马克思说："黑人就是黑人。只有在一定的关系下他才成为奴隶。"[①] 也就是说，黑人只有在除了出卖自己的劳动力之外一无所有的情况下，他为了生存才成为了奴隶。当"生产的自然条件"可以满足他的生存需要时，他完全可以通过农耕、采集、渔猎、手工作坊等方式，很惬意地生活在大自然的怀抱里，而不受被剥削之苦。历史上有英国的资本家把机器和工人搬到澳大利亚，想在那里复制在英国的剥削关系。结果是失败了。因为，当地优越的"生产的自然条件"可以养活逃离了资本家魔掌的工人。由此可见，"生产的自然条件"是人与人关系解放不可或缺的自然前提。可以说，生产关系归根结底是一种社会关系、经济关系，其基础是人与自然之间的物质交换关系。

三、"生产的自然条件"概念提出的意义

首先，随着历史唯物主义理论研究生态维度的拓展，生产力理论中的"生

[①] 《马克思恩格斯选集》第 1 卷，人民出版社 1995 年版，第 344 页。

产的自然条件"概念是非常值得研究的。由于受到"苏联模式马克思主义哲学体系"的理论浸润,我国现有的马克思主义哲学的教科书中,在历史唯物主义的教学中,只关注了生产力和生产关系及其辩证关系,几乎没有探讨不容忽视的"生产的自然条件"问题。生产力理论的展开是在预设"生产的自然条件"当然存在的情况下进行的,而没有突出强调"生产的自然条件"在人类生产和生活活动中的关键作用,没有考虑到人类生产和生活依赖的自然资源枯竭、自然条件遭到破坏的情况下,人类的生产和生活活动还会继续下去吗?"生产的自然条件"是生产力与生产关系形成并展开其辩证关系的自然前提、生态基础,离开了"生产的自然条件",生产力与生产关系就无从谈起。事实上,马克思非常重视自然界的使用价值,他把自然条件、自然资源的状况和社会生产劳动的效果联系起来,充分肯定自然界是有价值负载的实体性要素,在生产劳动中,没有自然界所提供的劳动资料和劳动对象,人类社会的生产将无法维系。所以,"生产的自然条件"概念应当成为历史唯物主义不可或缺的一个重要范畴。

其次,研究"生产的自然条件"概念有助于回应西方学者们的诘难与挑战。以詹姆斯·奥康纳为代表的西方生态学马克思主义者认为,传统历史唯物主义缺乏"生态"的维度,没有从生态环境变化的视角来看待社会历史的演变。历史唯物主义围绕着人类物质生产活动展开的,没有意识到人类对自然的改造也会成为人类自身发展的障碍,没有意识到自然已经越来越成为制约生产力发展的重要条件之一。因此,奥康纳认为,缺乏生态维度的历史唯物主义存在着"理论空场",现在应该强调"自然"在历史唯物主义中占有重要地位。应当承认,奥康纳的观点是很有见地的。我们不要回避这个问题,而应当加强对"生产的自然条件"概念的研究,努力拓展历史唯物主义的生态视野。

最后,研究"生产的自然条件"概念有助于纠正我们忽视生产的自然条件的恶习。改革开放以来,中国经济发展取得了举世瞩目的成就,然而也付出了巨大的环境代价。我国生产的自然条件,如空气、大气层、水源、森林、草原、湖泊、植被等遭到了大规模的破坏,土壤污染、地表和地下水污染、石漠化、沙漠化、泥石流等生态灾难的频发,导致生态脆弱,环境恶化地区的民众不得不背井离乡沦为"生态移民"。一些地区的生态环境危机,重创了当地的生产条件,导致了农业、渔业、畜牧业的重大损失。所以,重视对生产的自然环境和自然条件的保护，重视生态修复和自然恢复，有利于生态农业的发展。在一定意义上，我们可以说当代生态危机与人们长期忽视"生产的自然条件"有关，现在到了研究生产的自然条件、重视生产的自然条件的时候了。

第二编 02
从生态视角对马克思思想观点的重释

马克思"自然生产力"思想探析[①]

一、学者对马克思自然生态观的争论

在生态哲学的研究中，有些国外学者认为，马克思的自然观具有极端人类中心主义的思维陋习。他们认为，马克思的自然观否认了自然界的价值，"忘却了自然""自然被失落了"。例如，美国生态学家唐纳德·沃斯特（Donald Worster）就认为：马克思的理论所垂注的是阶级斗争和社会革命。马克思只是极力想把人们从旧的、不合理的社会秩序中拯救出来，只关心人与社会的关系，而忽视了人与自然关系的和谐。因此，在马克思那里"无法找到多少对保护任何古老的自然观的关心以及对环境保护的任何关注"。[②] 英国学者本顿（Ted Benton）、日本学者玉野井芳郎就《资本论》中的一些观点对马克思进行了指责，他们认为马克思把"土地"仅仅看成是劳动对象、劳动资料，而忽视了它首先应该是生态学意义上的土壤环境。马克思由于把"土地"只看作是生产的手段，完全忽视了农业劳动是植物、动物生命的自然过程，是自然界循环的一部分。马克思对我们在劳动过程中不能操作的自然条件重视不够，与此相反，却对人有意识地改变自然的力量强调过头。他们认为，马克思没有区分农业劳动与工业制造劳动的区分。因而，马克思"劳动过程"的概念是抽象的，不妥当的。照他们看来，农业劳动是"环境调整的实践"，这种劳动与工业那样的"制造实

[①] 原载《马克思主义研究》，2002年第5期。
[②] ［美］唐纳德·沃斯特：《自然的经济体系——生态思想史》，侯文蕙译，商务印书馆1999年版，第491页。

践"是不同的。①

在我看来,这些学者对马克思的指责是没有道理的。他们的观点显然是基于以下这样的见解:只要把自然界看成是劳动资料和劳动对象,就不可避免地会对自然环境产生破坏。这样的见解显然是不能作为立论的基础的。实际上,人的对象性存在和实践活动的展开,必定要从大自然中获取生产和生活资料,这是包括人类在内的所有生灵生存与发展的物质前提,而把大自然看成是劳动资料和劳动对象并不必然导致自然环境的恶化。相反,为了能持续地与大自然进行物质、信息和能量的交换,人类会重新考虑人与自然的关系,激起人类对大自然的关爱和呵护,但无论对人与自然的关系做怎样的调整,自然界是人的劳动资料和劳动对象的这一身份并没有改变。

他们认为,马克思没有看到作为环境调整实践的农业生产与作为制造实践的工业生产的不同,认为农业生产是有机的,是自然界的生态循环,体现出自然界的再生过程;而工业生产是机械生产,是一种迫使自然万物变形的生产,是对自然资源的"盘剥"。其实,人类为了满足自己的需要必须使自然变形,这是一切生物作用于自然界的共性特征。农业劳动与工业劳动一样,也会使劳动对象变形。人们对土地的耕作、对农作物的施肥灌溉、对农业病虫害的防治、对农产品的多级加工等都表现出使自然物变形的特点。因此,他们对马克思的批评是没有道理的。况且,当代资本主义的农业生产也不都表现为保护环境。相反,由于对土地的掠夺性使用和对土地施用大量的化肥、农药,土壤环境已经遭到了严重的破坏。卡逊夫人《寂静的春天》一书,就是对资本主义国家农业环境污染现象的控拆,她用大量的事实对这个问题的披露,开启了现代社会环境保护运动的大幕。

的确,单从《资本论》中"劳动过程"一节来看,马克思没有探讨农业劳动与工业劳动的区别以及农业生产的环境保护意义,这与马克思的写作目的在于揭示资本主义社会的经济规律有关。但是,因此就说马克思忽视农业劳动,忽视农业生产对环境的保护意义则未免过于性急了。实际上,马克思并非一点也没有意识到这个问题,他曾对农业、矿业和工业做过明确区分,在《资本论》中,我们经常看到他吸收了李比锡的物质代谢理论,涉及了关于土地问题的环

---

① [日]岩佐茂:《环境的思想》,张桂全、刘荣华等译,中央编译出版社1997年版。

境保护观点。许多人对马克思自然观指责最多的,莫过于他对自然价值的规定。马克思的确讲过:"瀑布和土地一样,和一切自然力一样,没有价值,因为它本身中没有任何物化劳动,因而也没有价格,价格通常不外是用货币来表现的价值。"① 马克思还说过:"自然力不是超额利润的源泉,而只是超额利润的一种自然基础,因而它是特别高的劳动生产力的自然基础。"② 众所周知,《资本论》是工人阶级解放的"圣经",马克思穷其毕生精力撰写《资本论》是为了揭示资本主义社会经济运行的机制,揭示资本家剥削工人的奥秘,展示剩余价值产生的真正源泉。马克思从产生剩余价值的社会劳动出发,大量阐述了劳动价值论,而对劳动过程中必不可少的劳动资料和劳动对象的价值没有过多涉及,这对揭示剩余价值的真正源泉是非常必要的。但我们不能因此就得出这样的结论,即认为马克思的自然观否认自然界的价值,误导人们对自然界的正确理解,是蔑视自然界的价值,导致生态环境恶化的经济学根源。在理论研究中,为了真正阐述一个问题而肯定某些观点,决不意味着就否认另一种观点的价值。从整体上看,马克思不仅不否认自然界的价值和效用,而且相反,他还有丰富的"自然生产力"思想,充分肯定自然界的价值,并没有敌视自然界的思维恶习。马克思认为,自然界中的阳光、空气、河水、湖泊、海洋、土壤、各种动植物等都是具有某种使用价值的,"如果一个使用价值不用劳动也能创造出来,它就不会有交换价值,虽然作为使用价值,它仍然具有它的自然的效用。"③ 这里讲的"自然的效用"就是指自然界的价值。而自然界的这种价值在"自然生产力"中表现得最为充分。

二、马克思生产力理念的完整形态

在我国通用的哲学、经济学教科书或各类词典中,把"生产力"一般都定义为"人们改造自然、利用自然,获取物质资料的能力"。人们的共识均把生产力的要素归纳为"从事物质生产的、具有一定生产经验和劳动技能的劳动者,

---

① 《资本论》第3卷(下),人民出版社1975年版,第729页。
② 《资本论》第3卷(下),人民出版社1975年版,第728页。
③ 《资本论》第3卷(下),人民出版社1975年版,第728页。

以生产工具为主的劳动资料,以及引入生产过程的劳动对象"。以上的定义,曾经长期萦绕在我们的思想认识中,许多人接受了这样的定义并把这种观点传授给他人。其实,从马克思生产力理论的完整形态看,以上的定义是有严重缺陷的。

首先,这种观点忽视了社会生产力产生与发展的自然前提。从割裂人与自然的有机联系入手,离开社会赖以生存的自然环境因素,孤立地侈谈"人的能力",只突出了生产力的社会性,给人们一种误导,似乎"生产力"仅仅是指"社会生产力",而遮蔽了自然环境状况在社会生产力中应有的地位和作用,特别是忽视了马克思的"自然生产力"思想。

其次,这种观点有形而上学的思维陋习,只看到了社会与自然的区分,没有看到自然界中各种自然物之间的有机联系。以上思想只是把"引入生产过程的劳动对象"看成是生产力的要素,并没有把整个自然环境纳入生产力的范畴。这样就势必导致人们对生产力的狭隘理解。

其实,自然界中的各种物质不是孤立存在的,当人们把一部分自然物纳入到生产过程中时,该自然物必然会对其他自然物产生直接或间接的影响。反过来那种暂时未被纳入生产过程的自然物,也会影响这种已经纳入到生产过程中去的自然物的生长或演化,从而影响生产力的状况。我们可以说,整个自然环境都是生产力,只不过有的自然物是现实的、直接的生产力,有些是潜在的、间接的生产力。例如,肥沃的农田的自然生态环境遭到了人类的破坏,成为不毛之地,它还能是生产力的要素吗?

最后,这种观点表现出极端人类中心主义的思维倾向,只是强调了生产力中人类"征服、改造和利用"自然界的能力,没有把人类协调自身与自然关系的能力纳入生产力的范畴,忽视了马克思"再生产整个自然界"的思想。传统的"生产力"定义只是把人类对自然界的改造视为生产力的体现,而把人类调整人与自然关系的能力摒除在生产力之外,这显然是错误的。马克思"再生产整个自然界"的观点,就是要求人们在使社会生产力持续发展的同时,也要使自然生产力持续发展。因为,人们在改造自然的同时,如果能够自觉地调整自身与自然界的关系,使之保持基本的协调,生产力的发展就有后劲;反之,生产力的发展就会遭受挫折。

三、自然生产力影响、制约着社会生产力

马克思承认在社会生产中"人和自然，是同时起作用的"①。在整个生产力体系中，人的社会生产力与自然界的自然生产力也是同样起作用的。因此，对于生产力范畴，我们应该有新的理解。我们认为，生产力是人类与自然的物质交换过程中自然再生产与经济再生产相互作用的结果，是社会生产力与自然生产力的总和。人的劳动能力（脑力、体力、科学技术等）及其社会组合构成了"社会生产力"，而自然生产力就有不同的表现：狭义的自然生产力是指纯粹的自然力（如利用河水、风力、太阳能来发电），广义的自然生产力则不仅包括自然力，还包括自然资源、生产所必备的自然条件等。我们这里所讨论的"自然生产力"，指的是广义的自然生产力。我们应当承认，社会生产力与自然生产力是相互作用、相互制约的。但是，考虑到人们长期以来对"自然生产力"问题的忽视，所以本文仅就马克思的"自然生产力"思想进行挖掘和研究。在这个问题上，马克思的论述是丰富而深刻的，只是多年来，我们忽视了马克思这方面的思想。现在到了认真研究马克思"自然生产力"思想的时候了。

马克思认为，自然生产力影响、制约着社会生产力。他指出："撇开社会生产的不同发展程度不说，劳动生产率是同自然条件都可联系的。这些自然条件都可以归结为人本身的自然（如人种等）和人的周围的自然。外界自然条件在经济上可以分为两大类：生活资料的自然富源，例如土壤的肥力、鱼产、丰富的水等等；劳动资料的自然富源，如奔腾的瀑布、可以航行的河流、森林、金属、煤炭等。"② 马克思还说过："自然就以土地的植物性产品或动物性产品的形式或以渔产等产品的形式，提供出必要的生活资料。农业劳动（这里包括单纯采集、狩猎、捕鱼、畜牧等劳动）的这种自然生产率，是一切剩余劳动的基础，因为一切劳动首先而且最初是以占有和生产食物为目的的。（动物同时还提供兽皮，供人在冷天保暖；此外，还有供人居住的洞穴等等。）"③ 马克思还特

---

① 《马克思恩格斯全集》，人民出版社1972年版，第23卷，第662页。
② 《马克思恩格斯全集》，人民出版社1972年版，第23卷，第560页。
③ 《资本论》第3卷（下），人民出版社1975年版，第712—713页。

别提到:"农业劳动的生产率是和自然条件联系在一起的,并且由于自然条件的生产率不同,同量劳动会体现为较多或较少的产品或使用价值。"① 马克思有关的思想表达还有许多,我们从中可以清晰地看到,马克思是承认自然生产力的。在他看来,自然生产力对社会生产力的影响,既包括作为"生活资料的自然富源"对社会生产力的影响,也包括作为"劳动资料的自然富源"对社会生产力的影响。

具体地讲,自然生产力对社会生产力的影响表现在以下几个方面。

第一,自然界中自然资源和生态环境的状况,直接影响着作为社会生产力中最主要因素的人的生存方式,影响着"人本身的自然"。社会生产要想持续发展,劳动者的自身自然状况是十分重要的,"自然界是人为了不致死亡而必须与之不断交往的、人的身体。所谓人的肉体生活和精神生活同自然界相联系,也就等于说自然界同自身相联系,因为人是自然界的一部分。"② 人如果不从自然界中获取自己的生活资料,人类将无法生存,社会生产力也就无从谈起。而人类从大自然中获取的生存资料的多寡和质量,直接取决于自然环境的状况,取决于自然生态环境是否有利于人类的生存与发展,因此,自然再生产能力愈强,我们可获得的生存资料就愈丰富,人本身的自然(脑力与体力)就愈发达;反之,自然再生产能力愈弱,我们获取的生存资料就愈贫乏,人本身的自然就愈孱弱。如果自然生态环境遭到了人类的严重破坏,我们从中获取的生存资料就会危害人类的健康,甚至危及人的生存方式。马克思就资本主义环境污染对工人健康严重影响情况的调查与分析清晰地表明了这个问题。

第二,自然的再生产是社会再生产的物质前提,也是社会再生产得以持续扩大的物质保障。马克思指出,经济的再生产过程,不管它的特殊的社会性质如何,总是同一个自然的再生产过程交织在一起。这里有两种情况:一种情况是有些经济再生产过程本身就是一个自然再生产的过程。例如农业再生产过程就是被人类驯化了的自然循环过程。另一种情况是自然界的再生产是人类社会再生产的物质前提。人类社会的生产活动一刻也离不开特定的自然条件和自然资源,而这种条件和资源不是一成不变的,有些资源接近枯竭的"红灯"已经

---

① 《资本论》第3卷(下),人民出版社1975年版,第922页。
② 《马克思恩格斯全集》第42卷,人民出版社1979年版,第95页。

闪亮，急需人类给予"休养生息"的政策，使之不断地再生。如果自然的再生产能力丧失殆尽，经济再生产的自然基础就将葬送，经济再生产也就无法进行。

第三，自然条件的好坏也影响着劳动对象的数量与质量。社会经济发展需要一定数量和质量的劳动对象。例如，牧场的面积与草的质量对畜牧业，某种矿物的品质与储量对冶金业，林木覆盖面积与木材结构对造纸业、木材加工业的影响极大。如果自然生态环境优化，自然界的再生产能力兴旺，它给社会经济的再生产提供的自然资源不仅在数量上有保障，在质量上也是可靠的，这对经济发展是极为有利的。反之，如果一个地区的自然环境遭到了人为的破坏，自然再生能力受到抑制或恢复乏力，自然再生产过程所能提供的劳动对象的数量就会减少，质量就会下降。当地的经济发展与社会的全面进步都将受到严重的自然条件的制约。

第四，自然条件与自然资源的情况变迁，也影响着生产力中工具要素的构成。以劳动工具为主的劳动资料在生产力的基本要素中起着十分重要的作用，马克思历来都很看重生产工具系统的社会作用。马克思说："各种经济时代的区别，不在于生产什么，而在于怎样生产，用什么劳动资料生产。劳动资料不仅是人类劳动力发展的测量器，而且是劳动借以进行的社会关系的指示器。"[①] 人类最初的劳动工具直接来源于自然物，如扁平而锋利的石刀、富有弹性的藤条做成的弓箭、树叉做成的农具等。各地自然条件的差异，决定了劳动工具的形态与用途。马克思所谓的"由于自然条件的不同……又有了劳动工具的天然差别"[②] 讲的就是这种情况。随着社会的进步和科学技术水平的提高，我们现在的生产工具系统已经有了质的飞跃，人们一般很难从中窥见到纯自然物的痕迹。但是，人们不要忘记，无论是多么复杂和多么先进的劳动工具，都直接或间接来自于自然万物，从石器、青铜器、铁器、大型机械到电子计算机，其中的原材料都毫无例外地产生于自然界。这就是说，在劳动资料这个生产力的重要要素中，也包含着自然的因素。

第五，自然资源天然分布与日后变动状况影响着工业的布局和经济类型的构成。众所周知，农业生产是直接依赖于自然条件的，自然植被的分布、土壤

---

① 《马克思恩格斯全集》第 23 卷，人民出版社 1972 年版，第 204 页。
② 《马克思恩格斯全集》第 47 卷，人民出版社 1979 年版，第 334 页。

的结构、气候的类型等都影响着农业生产的效率以及农业生产的自然地域分布特征，形成了种植业、畜牧业、水产业和海洋捕捞业等不同的生产领域。其实，类似的情况在工业生产中也同样可见。区域性工业门类的不同在很大的程度上也与当地的自然条件有关，依赖于自然资源的分布、构成、储量以及开采运输的自然条件。例如，我国石油工业、森林工业、煤炭工业、有色金属工业和纺织业的分布情况就明显地表现了这样的特点。很多工业城市是自然资源型的，当地的自然资源储量丰富，它的主导性的工业产值就高，相应地也带动了当地经济的全面发展。反之，随着该地自然资源储量的减少甚至枯竭，这种自然资源型的城市发展将受到严重制约。所以，对自然资源的合理开发与保护对社会生产力的持续发展是极其有利的。

四、马克思生态思想的现实回响

马克思的上述思想已经有了现实的回响。江泽民同志在全国第四次环境保护工作会议上提出了一个十分重要的思想："保护环境的实质就是保护生产力。"这个思想可以说是对马克思"自然生产力"思想的进一步发展和具体化。我们应该从我国社会主义现代化建设的现实进程出发，认真整理和挖掘马克思的"自然生产力"思想，认真领会"保护环境的实质就是保护生产力"这一命题的现实意义，纠正过去人们对生产力的狭隘理解，真正做到自然再生能力与经济再生能力的和谐发展。

马克思科学技术观的生态维度[①]

国外有些学者认为，马克思的科学技术观与弗兰西斯·培根的观点如出一辙，都主张"技术决定论"，把科学技术视为人类征服自然的工具，助长了人们藐视、损害自然的恶习。在笔者看来，这种观点是武断的。当我们深入了解马克思科学技术观的本质时，便可以清晰地认识到马克思的科学技术观与生态环境保护并不矛盾。相反，马克思把科学技术视为减少工业和生活废物、提高环境质量的有效手段。马克思科学技术观的生态维度是明确的，他的这些真知灼见仍然具有重大的现实意义。

一、马克思科学技术观的生态维度

科学技术观的生态维度，是人们从生态学视角审视科学技术的社会功能而形成的新范式。这种新范式要求人们把生态世界观和生态整体主义作为科学技术发展的指导思想，把生态环境保护和建设作为科学技术发展的一个目标，把利用科学技术看成是减少生产和生活废物、节约生产资料、改善生态环境质量的有效手段，使科学技术的发展有利于人—社会—环境的可持续发展。"科学技术观的生态维度"是一个后现代的范式，然而，马克思在《资本论》中揭示资本主义经济运行的内在逻辑时，尤其是在论述"不变资本使用上的节约"问题时，客观上谈到了科学技术观的生态维度问题，提出了生态工业、生态农业和循环经济的思想。马克思科学技术观的生态维度主要表现在以下几个方面。

第一，在马克思看来，应用科学技术是减少工业和生活废物的有效手段。

[①] 原载《马克思主义与现实》，2007 年第 2 期。

这种思路与当今人们处理生产与生活垃圾的思路是一致的。

马克思在《资本论》中专门讨论了"生产排泄物的利用"问题。他指出："我们所说的生产排泄物，是指工业和农业的废料；消费排泄物则部分地指人的自然的新陈代谢所产生的排泄物，部分地指消费品消费以后残留下来的东西。"①当时资本主义社会的科学技术没有达到合理利用和处理这些排泄物的水平，这些排泄物在给社会生态环境造成污染的同时，也导致了生产资料的巨大浪费。所以，马克思说："在利用这种排泄物方面，资本主义经济浪费很大。"②那么靠什么手段来处理这些排泄物呢？当然是要依靠科学技术了。

因为"科学的进步，特别是化学的进步，发现了那些废物的有用性质"③。马克思特别强调，用先进的科学技术改造过的工业，可以充分利用工业废料，变废为宝，减少工业废料对环境的污染。马克思指出："化学的每一个进步不仅增加有用物质的数量和已知物质的用途，从而随着资本的增长扩大投资领域。同时，它还教人们把生产过程和消费过程中的废料投回到再生产过程的循环中去，从而无需预先支出资本，就能创造新的资本材料。"④马克思已经明确涉及了利用科学技术的手段建立完整的循环生产体系的问题、废物资源化问题和通过科学技术的生态化来促进产业生态化的问题。马克思的上述思想与我们提倡的"科技生态化"观念和"利用可持续的科学技术来支持和支撑社会可持续发展"的见解是一致的。

马克思在《资本论》中多次提到"人与自然之间的物质变换""人与土地的物质变换"的思想。人类在生产和生活的各个层面上一定会同自然界发生物质变换关系，人通过生产实践而获得自然物，并把它变成具有使用价值的产品。消费时，人们又会将废弃物返还给自然界，从而造成了资源的浪费和环境的污染。因此，如何调整、控制"人与自然之间的物质变换"就是一个大问题。马克思强调要"在最无愧于和最适合于他们的人类本性的条件下来进行这种物质变换"⑤。马克思使用了"物质变换"这个典型的生态学的科学概念。在他看

---

① 《马克思恩格斯全集》第46卷，人民出版社2003年版，第115页。
② 《马克思恩格斯全集》第46卷，人民出版社2003年版，第115页。
③ 《马克思恩格斯全集》第46卷，人民出版社2003年版，第115页。
④ 《马克思恩格斯全集》第44卷，人民出版社2001年版，第698—699页。
⑤ 《马克思恩格斯全集》第46卷，人民出版社2003年版，第928—929页。

来，要想达到这样两个"最"，就必须依靠科学技术的力量。因为，"现代自然科学和现代工业一起变革了整个自然界，结束了人们对于自然界的幼稚态度和其他幼稚行为"①。生态环境保护的实践也反复证明，提高科学技术水平是解决生态环境问题的有效途径。马克思进一步指出，科学技术"通过工业日益在实践上进入人的生活，改造人的生活，并为人的解放作准备"②。为达此目的，人类"就要探索整个自然界，以便发现物的新的有用属性……采用新的方式（人工的）加工自然物，以便赋予它们以新的使用价值……要从一切方面去探索地球，以便发现新的有用物和原有物体的新的使用属性……因此，要把自然科学发展到它的顶点"③。马克思科学技术观的生态维度为循环经济和生态环境保护的实践提供了理论支撑。例如，电子垃圾已经成为全球增长数量最快的一种固体垃圾，与一般的垃圾相比，电子垃圾的危害性极大，具有污染时间长、污染危害大的特点。如果处理不当，电子垃圾中的有害有毒物质进入土壤，将会严重污染水源，直接危害到人类、动植物和微生物的生存。

第二，利用科学技术改进生产工艺，从而提高生产资料的使用率，减少废弃物的排放，减轻对生态环境的压力。从根本上讲，生产工艺的提高依赖于科学技术的普及与发展，先进的工艺水平体现了应用科学技术的水平。马克思在《资本论》中列举了大量的生产实例，对生产工艺的提高在充分利用工业废物、减少排泄物方面的作用给予了极大的关注。

伴随着科学技术的进步，人类的生产工艺水平也日益提高。工艺的进步改变了对生产原料的利用途径和方式，使那些在原有形式上本来不能利用的下角料或废料获得了一种在新的生产工艺中可以再利用的形式，废料成为了新工艺的原料。现在，环保人士常说的一句话是："垃圾是放错了位置的原料。"其实，马克思早就明确地说过类似的话："所谓的废料，几乎在每一个产业中都起着重要的作用。"④ 马克思在《资本论》中列举了这样的实例，当时由于生产工艺水平的低下，在英格兰和爱尔兰的农场主不愿种植亚麻，一个主要理由是：在靠水力推动的小型梳麻工厂里，粗糙落后的生产工艺导致在加工亚麻时产生了很

---

① 《马克思恩格斯全集》第7卷，人民出版社1979年版，第241页。
② 《马克思恩格斯全集》第42卷，人民出版社1979年版，第128页。
③ 《马克思恩格斯全集》第46卷（上），人民出版社1979年版，第392页。
④ 《马克思恩格斯全集》第46卷，人民出版社2003年版，第116页。

多废料，损失高达28%到30%，工人们经常把这些废麻拿回家当柴烧，可是这些废麻是很有价值的。后来，人们采用了先进的生产工艺，用水渍法和机械梳理法对亚麻进行精细处理，使亚麻的损耗大大减少。马克思还提到，因为有人发明了一种能破坏棉花但不损伤羊毛的新工艺，使得过去一向被人们视为不名誉的废毛和破烂毛织物的再加工，成为了英国约克郡毛纺织工业的一个重要部门——再生呢绒业。

第三，科学技术的发展导致了大批新型生产工具的问世，而生产工具的革新同样可以提高工业废物的利用率，变废为宝，减少资源的浪费。生产工具是科学技术水平的载体，是科学技术进步的显示器。马克思多次指出："机器的改良，使那些在原有形式上本来不能利用的物质，获得一种在新的生产中可以利用的形式……废料的减少，部分地要取决于所使用的机器的质量。"① 马克思列举了意大利和法国在磨谷技术上的差异说明了这样的问题。在罗马，由于当时的技术还很不完善，因此不仅同量谷物的面粉产量低，而且磨粉费用相当大，造成极大的浪费。而巴黎人使用的磨是按照30年来获得显著进步的力学原理实行改造的精致的磨，大大提高了同等谷物的面粉产量。马克思还提到，处理纺织工业产生的废丝时，"人们使用经过改良的机器，能够把这种本来几乎毫无价值的材料，制成有多种用途的纺织品"②。在马克思看来："在生产过程中究竟有多大一部分原料变为废料，这要取决于所使用的机器和工具的质量。"③ 我们都知道，机器和工具都是"物化"了的科学技术，是科学技术水平的显示器。用科学技术手段改造我们的生产机器和工具，的确可以提高自然资源的使用率，从而节约自然资源，减少生产过程中的废物，减轻生产废物对生态环境的污染。

二、马克思关于利用科学技术实现生态农业的思想

马克思阐发了生态农业的初步设想或萌芽思想。马克思认识到："耕作如果自发地进行，而不是有意识地加以控制……接踵而来的就是土地荒芜，像波斯、

---

① 《马克思恩格斯全集》第46卷，人民出版社2003年版，第117页。
② 《马克思恩格斯全集》第46卷，人民出版社2003年版，第117页。
③ 《马克思恩格斯全集》第46卷，人民出版社2003年版，第117页。

美索不达米亚等地以及希腊那样。"① 马克思还提到："纽约州特别是它的西部地区的土地，是无比肥沃的，特别有利于种植小麦。由于掠夺性的耕作，这块肥沃的土地已变得不肥沃了。"②

马克思强调人类对耕作方式"有意识地加以控制"，就是要用科学技术的手段改革传统的农业生产模式。他主张依靠农业科学技术改良耕作方式，如采用革新的灌溉法、实行合理的轮作制、施用骨肥等有机肥料，可以保持和改良土壤，保持和提高土地的肥力。此外，合理地开发和利用闲置荒地、沙地，使之变成适合种植的良田。这样，一方面增加了谷物的产量，另一方面也为家禽提供了充足的饲料，促进了畜牧业的发展，反过来也为农业丰收提供了更多的有机肥料。这样的农业在客观上优化了自然生态环境。我们可以说，马克思是绿色生态农业思想的倡导者。

科学技术对农业发展的贡献是巨大的。马克思在谈到"级差地租"理论时，就已经涉及运用科学技术的手段实现生态农业的问题。首先，马克思认识到："在自然肥力相同的各块土地上，同样的自然肥力能被利用到什么程度，一方面取决于农业化学的发展，一方面取决于农业机械的发展。"③ 在这里，"农业化学"和"农业机械"都属于科学技术的范围，用科学技术手段改造农业，可以提高农产品的质量。其次，马克思还具体地提到了利用科学技术的手段改良土壤的问题。马克思说："随着自然科学和农艺学的发展，土地的肥力也在变化。"在具体的操作方法上，马克思指出："可以用化学的方法（例如对硬黏土施加某种流质肥料，对重黏土进行熏烧）或用机械的方法（例如对重土壤采用特殊的耕犁），来排除那些使同样肥沃的土地实际收成较少的障碍（排水也属于这一类）。"④ 很明显，科学技术是促使农业生态化的有力保障。最后，在农业施肥方面，马克思的主张也是与生态农业的要求一致的。马克思知道，有机肥料含有大量有机质和多种营养元素，对改良土壤很有效。所以，他说："人的自然排泄物和破衣碎布等等，是消费排泄物。消费排泄物对农业来说最为重要。"⑤ 我

---

① 《马克思恩格斯全集》第32卷，人民出版社1979年版，第53页。
② 《马克思恩格斯全集》第46卷，人民出版社2003年版，第755页。
③ 《马克思恩格斯全集》第46卷，人民出版社2003年版，第755页。
④ 《马克思恩格斯全集》第46卷，人民出版社2003年版，第733页。
⑤ 《马克思恩格斯全集》第46卷，人民出版社2003年版，第115页。

们都知道，在马克思生活的时代，化肥等无机肥料的使用还是非常罕见的，其负面影响可以说还没有体现出来。在那样的情况下，马克思就对农业生产中的肥料问题有了这样的见解，有了这样的生态自觉。所以，走生态农业的道路是人们的必然选择。

三、结论

马克思并不是盲目的"科学技术决定论"者，他很早就有了对科学技术的批判意识。在《1844年经济学哲学手稿》中，马克思在承认科学技术通过工业的方式大踏步地进入并改变着人们社会生活的同时，也十分清醒地指出，科学技术"不得不直接地完成非人化"的作用，当时的工业是"以异化的形式"展现出来的。这些观点都充分说明了，马克思并不是像有些学者批评的那样。恰恰相反，马克思科学技术观的生态学取向是十分明显的，利用科学技术的手段，充分利用自然资源，减少废弃物，走循环经济的道路，这是马克思科学技术观生态维度的具体体现。利用科学技术来解决生态环境问题，仍然是我们这个时代的理性选择。在我国，利用科学技术解决生态环境问题已经成为了我们的共识并取得了喜人的成就。例如，科学技术人员针对我国日益严重的水体污染，开展了湖泊污染控制与生态修复研究，并初步形成了技术方案和技术应用体系。"废电池的尴尬"从反面说明了科学技术对处理生态环境问题的重要性。由于受到科学技术水平的限制，到现在，人们也没有找到既环保又经济的处理废电池的科学办法，只能使这些存放已久的废电池依然存放着。

总之，在我们学习贯彻"科学发展观"、大力建设"资源节约型、环境友好型社会"的过程中，深入挖掘、阐发马克思科学技术思想中所孕育的生态维度是很有价值的。我们欣喜地看到，马克思对科学技术生态维度的揭示与当代科学技术发展的生态学转向是一致的。这充分说明了马克思当年对科学技术生态价值的论述是睿智的，体现了马克思科学技术观的全面性和前瞻性。

马克思《1844年经济学哲学手稿》中的生态辩证法思想及其启示[①]

《1844年经济学哲学手稿》(以下简称《手稿》)是人们熟悉的马克思的哲学著作,当我们带着生态哲学的问题去重新研读它时,真切感到有了许多新体会。马克思在《手稿》中虽然没有提到"生态辩证法"这个概念,但每个研读过《手稿》的人都会承认,他用大量的篇幅阐述了人与自然的辩证关系,分析了人与动物对待大自然的不同态度,指出了人与自然对象性存在的辩证关系;论述了人的解放、社会解放与自然解放的辩证关系。对于马克思这些体现着生态智慧的思想,我们可以用"生态辩证法"这个概念加以概括。

一、受动的自然存在物与能动的自然存在物的辩证关系

马克思在论述人与自然的辩证关系时认识到"自然界是人的无机的身体""人是自然界的一部分"。他指出:"人直接地是自然存在物。人作为自然存在物,而且作为有生命的自然存在物,一方面具有自然力、生命力,是能动的自然存在物;这些力量作为天赋和才能、作为欲望存在于人身上;另一方面,人作为自然的、肉体的、感性的、对象性的存在物,和动植物一样,是受动的、受制约的和受限制的存在物,也就是说,他的欲望的对象是作为不依赖于他的对象而存在于他之外的;但这些对象是他需要的对象;是表现和确证他的本质力量所不可缺少的、重要的对象。"[②] 马克思从人与自然的对立统一关系中,科

[①] 原载《马克思主义与现实》,2008年第12期。
[②] 《马克思恩格斯全集》第42卷,人民出版社1979年版,第167—168页。

学地论证了人的存在的两重性，明确指出，作为自然存在物的人是受动的自然存在物和能动的自然存在物的辩证统一。马克思辩证地看待人在大自然中的地位和作用，具有多方面的生态伦理意义：（1）人作为受动的自然存在物，是自然大家庭中的一员。他生活在大自然的怀抱中，而不是生活于大自然之外。因此，人类应该摆正自己在自然界中的位置，应对大自然常怀敬畏之心。（2）人作为能动的自然存在物，是自然界中唯一具有生态意识并且能体察到生态危机的生命形式。因此，在保护生态环境方面，人类有着不可推卸的道义责任。（3）人作为能动的自然存在物，其能动性是有限的能动性，他的一切活动都要受到自然规律和生态环境的制约。人类的能动性一定要以生态环境的可承受性、可持续性为前提。（4）自然界是人类生存和发展的前提，对自然界的改造确证了人的本质力量。马克思不仅认为人的肉体存在离不开自然界，而且认为人的精神存在也离不开自然界。"从理论领域说来，植物、动物、石头、空气、光等等，一方面作为自然科学的对象，另一方面作为艺术的对象，都是人的意识的一部分，是人的精神的无机界，是人必须事先进行加工以便享用和消化的精神食粮。"[①] 自然界的神秘启迪了人类的智慧，自然界的灵秀滋育了人类的美感，自然界的厚德载物铸就了人类宽容和合的精神。人们应该使大自然青山常在，绿水常流，这样人类精神的源泉将永不枯竭。

二、动物生产的片面性与人的生产的全面性的辩证关系

马克思明确指出："诚然，动物也生产……但是动物只生产它自己或它的幼仔所直接需要的东西；动物的生产是片面的，而人的生产是全面的；动物只是在直接的肉体需要的支配下生产，而人甚至不受肉体需要的支配也进行生产，并且只有不受这种需要的支配时才进行真正的生产；动物只生产自身，而人再生产整个自然界；动物的产品直接同它的肉体相联系，而人则自由地对待自己的产品。动物只是按照它所属的那个种的尺度的需要来建造，而人却懂得按照任何一个种的尺度来进行生产，并且懂得怎样处处都把内在的尺度运用到对象

[①] 《马克思恩格斯全集》第 42 卷，人民出版社 1979 年版，第 5 页。

上去；因此，人也按照美的规律来建造。"① 马克思在这里不仅揭示了在处理与大自然的关系时动物生产与人类生产的根本区别，同时也深刻地指出了人类生产应该遵循的基本生态伦理原则：（1）人类的生产应该是全面的，而不是片面的。在他看来，动物与人类都必须以生产的方式与自然界发生关系；但是，动物的生产是片面的，只是按照自身肉体和繁衍的需要来进行生产，这样的生产只意味着向大自然的单向索取。因此，动物生产是本能的，急功近利而顾此失彼的。人类的生产是全面的，这样的生产既要满足肉体的需要，又要满足精神的需要；既要关注人类社会的发展，又要关注自然界的发展；既要考虑当代人的利益，又要考虑子孙后代的利益；既要重视经济效益，又要重视生态环境效益。这种摆脱了纯粹肉体需要的生产才是真正意义上的生产。（2）人类可以按照任何物种的尺度来进行生产，也就是说，人类的生产可以充分考虑到自然界的承受能力，考虑到其他物种的存在与发展。而动物的生产只有一个尺度，即自身所属的那个物种的尺度和需要。因此，动物是以牺牲其他存在物为代价来维持自己生存需要的。而人类的生产遵循着内在与外在两种尺度。内在尺度，是指人类生产是按照人的需要和目的进行的，体现了以人为本的原则。外在尺度，是指人类生产时应当充分考虑到其他物种的需要，要按照生态规律来从事生产。只有人能够在生产中把这样两种尺度有机地结合起来。例如，我国在建设青藏铁路时，为了使我国特有的珍稀野生动物藏羚羊迁徙更加方便自然，在铁路路基上设计了供藏羚羊迁徙的通道。（3）人类的生产应该是负责任的、建设性的生产。动物的生产是生理本能的需要，对自然生态的保护不承担任何责任。而人是理性的动物，能够按照自然生态规律的要求从事生产，能自觉爱惜和保护其他生物，尽可能使生产实践与环境保护形成良性互动。（4）"再生产整个自然界"并且"按照美的规律来建造"无疑具有了生态环境保护与建设的意蕴。人类生产应该创造的不是半个，也不是残破的自然界，而是"整个自然界"，这当然是生态平衡、环境优美的自然界。同时，人类应该按照美的规律去改造自然，人化自然的过程也应当是美化自然的过程。自然生态平衡的世界就是美的世界，而美的世界也意味着自然生态的平衡。

---

① 《马克思恩格斯全集》第 42 卷，人民出版社 1979 年版，第 96—97 页。

三、人与自然对象性存在的辩证关系

马克思从现实的人和自然出发,揭示了人与自然之间存在着的对象性关系。在他看来,对象性关系是客观事物普遍具有的互为对象、各自表现和确证对方的存在和本质力量的一种客观而必然的关系。马克思用太阳与植物关系的例子来说明这个问题:"太阳是植物的对象,是植物所不可缺少的、确证它的生命的对象,正像植物是太阳的对象,是太阳的唤醒生命的力量的表现,是太阳的对象性的本质力量的表现一样。"① 同样,现实的人与自然也构成了对象性关系。他进一步指出:"一个存在物如果在自身以外没有自己的自然界,就不是自然的存在物,就不能参加自然界的生活。一个存在物如果在自身之外没有对象,就不是对象性的存在物……非对象性的存在物是非存在物。"② 人不仅是"自然存在物",而且是"人的自然存在物",人在自然界中是一个矛盾的存在物,其中充满着受动与主动、限制与超越、脆弱与强悍的矛盾,这些矛盾交织在人与自然的对象性关系中。人类的生产实践对自然界产生了重大影响,其中有许多有利于自然生态平衡的"善事",如植树造林、治理沙漠、改良土壤等,充分展示了人类对象性活动的生态效应。同时,人类的对象性活动也做过不少破坏生态环境的"恶事"。这说明,在统筹人与自然和谐发展的今天,我们重新厘定人与自然的关系,从生态环境保护的视角来考察这种对象性关系,是很有意义的。人与自然之间的对象性关系是多元的:(1)建设性和破坏性的对象性关系。建设性的对象性关系体现了人与大自然的和谐共生,在这种关系中,人的本质力量转化为对象性的存在,形成了人化的自然景观。例如,中国的都江堰工程、法国的葡萄园、印度尼西亚的水稻田等。破坏性对象性关系意味着人类对自然界的虐待与盘剥,导致了生态环境状况的日益恶化。(2)生态本位主义与生态整体主义的对象性关系。生态本位主义是以"小我"为价值轴心的对象性关系,在处理与自然界的关系时,这些人仅仅考虑小团体的利益与需要,不考虑他人和后人生存发展面临的生态环境问题。这是一种片面狭隘的对象性关系。生态

---

① 《马克思恩格斯全集》第 42 卷,人民出版社 1979 年版,第 168 页。
② 《马克思恩格斯全集》第 42 卷,人民出版社 1979 年版,第 168 页。

整体主义是以"大我"为价值轴心的对象性关系,这种观点要求人们与自然界交往时,要从整个人类的价值和需要出发,充分考虑不同民族、不同代际人们生存发展面临的生态环境问题。(3)唯我独尊和兼爱共处的对象性关系。人与自然界的对象性关系涉及人与动物的对象性关系。其中有两种表现,一是极端的人类中心主义唯我独尊的对象性关系。在这样的对象性关系中,人类俨然是一个统辖万物的"君王",只要人类有需要,根本无须顾及其他生灵的生存状况。二是考虑动植物生存权利的兼爱共处的对象性关系。人类要清醒地认识到,地球并不仅仅属于人类独有,而是一切生命共同体的可爱家园,人类应该具备"民胞物与"的生态观。我们要体味马克思对象性关系理论中的生态意蕴,牢记人是对象性的存在物,如果人类破坏了生态环境,消灭了其他生物的存在,也就破坏了自身存在的前提,而"非对象性的存在物是非存在物"。正是人们赖以生存的自然环境的破坏导致了人类生存的危机。现实生活中"生态难民""生态移民"的事例就证明了这个问题。

四、人的解放、社会解放与自然解放的辩证关系

在人类思想史上,马克思是第一个探讨人的解放、社会解放与自然解放辩证关系的哲学家。在他的哲学视野中,社会解放与自然解放是人的解放的前提,而社会与自然也不是相互独立的异在系统,而是相互制约、相互影响的体系。自然是一个社会概念,自然界的状态受到社会状态的影响,在不同的社会状况下,自然界也呈现出不同的境况。人们采用什么样的态度看待大自然,怎样处理人与自然的关系,都是一定社会状况的反映,是社会关系在人与自然关系上的折射与投影。人与自然的矛盾冲突实质上是社会矛盾冲突的体现,导致这些矛盾的始作俑者一定是人。马克思明确表述过这样的思想:"不是神也不是自然界,只有人本身才能成为统治人的异己力量。"① 不同利益集团的对立与冲突,必然导致社会无序竞争状态的日益激烈,要想达到控制人与社会的目的,就必须加大对自然的控制。对自然资源的索取势必造成自然资源的枯竭和环境污染的恶化。所以,畸形的社会关系必将产生畸形的自然观,导致人与自然关系的

---

① 《马克思恩格斯全集》第42卷,人民出版社1979年版,第99页。

畸形。生态环境问题实质是一个社会问题。马克思一贯主张，要从解决社会问题入手，解决自然环境问题。只有改造不合理的社会制度，变革生产关系，才能使自然界真正复活。他说："这种共产主义，作为完成了的自然主义，等于人道主义，而作为完成了的人道主义，等于自然主义，它是人和自然之间，人和人之间的矛盾的真正解决，是存在和本质、对象化和自我确证、自由和必然、个体和类之间的斗争的真正解决。"① 马克思在《资本论》中也表达过类似的思想，他认为只有在共产主义的社会形态中，联合起来的生产者将可能合理地调节他们与自然之间的物质变换，合理睿智地处理人与自然的关系。

马克思关于人的解放、社会解放和自然解放的辩证关系思想对建构人与自然的和谐关系、切实处理生态环境问题具有重要的现实意义。我们现实中遇到的生态环境问题，表面上是"天灾"，实质上是"人祸"。森林的过度砍伐、工厂污染物的违规排放、对水资源的争夺、污染物的堆放、土地沙漠化的加重和对矿产资源的掠夺式开采等无疑是由社会问题引发的、由经济利益驱动的。所以，要想真正富有成效地解决环境问题，着眼点是要解决社会问题，要构建公正、和谐的社会发展机制。我们不能离开社会抽象谈论生态环境问题，而要把人的解放、社会解放和自然解放有机统一起来。

马克思《手稿》中的生态辩证法思想不仅表现在以上四个方面，还有许多思想值得我们挖掘。例如，"类"的哲学思想与生态环境保护的辩证关系。马克思认为，"人是类存在物"，"通过实践创造对象世界，即改造无机界，证明人是有意识的类存在物"。② 人是以"类"的方式存在着，人这个"类"是把自身的类和他物的类当作自己的对象，没有他类的存在，人"类"的存在是难以持续的。我们要充分考虑到人际与代际关系，要考虑到人"类"的生存发展有赖于其他动植物的生存发展。如果没有其他动植物的"类"和"类"的多样性，人"类"的生存发展是不可想象的。再例如，"异化劳动"理论中也涉及人与自然的关系。首先，异化劳动使人同自己的身体、同自然界、同人的本质相异化，工人在劳动中创造了财富和美，自己却过着赤贫、丑陋、非自然的生活。其次，异化劳动中人与自然的异化还表现为对自然环境的严重污染。马克思说："一旦

---

① 《马克思恩格斯全集》第42卷，人民出版社1979年版，第120页。
② 《马克思恩格斯全集》第42卷，人民出版社1979年版，第96页。

这条河归工业支配，一旦它被染料和其他废料污染，河里有轮船行驶，一旦河水被引入只要把水排出去就能使鱼失去生存环境的水渠，这条河的水就不再是鱼的本质了，它已经成为不适合鱼生存的环境。"① 这说明，现代工业的发展导致了生态环境的严重污染，被污染的河水不再成为鱼的存在的本质，当然也就与人处于异化对立的状态。再次，马克思敏锐地发现，异化劳动还导致了人对自然界的感觉和感情的异化。强制性的异化劳动是人的本质的缺失、肉体的痛苦和精神的摧残。在这种情况下，即使面对秀美的自然风光和可爱的生灵，处于痛苦和沮丧中的劳动者也是绝对不会欣赏的。异化劳动导致了人与自然关系的极大疏离，是对人的审美感的压抑。所以，只有异化劳动的扬弃，才能建立人与自然真正的和谐关系。我们应当看到，马克思生活的时代，生态环境问题不像今天这样突出，他没有就生态环境问题进行专门的系统研究。然而，通过上述分析，我们可以毫不夸张地说，马克思《手稿》中充满着生态智慧，表达了丰富的生态辩证法思想。我们研究其生态辩证法思想在理论上将极大地促进生态哲学的学科发展，在实践上将对我们树立科学发展观、构建人与自然的和谐关系提供强有力的理论支持。

---

① 《马克思恩格斯全集》第42卷，人民出版社1979年版，第369页。

马克思"人与土地伦理关系"思想探微[①]

一、问题的提出：马克思有"人与土地伦理关系"的思想吗

当读到本文标题时，人们的疑问或许接踵而至：马克思有关于"人与土地伦理关系"的思想吗？依据什么理由认为马克思有该思想呢？如果有的话，主要内容有哪些呢？在生态思想发展史上，马克思是最早阐发该思想的学者吗？笔者认为，这些疑问都是正常的。生态伦理学界普遍认为，美国早期自然保护运动的积极活动家，著名的生态伦理学家奥尔多·利奥波德（Aldo Leopold）创立了"大地伦理"思想，他在1949年出版的《沙乡年鉴》中首次提出了土地伦理学理论。本文目的不是讨论究竟是马克思，还是利奥波德是"土地伦理学"的创立者，而是想说明，在马克思卷帙浩繁的著述中，有关于"人与土地伦理关系"的思想。所以，有学者认为：马克思"人与土地伦理关系"思想"比被誉为'美国人的以赛亚'的利奥波德1949年出版的《沙乡年鉴》中的'土地伦理学思想'，早了大约近一个世纪"[②]。

在人与自然的关系中，人与土地的关系是其重要的内容。"伦"原本仅指人与人的关系，"理"是道理和规则，"伦理"就是处理人们相互关系应遵循的道理和规则。"大地伦理"思想主张扩展人类的伦理范围，建立人与土地之间的伦理关系，其要旨就是要关爱土地，保护土地生态环境，维持人与土地之间的和谐。

[①] 原载《伦理学研究》，2015年第1期。
[②] 晔枫、谷亚光：《马克思的生态思想及当代价值》，载《马克思主义研究》，2009年第8期。

那么，依据什么理由说马克思有"人与土地伦理关系"思想呢？

第一，马克思的"人化自然观"蕴含着人与土地的伦理关系。众所周知，马克思把自然界视为人的"无机的身体"，人是自然界的一部分。自然界不是孤悬于人类社会之外的"异类"，而是我们的"同类"，是与人类有关系的存在物。所以马克思说："被抽象地孤立地理解的、被固定为与人分离的自然界，对人说来也是无。"① 人与自然界不仅有着"同类"关系，而且还有共同的价值论基础——"生命价值"。人类为什么要爱护自然界，养护土地？因为它们同人类一样，都是生命的存在，都具有生命价值。"同类"之间的关系就决定了人类应当像对待自己和同胞的生命一样对待土地的生命。

第二，马克思对资本主义破坏土地行为的批判体现出人与土地的伦理关系。马克思认为，土地是人类赖以生存的自然基础，但资本主义工业化不断破坏、剥削土地肥力，不断污染土地。资本主义对待土地的做法是"恶行"，不是"善为"。为了善待土地，不要使人类"无机的身体"遍体鳞伤，我们必须批判任何伤害土地的行为，构建人与土地之间的和谐关系。

第三，马克思反对"土地私有化"，提倡人类要像"好家长"一样善待土地。这些观点无不明确揭示出人与土地的伦理关系。马克思把人与土地关系比喻为"家长"和"孩子"的关系，是精细照顾，还是盘剥榨取我们的"孩子"——土地，这里当然存在着伦理关系。

第四，马克思列举的改良土壤、土地养护方面的具体举措也表达出人与土地的伦理关系。针对资本主义对待土地的"恶行"，马克思以生态农业的思路，提出了许多具体的保护和提高土地肥力的方法，阐发了土地养护的思想。这些都充分说明，马克思是关爱土地的，对土地充满着善良的暖意。

总之，从实践唯物主义立场看，人类决不是站在自然界之外、之上，而是站在自然界之中的，正如恩格斯所说的，"我们的肉、血和头脑都是属于自然界和存在于自然之中的"。人与土地之间存在着生态意义上的伦理关系，养护善待土地应当成为人类的不二选择。

---

① 《马克思恩格斯全集》第 42 卷，人民出版社 1979 年版，第 178 页。

二、马克思"人与土地伦理关系"思想的主要内容

马克思虽然没有关于"人与土地伦理关系"思想的专门论述,但笔者从马克思的相关文献中,依然可以清晰地梳理出该思想的主要内容。

(一)关爱土地,承认土地价值

土地作为人类社会赖以生存的自然基础,在任何时代都被赋予极高的价值。事实证明:合乎伦理规范地利用土地,是人类社会可持续发展的自然基础;而土地利用伦理规范的缺失和错位,最终将导致土地肥力的衰竭而殃及人类自身。

马克思充分肯定了土地对人类的价值,认为土地在提高生产效率方面发挥着重要的作用。在《哥达纲领批判》中,马克思认为:劳动不是一切财富的源泉,自然界同劳动一样也是使用价值(物质财富)的源泉,而且是劳动资料和劳动对象的第一源泉。在《资本论》中,马克思也阐发过同样的观点:"劳动并不是它所生产的使用价值即物质财富的惟一源泉。正像威廉·配第所说,劳动是财富之父,土地是财富之母。"① 可见,土地既是物质财富的根本源泉,也是社会生产力的自然基础。在《资本论》中,马克思还特别强调"生产的自然条件"对农业劳动生产率的重要影响,在自然条件中,土地的状况、土壤的肥力无疑是最重要的因素。马克思说:"农业劳动的生产率是和自然条件联系在一起的,并且由于自然条件的生产率不同,同量劳动会体现为较多或较少的的产品或使用价值。"② 马克思还认为:"直接生产者,第一,必须有足够的劳动力;第二,他的劳动的自然条件,从而首先是他所耕种的土地的自然条件,必须有足够的肥力……如果劳动力是微小的,劳动的自然条件是贫乏的,那么,剩余劳动也是微小的。"③

当人们把土地视为"财富之母"时,这里势必蕴含着如何对待土地"母亲"的伦理关系。土地养育了人类,人类理应善待土地,要像关爱自己的母亲那样去关爱土地,要像呵护母亲的健康那样去养护土地的生态平衡。

---

① 《马克思恩格斯全集》第46卷,人民出版社2003年版,第56—57页。
② 《马克思恩格斯全集》第46卷,人民出版社2003年版,第924页。
③ 《马克思恩格斯全集》第46卷,人民出版社2003年版,第895页。

(二) 批判资本主义对土地的虐待，展现出对土地的伦理情怀

马克思"人与土地伦理关系"思想不仅体现在承认土地价值方面，而且也表现在对资本主义生产方式肆意掠夺土地资源、破坏土壤肥力行为的批判方面。在马克思看来，资本主义生产方式在生态伦理意义上是虐待土地的，虐待土地是"有害的、造孽的"。

马克思明确指出，资本主义原始积累是反生态的，是破坏、掠夺、剥削土地肥力的。"剥夺人民群众的土地是资本主义生产方式的基础。"① 因此，马克思认为，资本的真正存在是以两种关系的解体为前提的。第一，劳动者把土地当作生产的自然条件的那种关系的解体。第二，劳动者是劳动工具所有者的那种关系的解体。正是这种人类劳动与土地之间有机关系的解体，才使资本主义制度下的资本原始积累成为可能。

资本主义原始积累历史上臭名昭著的"羊吃人的圈地运动"表明，资本家一开始就把土地等自然资源视为榨取利润的自然基础，始终从资本理性视角来看待土地资源和土壤肥力。他们垂涎土地的经济价值，根本不可能关心土地的生态价值，更遑论从"大地伦理学"的视角来保护土地的生态系统。

马克思深刻认识到资本主义农业对"人类生活的永恒的自然条件"的破坏。在他看来，资本主义农业生产模式导致了人与土地关系的疏离、异化。马克思注意到，资本主义城乡对立的严峻现实严重破坏了土壤肥力，以各种食物和纺织纤维等不同形式输送给市民消费的农产品，实际上是把土壤肥力转移到了城市，而城市排泄物等饱含有机肥料的垃圾由于得不到循环处理，而成了贻害无穷的污染源。马克思说："消费排泄物对农业来说最为重要。在利用这种排泄物方面，资本主义经济浪费很大；在伦敦，450万人的粪便，就没有什么好的处理方法，只好花很多钱来污染泰晤士河。"② 恩格斯在《论住宅问题》一文中指出："消灭城乡对立并不是空想……消灭这种对立日益成为工业生产和农业生产的实际要求……当你看到仅仅伦敦一地每日都要花很大费用，才能把比全萨克森王国所排出的更多的粪便倾抛到海里去，当你看到必须有多么巨大的建筑物才能使这些粪便不致弄臭伦敦全城，——那么你就知道消灭城乡对立的这个空

---

① 《马克思恩格斯全集》第44卷，人民出版社2001年版，第880页。
② 《马克思恩格斯全集》第46卷，人民出版社2003年版，第115页。

想是具有极实际的基础了。"① 在他们看来,人类社会新陈代谢所产生的排泄物、废弃物,作为自然界完整的新陈代谢循环的重要部分,理应以有机肥的形式返还到土壤中去,以增强土壤的自然肥力。这个观点体现了对土地的伦理关爱,对克服现代"城市病"很有启发。

马克思批判了资本理性对农业生态环境的破坏。马克思认为,资本理性是肮脏的,可恶的。它血腥的贪婪性是与生俱来的,追求利润最大化是资本的天职,只要有利润可赚,资本就敢冒天下之大不韪。对待农业,资本理性也是如此。所以,资本理性与农业生态理性是矛盾的。马克思指出,在农业生产方面"资本主义生产指望获得眼前的货币利益的全部精神,都和供应人类世世代代不断需要的全部生活条件的农业有矛盾"②。马克思还提到:"纽约州特别是它的西部地区的土地,是无比肥沃的,特别有利于种植小麦。由于掠夺性的耕作,这块肥沃的土地已变得不肥沃了。"③

可见,资本家对待土地极不道德,大肆采用掠夺性耕作,导致土地肥力衰退,破坏了土地的生态环境,断送了农业可持续发展的自然根基。为什么会是这样?马克思认为,这是资本主义土地私有制的恶果,"因为土地所有权本来就包含土地所有者剥削地球的躯体、内脏、空气,从而剥削生命的维持和发展的权利。"④

马克思掷地有声地得出这样的结论:"历史的教训是(这个教训也可以从另一个角度考察农业时得出):资本主义制度同合理的农业相矛盾,或者说,合理的农业同资本主义制度不相容(虽然资本主义制度促进农业技术的发展),合理农业所需要的,要么是自食其力的小农的手,要么是联合起来的生产者的控制。"⑤ 资本主义掠夺、盘剥和虐待土地的事实,从反面激发起马克思对人与土地伦理关系的思考,在这个过程中马克思具体阐发了自己关于"人与土地伦理关系"的思想。

---

① 《马克思恩格斯选集》第 2 卷,人民出版社 1972 年版,第 542 页。
② 《马克思恩格斯全集》第 25 卷,人民出版社 1974 年版,第 687 页。
③ 《马克思恩格斯全集》第 46 卷,人民出版社 2003 年版,第 755 页。
④ 《马克思恩格斯全集》第 46 卷,人民出版社 2003 年版,第 875 页。
⑤ 《马克思恩格斯全集》第 46 卷,人民出版社 2003 年版,第 137 页。

（三）提出关爱土地的"好家长"理论，直接表达了对土地的伦理呵护

马克思曾经指出："从一个较高级的社会经济形态的角度来看，个别人对土地的私有权，和一个人对另一个人的私有权一样，是十分荒谬的。甚至整个社会，一个民族，以至一切同时存在的社会加在一起，都不是土地的所有者。他们只是土地的占有者，土地的受益者，并且他们应当作为好家长把经过改良的土地传给后代。"① 马克思的这段论述对我们理解其"人与土地伦理关系"思想是至关重要的。在这里，首先，马克思批判了资本主义制度下的"土地私有论"，并且旗帜鲜明地强调了在一个较高级的社会经济形态中土地的共有性、公共性。其次，马克思要求土地占有者和受益者不能只顾眼前直接的经济效益而掠夺式地糟蹋、祸害公有土地，而应该像好家长悉心呵护自己的孩子成长一样关爱土地，保护土地的生态环境。马克思要求土地占有者和受益者要像家长关爱孩子一样看护好、养护好、修复好土地，就是直接表达了人与土地的伦理关系。在马克思看来，应当把父母与孩子之间的伦理关系扩展到人与土地之间。人们应当像父母呵护孩子的成长一样去关爱土地、珍惜土地，人类只有善待土地，反过来土地才能善待人类。孩子是会生病的，需要父母精心照顾；土地作为"人的无机身体"也是会"生病"的，人类也应当给土地"体检"和"治疗"，养护土地，恢复土壤肥力。这应当是人类对土地不可推卸的伦理责任和道德义务。最后，马克思告诫人们，土地占有者和受益者不应当以竭泽而渔的方式虐待土地，一定要花气力改良土地并把改良后的良田传给我们的后代。因为，土地不是当代人私有的，而是当代人从后代人那里借用的，好借应当好还。这里，当代人不仅与土地具有伦理关系，通过土地生态状况，两代人之间也存在着代际伦理关系。"把经过改良的土地传给后代"体现出马克思关于土地可持续利用的思想。当今可持续发展思想的本质"既满足当代人的需要，又不对后代人满足其需要的能力构成危害的发展"就与马克思的上述观点有着内在的契合性。

（四）恢复土地肥力的方法和土地养护的具体措施，表达出对土地的真挚情感

马克思痛恨资本主义生产方式对土地的剥削，他说："资本主义生产方式只是缓慢地、非均衡地侵入农业，这是我们在英国这个农业的资本主义生产方式

---

① 《马克思恩格斯全集》第 46 卷，人民出版社 2003 年版，第 878 页。

的典型国家中可以看到的。"① 在《资本论》中论述"大工业和农业"问题时,马克思确信,资本主义城市化导致了人与土地之间物质变换的断裂,工业盘剥农业,城市搜刮乡村,从而造成了资本主义农业的生态危机。马克思指出:"资本主义生产使它汇集在各大中心的城市人口越来越占优势,这样一来,它一方面聚集着社会的历史动力,另一方面又破坏着人和土地之间的物质变换,也就是使人以衣食形式消费掉的土地的组成部分不能回归土地,从而破坏土地持久肥力的永恒的自然条件……资本主义农业的任何进步,都不仅是掠夺劳动者的技巧的进步,而且是掠夺土地的技巧的进步,在一定时期内提高土地肥力的任何进步,同时也是破坏土地肥力持久源泉的进步……因此,资本主义生产发展了社会生产过程的技术和结合,只是由于它同时破坏了一切财富的源泉——土地和工人。"② 这里,马克思提出了一个很值得我们深思,又很富有生态农业意味的观点,那就是城市的生产和生活垃圾"回归土地"的问题。农谚讲,"庄稼一枝花,全靠粪当家"。但现实是,城市的各种垃圾不能变换为有机肥料回归到土壤里,大量使用化肥又破坏了"土地持久肥力的永恒的自然条件"。美国生态学家卡逊夫人《寂静的春天》一书,就揭露了资本主义农业对土地大量施用化肥、农药所导致的生态灾难。

与资本主义农业对土地掠夺式耕种的虐待行为相反,马克思怀着对土地的伦理情怀,为土地肥力的恢复与提高提出了具体的方法。他说:"农业的改良方法。例如,把休闲的土地改为播种牧草;大规模地种植甜菜,(在英国)于乔治二世时代开始种植甜菜。从那时起,沙地和无用的荒地变成了种植小麦和大麦的良田,在贫瘠的土地上生产的谷物增加两倍,同时也获得了饲养牛羊的极好的青饲料。采用不同品种杂交的方法增加牲畜头数和改良畜牧业,应用改良的排灌法,实行更合理的轮作,用骨粉作肥料等等。"③ 马克思在《资本论》中阐发"级差地租"理论时也谈到了上述问题。马克思说:"在自然肥力相同的各块土地上,同样的自然肥力能被利用到什么程度,一方面取决于农业中化学的发展,一方面取决于农业中机械的发展。这就是说,肥力虽然是土地的客体属性,

---

① 《马克思恩格斯全集》第46卷,人民出版社2003年版,第762页。
② 《马克思恩格斯全集》第44卷,人民出版社2001年版,第579—580页。
③ 《马克思恩格斯全集》第47卷,人民出版社1974年版,第599—600页。

但从经济方面说,总是同农业中化学和机械的发展水平有关系,因而也随着这种发展水平的变化而变化。可以用化学的方法(例如对硬黏土施加某种流质肥料,对重黏土进行熏烧)或用机械的方法(例如对重土壤采用特殊的耕犁),来排除那些使同样肥沃的土地实际收成较少的障碍(排水也属于这一类)。"①

在这里,人们可以真切地体悟到马克思对土地的道德关爱和伦理情怀。因为,道德伦理说到底,并不是为了证明这个人是怎样一个人,而是要看他是如何处理人与人、人与物(土地)之间关系的。马克思是热爱土地的,为了土地改良、增加土壤肥力,马克思提出了符合生态农业措施的方法。这些养护土地的方法主要有化学改良法、机械耕犁法、改良排灌法、合理轮作法、有机肥料法、土地休耕法等。这些对待土地的方法在科学上是生态的,在伦理上是善良的。

(五)通过科学技术手段改良土壤,让坏地变成好地

马克思认为,土地必须受到保护,土地的肥沃程度也不是永远不变的,人类可以利用科学技术的方法使土地肥力发生变化。原初贫瘠的土地不会一直贫瘠下去,经过人类的精心养护,也可以变成肥沃的土地。马克思说:"随着自然科学和农艺学的发展,土地的肥力也在变化,因为可以使土地的各种要素立即被利用的各种手段发生变化……有的土地所以被看作坏地,并不是由于它的化学构成,而只是由于机械的、物理的障碍妨碍它的耕作,所以,一旦发现克服这些障碍的手段,它就变为好地。"②马克思还特别提到,法国以及英格兰东部各郡以前被视为坏地的砂质土地,最近已上升为头等土地。的确,有的土地只是受原初地貌所限,地块分散,岗地洼地错落参差,不太平整,有碍于耕种。如果人们用农机平整地块,把分散的地块连成大片的平地,改造过的耕地同样是好地。

马克思"人与土地伦理关系"思想是丰富的,笔者在这里只是勾勒其思想的主要内容。通过研读马克思的著作,笔者感到,马克思明确肯定土地的作用,承认土地的价值,十分珍爱并尊重土地。马克思主张用科学的方法改造土地,保护土地的持久肥力,以生态农业的方式协调人与土地之间的关系。这些思想

---

① 《马克思恩格斯全集》第46卷,人民出版社2003年版,第733页。
② 《马克思恩格斯全集》第46卷,人民出版社2003年版,第870页。

都体现出马克思对土地的浓郁情怀和伦理呵护。

三、马克思"人与土地伦理关系"思想的当代价值

研究马克思"人与土地伦理关系"思想,并不是想在人类生态思想史上为马克思"树碑立传",也不是想拿马克思与其他"土地伦理学"思想家进行比较研究,笔者只是想把马克思论述过的、以往被人们忽视的关于"人与土地伦理关系"的思想挖掘出来,展示该思想的当代价值和借鉴意义。

从经济学角度看,土地是人类的劳动对象,是人类一切经济活动的自然前提,地球上所有人和其他生物都依赖土地生活。但是,现在的土地遭受到严重的破坏,人与土地的关系发生了前所未有的异化,从而刺激人们反思人与土地的关系,提出了人与土地之间的生态伦理问题。土地伦理学家利奥波德指出:"我不能想象,在没有对土地的热爱、尊重和赞美,以及高度认识它的价值的情况下,能有一种对土地的道德关系。"①

从人类文明史的角度看,土地与人类文明息息相关。美国学者弗·卡特和汤姆·戴尔在《表土与人类文明》一书中,研究了人类文明与赖以生存的表土之间的关系,其结论是:土地状况的恶化导致了曾经光辉灿烂的人类文明的溃灭。为什么是这样?作者指出:"人类在文明进步的过程中,虽然已经发展了多种技能,但是却没有学会保护土壤这个食物的主要源泉。令人费解的是:人类最光辉的成就却大多导致了奠定文明基础的自然资源的毁灭。"② 是的,人类在文明的进程中,不仅忽视了对土地的文明、对土地的关爱;相反,在人类文明的"凯歌"声中,人们却实施了对土地的暴行和虐待。所以,"文明人跨越过地球表面,在他们的足迹所过之处留下一片荒凉。"③

当下,由于缺乏对"人与土地伦理关系"的重视,忽视对土地的道德关爱,我国土地的污染状况令人震惊。据《环球时报》2013年4月12日报道,过去

---

① [美] A. 利奥波德:《沙乡的沉思》,经济科学出版社1992年版,第221页。
② [美] 弗·卡特、汤姆·戴尔:《表土与人类文明》,庄鱼姗玲译,中国环境科学出版社1987年版,第3页。
③ [美] 弗·卡特、汤姆·戴尔:《表土与人类文明》,庄鱼姗玲译,中国环境科学出版社1987年版,第5页。

30年，中国为了获得粮食高产，过量使用化肥，河流和农田因此受到污染。有毒物质留在土里，土壤污染已成为中国最大的健康隐患之一。科学家在土壤样品中发现了有毒重金属和禁止使用的除草剂，一些专家认为，我国耕地总面积的70%已受到污染。目前，中国每公顷农田使用318公斤化肥，是世界平均水平的2.5倍。大多数中国农田施用化肥后只有35%有效，65%是将污染物残留在土壤中。

那么，为了解决人与土地的异化问题，马克思"人与土地伦理关系"思想有什么价值，会给我们什么启迪呢？

首先，我们要承认人与土地之间存在着伦理关系。在一定意义上说，土地是人类的"衣食父母"，是人的"无机的身体"。人与其"父母"和"身体"当然存在着伦理道德关系，人类是以"有害的、造孽的"（马克思语）方式，还是"在最无愧于和最适合于他们的人类本性的条件下"（马克思语）处理人与土地的关系，这是完全不同的伦理诉求。所以，人类应当尊重土地的价值，及时治疗土地的"创伤"，保护土地的生态安全。

其次，要重视马克思"物质变换断裂"理论的研究。马克思很早就认识到，资本主义人口的集聚使得自然的系统不能循环，土壤肥力得不到恢复。特别是人类排泄物不能用来增加土壤肥力，反而排入到江河湖海之中，污染环境，损耗地力，这样裂缝就产生了。其结果是：一方面垃圾包围城市，另一方面导致大量使用化肥。现在的农民不再愿意施农家肥，嫌它见效慢。增加粮食产量的要求又促使农民大量使用化肥，导致土壤环境的严重破坏，农田中的有机质含量大幅度减少。我们应当重视马克思的观点，把城市垃圾变成有机肥料，从化肥回归到有机肥上来，"减化肥，增粪肥"，这样地会越种越肥，对化肥的用量必然下降，对水和农药的需求也将减少。

再次，要重视马克思提出的土地养护的具体措施。马克思对土地的伦理关怀还体现在养护土地的具体举措上，他提出的休耕法、排灌法、轮作法、实施有机粪肥等措施都是符合现代生态农业方法的。这些方法已经被农业生产的实践所证实，是养护土地的好方法。

最后，要重视马克思关于采用科学技术手段保护土壤的论述。马克思十分看重用科学技术手段改良土壤，这给我们改良饱受污染破坏的土地指明了方向。在我国，农田重金属污染情况是严重的，改造它需要农业化学技术。农业地膜使用后的残膜所造成的"白色污染"已成为我国粮食生产和土地安全面临的一大难题，完全生物降解塑料技术是治理"白色污染"的首选。

通过上面的论述，我们可以清晰地看到，马克思对土地有着浓郁的伦理情怀，主张善待土地。他关于"人与土地伦理关系"的思想是丰富的，很有指导意义，尤其对中国这样一个人口众多、城镇化步伐大大加快的农业大国来讲更是如此。因此，我们应当从马克思"人与土地伦理关系"理论中获取理论支撑，像对待自己的生命一样对待土地的生命，像善待我们的同胞那样善待土地。

生态文明视域下对共产主义社会"财富充分涌流"特征的理解[①]

最近几年,关于"共产主义社会的基本特征"经常会遇到有人提出这样一些问题。在地球自然资源有限的前提条件下,共产主义社会的物质财富能达到充分涌流吗?共产主义社会是要无限度地增加社会财富吗?是要无限度地扩张社会生产力吗?共产主义社会物质财富极大丰富会遇到自然资源有限性的限制吗?"按需分配"不会刺激人们的消费欲望而导致破坏生态环境的消费异化吗?

笔者认为,这些问题是在全社会生态环境意识萌醒、建设生态文明成为社会共识的大背景下正常的理性诉求,是生态意识深入人心的理论表达。在以往,关于"共产主义社会的基本特征",比较注重对共产主义社会物质财富的论述,给人们描绘了共产主义社会"集体财富的一切源泉都充分涌流"的美好画卷。然而,在人们日益关注生态环境问题、生态意识日益强化的今天,我们就不能回避人们提出的上述问题,而应当在建设生态文明的大背景下,对这些问题给予回答。

一、正确理解经典作家对"财富充分涌流"观点的表达

在全面批判资本主义的基础上,马克思恩格斯揭示了共产主义社会的基本特征,其中最主要的特征就是"社会财富极大丰富,消费资料按需分配"。关于这一特征,马克思在《哥达纲领批判》中有过经典的表述。他说:"在共产主义社会高级阶段,在迫使个人奴隶般地服从分工的情形已经消失,从而脑力劳动

[①] 原载《武汉科技大学学报》(社会科学版),2013年第5期。

和体力劳动的对立也随之消失之后；在劳动已经不仅仅是谋生的手段，而且本身成为了生活的第一需要之后；在随着个人的全面发展，他们的生产力也增长起来，而集体财富的一切源泉都充分涌流之后，——只有在那个时候，才能完全超出资产阶级权利的狭隘眼界，社会才能在自己的旗帜上写上：各尽所能按需分配！"①

恩格斯在《共产主义信条草案》中明确指出，"财产公有"制度不是任何时候都可以实现的，它必须建立在因发展工业、农业、贸易等而产生的大量的生产力和生活资料的基础之上，建立在因使用机器、化学方法和其他辅助手段而使生产力和生产资料无限增长的可能性的基础之上。② 马克思恩格斯在他们合写的《共产党宣言》中，同样把资本主义创造的社会财富和巨大的生产力视为共产主义得以实现的物质基础。在他们看来，共产主义社会要以生产力的巨大发展和物质财富的极大丰富为前提，这是毫无疑问的。

现在的问题是，我们应当如何正确地理解马克思恩格斯的上述观点。笔者认为，他们对共产主义社会特征的描述，在理论上有很强的针对性和批判性，是在与各种非无产阶级思想的斗争中、论战中来表达其思想的。因此，这种论战性观点的表达就需要直接性、鲜明性。同时，马克思恩格斯的共产主义理论是用来武装工人阶级的，是一种政治性的话语体系。在当时，工人阶级的文化水平和理论修养普遍有限，怎样用工人阶级容易理解的话语和表达方式来宣传革命的理论以及自己的主张，是马克思恩格斯一贯注意的文风。

要让工人阶级明确自己的阶级使命，培养他们对共产主义社会的感性认识和向往感，建立起对共产主义社会的情感憧憬，为此而突出共产主义社会生产力极大发展和物质财富极大丰富的特征是十分必要的，这种简单明白的理论阐述容易引起工人阶级的共鸣并被工人阶级所接受。同时，我们要理解马克思主义经典作家在描述未来共产主义社会特征时的时代背景和历史条件。他们提出的未来社会产品将会是"极大"丰富、物质财富将"充分涌流"的观点，是在当时社会生产力水平还不高、社会物质产品还十分匮乏的时代讲的，充分反映了人们对生产力极大发展和物质财富充分涌流的内心渴望和美好愿景。这种对

---

① 《马克思恩格斯选集》第 3 卷，人民出版社 1995 年版，第 305—306 页。
② 《马克思恩格斯全集》第 42 卷，人民出版社 1979 年版，第 373 页。

未来社会特征形象化、生动化的描述激发起人们对共产主义社会美好蓝图的渴望,是社会发展无限"展开"能力的一种可能性的表达。所以,在当时的社会环境下,人们想象的物质财富当然是越多越好,还谈不上对物质财富"极大丰富"进行限制的问题。换句话说,我们在理解马克思恩格斯对未来社会特征的论述时,要还原理论背景,切实把握他们理论的本真,而不是用当代社会面临的生态问题去拷问、指责他们的理论。

二、生态文明视域下对"财富充分涌流""财富极大丰富"命题的反思

在人类社会生态意识普遍觉醒的今天,如何从生态文明视域看待马克思主义经典作家关于未来共产主义社会特征的描述,的确是值得人们重视的问题。这对于我们正确理解马克思恩格斯的共产主义理论,坚定共产主义理想信念以及回答人们的种种疑问都是很有必要的。

在人与自然的矛盾关系中,曾几何时,人是弱者,而自然界是强者。正如马克思所说:"自然界起初是作为一种完全异己的、有无限威力的和不可制服的力量与人对立的,人们同它的关系完全像动物同它的关系一样,人们就像牲畜一样服从它的权力,因而,这是对自然界的一种纯粹动物式的意识(自然宗教)。"[1] 所以,为了摆脱这样弱势的地位,人们总是拼命发展社会生产力,拼命增加社会财富。现在,人与自然的关系发生了很大变化,人类依靠科学技术的力量大大强化了对自然的控制和掠夺,人类创造物质财富的能力有了极大的提升。在一定程度上,人类已经成了强者,而自然界成了弱者。所以,"再生产整个自然界"和"按照美的规律来建造"大自然的任务(马克思语)就在这样的时代背景下产生了,这是时代面临的新问题。在这种情况下,我们人类能够不顾一切地去设想和祈求共产主义社会生产力无限发展吗?能够迷醉于对物质财富的崇拜吗?

事情当然不是这样!在建设生态文明的今天,从马克思主义理论的精髓出发,我们完全可以对上述问题有全新的理解。

在马克思主义看来,生产力的极大发展和物质财富的极大丰富是共产主义

---

[1] 《马克思恩格斯选集》第1卷,人民出版社1972年版,第35页。

社会到来的物质基础,是共产主义社会的基本条件,人们对此不能机械地加以理解。所谓"极大丰富"不是无限制的,而是相对于人们的实际需要来说的,是指当时的社会可以提供足够满足所有人的需要的产品规模,并不是随意而抽象地设想为越大越多越好。共产主义社会的分配原则是"按需分配",很多人对此深为怀疑。其实,不要以为"按需分配"就是纵容人们的消费欲望,不要以为它就是最浪费、需要最多物质财富的分配方式。事实上,只有超出了人们真实需要的异化消费才是破坏生态环境的,才是不可持续的,而"按需分配"在共产主义社会很可能是最节省、最不需要更多消费品的分配方式。到那时,社会完全没有了物质匮乏之忧,人们的精神境界大大提高,精神消费成为了人们消费的主要方面,高层次精神需要的满足大大改变了人们的财富观。所以,那时的人们没有必要无限制地追求生产力的扩张和财富的堆积。

人们都知道,"要么积累,要么死亡",追求物质财富和生产力无限增长恰恰是资本主义的逻辑,而不是共产主义的逻辑。资本家无限度地追求利润的动机,客观上逼迫着他们为生产而生产,根本不考虑生产的真正目的和人们的真实需要。这样的生产必然导致严重的生态环境危机。罗马俱乐部《增长的极限》报告的问世就宣告了资本主义生产方式的"死刑"。

在共产主义社会,人们的生产目的不同于资本主义,不会为了生产而生产,更不会为了追逐利润而拼命地扩大生产规模。那时的社会生产是理智的、符合生态原则的,人们可以自觉地控制生产的方式和生产的规模,充分认识到生产的环境后果。正如马克思所说:"社会化的人,联合起来的生产者,将合理地调节他们与自然之间的物质变换,把它置于他们的共同控制之下,而不让它作为盲目的力量来统治自己;靠消耗最小的力量,在最无愧于和最适合他们的人类本性的条件下来进行这种物质变换。"①

从生态的视角审视共产主义社会时,人口问题也是一个不可回避的问题。有人担心,到那时,随着社会财富的极大丰富,消费品的供应不成问题,势必导致人口的增多,从而给环境带来更大的压力。那么,共产主义社会中人口是否可以无限制地增长呢?肯定不是的。因为,那时的人类可以自觉控制人自身的生产即人口的增长。正如恩格斯所说:"如果说共产主义社会在将来某个时候

---

① 《马克思恩格斯全集》第46卷,人民出版社2003年版,第928页。

不得不像已经对物的生产进行调整那样,同时也对人的生产进行调整,那么正是那个社会,而且只有那个社会才能毫无困难地做到这点。"① 由于物的生产和人自身的生产这"两种生产"得到了合理的调控,人与自然紧张的关系大大舒缓,人与人的和谐、人与自然的和谐才能真正实现。

人类追求人与自然的和谐并不是放弃对自然的利用和改造,而是以合乎自然发展规律的方式来处理人与自然的关系。那时的人们生态意识普遍提高,对大自然的开发和利用完全控制在大自然可以承受的范围内,保护自然、修复自然的生产能力达到了很高的程度,完全可以实现"环境友好型和资源节约型"的社会理念。

高度发达的社会生产力是共产主义社会的一个显著特征,关于这一点,有人也有疑问,即共产主义社会生产力的高度发展是否也会遇到自然资源的限制和约束呢?我们应当承认,当社会生产力发展到一定程度时,不可避免会遇到自然资源的限制和约束问题,共产主义社会也不例外。但是,共产主义社会能有效地解决这个问题。因为,第一,共产主义社会不追求无限制的社会生产力的增长,不以物质财富的累积为目的,也不以炫耀消费为时尚。所以,那时的生产力不会给自然界造成过大的压力。第二,科学技术的高度发展为解决"资源瓶颈"问题提供了更加广阔的前景。现在的"资源瓶颈"问题是以现有的科学技术水平和开采利用条件为考量的,是就人类已知的、正在使用的自然资源来讲的。随着科学技术尤其是绿色技术的发展,人类可以开辟新的自然资源,可以更好地循环利用各种资源。从长远看,人类不会发生能源枯竭的危机。第三,人与自然的关系也将发生根本变革,亲近自然、关爱自然的理念成为社会共识,人类真正可以做到"诗意般地栖居"在大自然的怀抱中。第四,共产主义社会的生活方式、消费方式、居住方式和交通方式等方面都将更加符合生态原则,人们充分认识到自然简约生活的价值,那种对自然的野蛮征服、炫耀财富、暴殄天物的异化消费等不生态不健康的生活方式将逐步消失。

---

① 《马克思恩格斯全集》第 35 卷,人民出版社 1979 年版,第 145 页。

三、共产主义是社会进步与生态文明的完美统一

在马克思主义经典作家看来,"人与人的和谐"和"人与自然的和谐"这两大社会任务只有在共产主义条件下才能完成。马克思对共产主义有这样一段论述:"这种共产主义,作为完成了的自然主义,等于人道主义,而作为完成了的人道主义,等于自然主义,它是人和自然界之间、人和人之间的矛盾的真正解决,是存在和本质、对象化和自我确证、自由和必然、个体和类之间的斗争的真正解决。"① 在这里,马克思清晰地表达了"共产主义""人道主义"和"自然主义"三位一体的思想。在他看来,共产主义社会应当是"两个和谐"高度统一的社会。

所以,任何从生态环境和自然资源等角度对共产主义社会的质疑和拷问都是站不住脚的,即使在生态意识觉醒和建设生态文明的今天,在人类面临日益严重的生态环境问题的压力面前,我们也不应当从生态环境的角度来诋毁马克思主义的共产主义理论,更不应当用自然资源有限论来论证共产主义不可能实现。恰恰相反,即使从生态环境的角度考虑问题,我们也要坚信共产主义社会是一定会实现的。

---

① 《马克思恩格斯全集》第 42 卷,人民出版社 1979 年版,第 120 页。

马克思的循环经济思想探微①

"循环经济"一词是美国经济学家波尔丁在20世纪60年代提出的。自20世纪八九十年代起,发达国家为提高综合经济效益,避免环境污染,以生态经济理念为基础,重新规划产业发展,提出了一种新型的循环经济发展思路。20世纪90年代末,循环经济理念开始引进我国。2004年9月29日,国家发展与改革委员会召开全国循环经济工作会议,提出要用循环经济理念指导"十一五"规划的编制。

虽说"循环经济"是一个新理念,但马克思在《资本论》中,尤其是在论述"不变资本使用上的节约"问题时,就曾经明确提出过与"循环经济"原则类似的思想、观点。马克思的这些见解给我们以深刻的启迪,可以说是"循环经济"理念的理论先声。马克思循环经济思想主要表现在以下几个方面。

首先,在马克思看来,应用科学技术是减少工业和生活废物的有效手段。这种思路与当今人们处理生产与生活垃圾的思路是一致的。马克思在《资本论》中讨论"生产排泄物的利用"问题时明确指出:"我们所说的生产排泄物,是指工业和农业的废料;消费排泄物则部分地指人的自然的新陈代谢所产生的排泄物,部分地指消费品消费以后残留下来的东西。"②

那么靠什么手段来处理这些排泄物呢?当然要依靠科学技术手段,因为"科学的进步,特别是化学的进步,发现了那些废物的有用性质"③。马克思特别强调,用先进的科学技术改造过的工业,可以充分利用工业废料,变废为宝,

---

① 原载《光明日报》,2006年12月25日,《马克思主义文摘》,2007年第3期全文转载。
② 《马克思恩格斯全集》第46卷,人民出版社2003年版,第115页。
③ 《马克思恩格斯全集》第46卷,人民出版社2003年版,第115页。

减少工业废料对环境的污染。"化学工业提供了废物利用的最显著的例子,它不仅发现新的方法来利用本工业的废料,而且还利用其他工业的各种各样的废料,例如,把以前几乎毫无用处的煤焦油,变为苯胺染料、茜红染料(茜素),近来甚至把它变成药品。"① 马克思还说:"化学的每一个进步不仅增加有用物质的数量和已知物质的用途,从而随着资本的增长扩大投资领域。同时,它还教人们把生产过程和消费过程中的废料投回到再生产过程的循环中去,从而无需预先支出资本,就能创造新的资本材料。"② 在这里,马克思实际上已经涉及了利用科学技术的手段建立完整的循环经济体系的问题、废物资源化问题和产业生态化问题。马克思的上述思想与我们今天大力提倡的"利用可持续的科学技术来支持和支撑社会可持续发展"的见解是一致的。

其次,马克思认为,利用科学技术改进生产工艺可以提高生产资料的使用率,减少废弃物的排放,减轻对生态环境的压力。马克思在《资本论》中,列举了大量的生产实例,对生产工艺的提高在充分利用工业废物、减少排泄物方面的作用给予了极大的关注。伴随着科学技术的进步,人类的生产工艺水平也日益提高。工艺的进步,改变了对生产原料的利用途径和方式,使那些在原有形式上本来不能利用的生产中的各种废料,获得了一种在新的生产工艺中可以再利用的形式,废料成为了新工艺的原料。现在,循环经济学家常说的一句话是:"垃圾是放错了位置的原料。"其实,马克思早在100多年前就明确地说过类似的话:"所谓的废料,几乎在每一个产业中都起着重要作用。"③ 马克思用实例说明,当时由于生产工艺水平的低下,在英格兰和爱尔兰许多地方的农场主不愿种植或很少种植亚麻,一个主要理由是:在靠水力推动的小型梳麻工厂里,粗糙落后的生产工艺导致在加工亚麻时产生了很多废料,损失高达28% ~ 30%,工人们经常把这些废麻拿回家当柴烧,可是这些废麻是很有价值的。后来,人们采用了先进的生产工艺,用水渍法和机械梳理法对亚麻进行精细处理,使亚麻的损耗大大减少。

最后,马克思还看到,科学技术的发展导致了大批新型生产工具的问世,

---

① 《马克思恩格斯全集》第46卷,人民出版社2003年版,第117页。
② 《马克思恩格斯全集》第46卷,人民出版社2003年版,第116页。
③ 《马克思恩格斯全集》第44卷,人民出版社2001年版,第698页。

而生产工具的革新同样可以提高工业废物的利用率，变废为宝，减少资源的浪费。马克思多次指出："机器的改良，使那些在原来形式上本来不能利用的物质，获得一种在新的生产中可以利用的形态。"① "废物的减少，部分地要取决于所使用的机器的质量。"② 马克思列举了意大利和法国在磨谷技术上的差异说明这个问题。在罗马，当时的磨还很不完善，因此，不仅同量谷物的面粉产量低，而且磨粉费用相当大，客观上造成了极大的浪费。而巴黎人使用的磨，是按照 30 年来获得显著进步的力学的原理实行改造的精致的磨，大大提高了同等谷物的面粉产量。马克思还提到，处理纺织工业产生的废丝时"人们使用经过改良的机器，能够把这种本来几乎毫无价值的材料，制成有多种用途的纺织品"③。在马克思看来，"在生产过程中究竟有多大一部分原料变成废料，这要取决于所使用的机器和工具的质量。最后，这还取决于原料本身的质量。而原料的质量又部分地取决于生产原料的采掘工业和农业的发展（即本来意义上的文化的进步），部分地取决于原料在进入制造厂以前所经历的过程的发达程度。"④ 我们都知道，生产工具是"物化"了的科学技术，用科学技术手段改造我们的生产机器和工具，的确可以提高自然资源的使用率，从而节约自然资源，减少生产过程中的废物，减轻生产废物对生态环境的污染。

通过上面的分析可以看到，马克思对循环经济思想的论述不仅具有前瞻性，而且具有深刻性。马克思的这些真知灼见提出了实现循环经济的具体手段和方式，对我们大力推进循环经济具有重要的启发意义。

---

① 《马克思恩格斯全集》第 46 卷，人民出版社 2003 年版，第 115 页。
② 《马克思恩格斯全集》第 46 卷，人民出版社 2003 年版，第 117 页。
③ 《马克思恩格斯全集》第 46 卷，人民出版社 2003 年版，第 117 页。
④ 《马克思恩格斯全集》第 46 卷，人民出版社 2003 年版，第 117—118 页。

第三编 03
马克思关于资本主义的生态批判理论

马克思恩格斯对资本主义的生态批判及其意义①

马克思恩格斯在创立马克思主义的过程中，对资本主义的政治、经济、文化、意识形态展开了全方位的批判，这些批判是我们大家所熟知的。但笔者认为，在马克思恩格斯的社会批判理论中，有一个批判的角度是我们过去忽视或研究不够的，即对资本主义从生态环境视角的批判。它主要涉及马克思恩格斯描述的资本主义生态环境污染的表现、类型、状况和危害；对资本主义破坏自然生态环境的深层次根源的剖析；对减少环境污染基本途径的探索以及生态批判理论的革命意义等问题。近年来，随着生态环境的日益恶化以及生态保护意识的勃兴，马克思恩格斯资本主义社会批判理论所内蕴的生态批判的维度日益受到学者们的关注。②本文将就这一问题展开进一步的研究，阐发马克思恩格斯对资本主义生态批判理论的主要内容及其现实意义。

一、对资本主义生态批判的时代背景

从19世纪40年代开始，马克思恩格斯就开始了对资本主义的生态批判。马克思在《1844年经济学哲学手稿》《政治经济学批判大纲》《资本论》，恩格斯在《英国工人阶级状况》《自然辩证法》和《反杜林论》等著作中，对这个问题有着丰富而深刻的论述。马克思恩格斯很早就关注资本主义工业化导致的生态环境问题，为工人阶级生存环境的恶化而担忧。18世纪60年代到19世纪

---

① 原载《马克思主义研究》，2006年第8期。
② 卢风、刘湘溶主编：《现代发展观与环境伦理》，河北人民出版社2004年版。王军：《詹姆斯·奥康纳生态学马克思主义理论述评》，载《哈尔滨工业大学学报》（社会科学版），2005年第4期。解保军：《马克思自然观的生态哲学意蕴》，黑龙江人民出版社2002年版。

30年代，在英国、法国和德国几个主要的资本主义国家相继发生、进行和完成了以纺织业的机械化为发轫，以煤为主要能源，以蒸汽机的广泛应用为标志的工业革命。这场工业革命导致了大工业体系、大工业城市的出现，同时也带来了日益严重的生态环境问题。冶金、焦碳工业产生的废气、废渣和废水，不经任何处理就被资本家直接排放到自然环境中去；蒸汽机的广泛应用，致使煤炭的大量消耗和煤烟的大量排放；各种工厂在城市的密集，势必导致人口在数量和密集程度上的过度膨胀，从而使生活垃圾大量堆积，人居环境遭到严重污染，生存环境日益恶化。作为工业革命"样板"的英国，也是"工业黑化"导致环境污染最严重的国家，是早期环境"公害"的始作俑者和受害者。据有关资料统计，1846年，英国伦敦的耗煤量就比同年德国的煤产量（320万吨）还要多。仅此一项，我们就可以知晓当年伦敦的工业污染严重到何等程度，难怪伦敦会在1873年、1880年和1892年屡次发生令世人震惊的煤烟污染的"公害"事件。

马克思恩格斯亲身感受到了资本主义工业化过程中生态环境恶化给工人阶级带来的种种灾难，环境污染状况给了他们深深的刺痛，促使了他们对资本主义环境问题的关注和研究。他们认识到，资本主义日益恶化的环境污染不是孤立的社会问题，而是资本主义制度决定的。工人们不仅受资本家经济上的剥削，在生存环境上同样受到恶劣的生态环境的蹂躏。马克思在《1844年经济学哲学手稿》中阐述"异化劳动"理论时，用大量篇幅论述了资本主义社会人与自然的异化，"异化劳动"造成了"文明的阴沟"，造成了"自然的荒芜"和"日益腐败的自然界"。马克思注意到，当时在英国、法国的工业城市中都有一个个的"小爱尔兰"，即爱尔兰人组成的工人区。在那里，工人们蜗居在被熏人毒气污染的"洞穴"般的陋室中，终日没有阳光，空气污浊，工人们只能吃着"破烂的马铃薯，最坏的马铃薯"。在这样的生活环境中，工人们的"任何一种感觉不仅不再以人的方式存在，而且不再以非人的方式因而甚至不再以动物的方式存在"①。马克思在《资本论》中，具体分析了煤矿、纺织、建筑、印刷、制衣等行业的工人所遭受到职业病、噪声、毒气、污水污染的情况。马克思的经济理论不仅揭示了资本家剥削工人的秘密，而且还说明资本家破坏生态环境、损坏自然资源的逻辑。恩格斯深入到英国工业革命的"摇篮"城市——曼彻斯特，

---

① 《马克思恩格斯全集》第42卷，人民出版社1979年版，第134页。

"根据亲身观察和可靠材料",对工业化城市的环境污染情况和工人阶级生存中的一系列环境问题进行全面而深入的调查,1845年出版了《英国工人阶级状况》一书。恩格斯在揭示资本主义的内在矛盾、揭露资本家对工人残酷剥削的同时,也用大量惨烈的事例论述了英国环境污染发生的过程、类型、状态、危害和根源。可以说,马克思恩格斯的调查研究开创了人类历史上对资本主义生态批判的先河。

二、对资本主义生态环境恶化的现象批判

马克思恩格斯对资本主义工业发展所导致的环境问题早有觉察,他们在自己的著作中多次直观地描绘了资本主义经济发展所导致的生态衰败图。马克思说:"在利用这种排泄物方面,资本主义经济浪费很大;例如,在伦敦,450万人的粪便,就没有什么好的处理方法,只好花很多的钱来污染泰晤士河。"①"资本主义农业的任何进步,都不仅是掠夺劳动者的技巧的进步,而且是掠夺土地的技巧的进步,在一定时期内提高土地肥力的任何进步,同时也是破坏土地肥力持久源泉的进步。一个国家,例如北美合众国,越是以大工业作为自己发展的起点,这个破坏过程就越迅速。因此,资本主义生产发展了社会生产过程的技术和结合,只是由于它同时破坏了一切财富的源泉——土地和工人。"②

恩格斯说:"西班牙的种植场主在古巴焚烧山坡上的森林……以后热带的大雨会冲掉毫无掩护的沃土而只留下赤裸裸的岩石……"③ "关于这种惊人的经济变化必然带来一些现象……所有已经或正在经历这种过程的国家,或多或少都有这样的情况。地力损耗——如在美国;森林消失——如在英国和法国,目前在德国和美国也是如此;气候改变、江河淤浅在俄国大概比其他任何地方都厉害。"④

与自然环境恶化的情况相比较,工人聚居的生活环境更加糟糕。为了更加了解工人阶级的生活状况,揭露资产阶级对工人阶级的残酷剥削和压榨不仅仅

---

① 马克思:《资本论》第3卷,人民出版社1975年版,第116—117页。
② 马克思:《资本论》第1卷,人民出版社1975年版,第552—553页。
③ 《马克思恩格斯选集》第3卷,人民出版社1972年版,第520页。
④ 《马克思恩格斯全集》第38卷,人民出版社1979年版,第365页。

表现在经济方面，同样也表现在生活环境方面，为了说明工人阶级低贱的经济地位和悲惨的生活环境决定了他们与资产阶级的矛盾是不可调和的，他们的生存环境不可遏止地决定了他们是资产阶级的掘墓人，马克思恩格斯具体分析了生态环境持续恶化的情况以及给工人阶级的伤害。

（一）空气污染的状况与危害

以当时的英国为例，造成大工业城市空气污染的污染源主要是工业煤烟、垃圾堆和臭水沟等，其中，煤烟是造成空气污染的"重磅杀手"。恩格斯提到："曼彻斯特周围的城市是一些纯粹的工业城市……到处都弥漫着煤烟。"在曼彻斯特的工人聚居区"总是把一切工厂的煤烟都吹到这方面来（而这种煤烟确实是不少的！）。光让工人去吸这些煤烟！"①"这里的空气由于成打的工业烟囱冒着黑烟，本来就够污浊沉闷的了……在这种难以想象的肮脏恶臭的环境中，在这种似乎是被故意毒化的空气中，在这种条件下生活的人们，的确不能不降到人类的最低阶段。"②"高高地堆积在这些死水洼之间的一堆堆的垃圾、废弃物和令人作呕的脏东西不断地散发出臭味来污染四周的空气。"③"在大城市的中心，在四周全是建筑物、新鲜空气全被隔绝了的街道上和大杂院里……一切腐烂的肉皮菜帮之类的东西都散发着对健康绝对有害的臭气，而这些臭气又不能自由地散出去，势必要把空气搞坏。"④恩格斯还看到，工厂生产的有机废物也造成了空气的污染。

（二）河流水资源污染的现状和危害

由于工业和生活污水大量直接排放到河流之中，造成了河水的严重污染，流经大工业城市的河流黑得像柏油似的。"艾尔克河上游建有制革厂；再上去是染坊、骨粉厂和瓦斯厂；这些工厂的脏水和废弃物统统汇集在艾尔克河里，此外，这条小河还要接纳附近污水沟和厕所里的东西"⑤。当时，英国的许多河流"流入城市的时候是清澈见底的，而在城市的另一端流出的时候却又黑又臭，被

---

① 《马克思恩格斯全集》第 2 卷，人民出版社 1957 年版，第 341 页。
② 《马克思恩格斯全集》第 2 卷，人民出版社 1957 年版，第 342 页。
③ 《马克思恩格斯全集》第 2 卷，人民出版社 1957 年版，第 342 页。
④ 《马克思恩格斯全集》第 2 卷，人民出版社 1957 年版，第 381 页。
⑤ 《马克思恩格斯全集》第 2 卷，人民出版社 1957 年版，第 331 页。

各色各样的脏东西弄得污浊不堪了"①。

在揭示了资本主义对生态环境破坏的同时,马克思恩格斯对工人阶级的生活和工作环境的污染情况和危害也进行了大量的调查研究。恩格斯具体考察了伦敦、曼彻斯特、爱丁堡等城市工人居住环境的污染状况。他指出:"每一个大城市都有一个或几个挤满了工人阶级的贫民窟……这里的街道是肮脏的,坑坑洼洼的,到处是垃圾,没有排水沟,也没有污水沟,有的只是臭气熏天的死水洼。"② 当时的伦敦,有一个著名的"乌鸦窝"——圣詹尔士,在那里"街道狭窄、弯曲、肮脏……发出一股难闻的气味……住在这里的是穷人中最穷的人,是工资最低的人……一天天地丧失了力量去抵抗贫穷、肮脏和恶劣的环境所给予他们的足以使德行败坏的影响"③。"位于城市中最糟的区域里的工人住宅,和这个阶级的一般生活条件结合起来,就成为百病丛生的根源",当时猩红热、肺结核、伤寒和其他肺部疾病的传染和肆虐,"是直接由于工人的住宅很坏、通风不良、潮湿和肮脏而引起的"④。

与工人们的生活环境比起来,他们的工作环境更加恐怖。马克思恩格斯仔细分析了不同工种的环境污染对工人们的残害。

1. 磨工面对的粒尘污染及其危害

"由于在磨刀叉时有大量灰尘状的、极细微的、有尖锐棱角的金属屑飞出来,弥漫在空气中,从而不可避免地要吸到肺里去。干磨工平均很难活到三十五岁,湿磨工也很少能活到四十岁。"总之,"谁要是当了磨工,谁就逐渐成为完全绝望的人,仿佛已经把灵魂卖给魔鬼了。"⑤

2. 陶器工人面对的铅、砷污染及其危害

在陶器生产中,"最有害的工作是把成品浸到一种含有大量的铅而且常常含有许多砷的液体里,并且要把刚刚在这种液体里浸过的制品用手拿出来……有害的东西就非常容易浸入身体。结果引起剧烈的腹痛和严重的肠胃病、经常的

---

① 《马克思恩格斯全集》第2卷,人民出版社1957年版,第320页。
② 《马克思恩格斯全集》第2卷,人民出版社1957年版,第306—307页。
③ 《马克思恩格斯全集》第2卷,人民出版社1957年版,第307—308页。
④ 《马克思恩格斯全集》第2卷,人民出版社1957年版,第382—383页。
⑤ 《马克思恩格斯全集》第2卷,人民出版社1957年版,第490—491页。

便秘、疝气痛、肺结核、羊癫疯和四肢麻痹等疾病。"①

3. 玻璃制品工人面对的高温环境及其危害

在玻璃制品的生产中,"工房里的温度高,这一切就引起了孩子们的全身衰弱和疾病、发育不良、特别是眼病、胃病、支气管炎和风湿病。"②

4. 采矿业工人面对的环境污染及其危害

马克思指出,资本主义的生产不是在为"工人的健康着想,而是为便利生产着想的环境下进行"③。由于煤矿主之间的激烈竞争,使得资本家千方百计地降低生产成本,而不会投资去改善工人们生产和生活的自然环境条件。所以,煤矿工人的处境非常悲惨。工人们每天劳动"在黑暗、狭窄、多半是潮湿的巷道里","又由于空气里充满了尘土、碳酸气和矿坑瓦斯,产生了许多痛苦而危险的肺部疾病,特别是哮喘病……黑痰病,它是由细微的煤屑侵入肺的各个部分所引起的,这种病的征候是全身衰弱、头痛、呼吸困难、吐黑色的浓痰。"④

5. 纺织和服装业工人面对的环境污染和危害

纺织业是工业革命的先导,是最早实现机械化的行业。因此,该行业的环境状况和危害也早为马克思恩格斯所关注。"即使是真正的工厂也缺乏保障工人安全、舒适和健康的一切措施。很大一部分关于产业大军伤亡人数的战报(见工厂年度报告)就是从这里来的。同样,厂房拥挤,通风很差,等等。""这两件事,再加上劳动时间过长,使呼吸器官的疾病大量增加,从而使死亡人数增加。"⑤

6. 工人食品的污染状况和危害

马克思恩格斯看到,"工人们只能吃质量很差的马铃薯,肉经常是病畜或死畜的肉,干酪是质量很坏的陈货……资本家提供的食品中,掺假现象很普遍:糖里掺米粉,面粉里掺石膏粉或白垩粉,可可里掺褐色黏土,红葡萄酒是用颜料和酒精勾兑的……这种饮食造成的自然结果就是经常闹肠胃病及其他疾病。"⑥

---

① 《马克思恩格斯全集》第 2 卷,人民出版社 1957 年版,第 493 页。
② 《马克思恩格斯全集》第 2 卷,人民出版社 1957 年版,第 494 页。
③ 马克思:《资本论》第 3 卷,人民出版社 1975 年版,第 108 页。
④ 《马克思恩格斯全集》第 2 卷,人民出版社 1957 年版,第 533—536 页。
⑤ 马克思:《资本论》第 3 卷,人民出版社 1975 年版,第 105—107 页。
⑥ 《马克思恩格斯全集》第 2 卷,人民出版社 1957 年版,第 353 页。

马克思恩格斯对主要资本主义国家在工业化进程中发生的生态环境污染状况的调查分析是全面的、深刻的和具体的，他们对资本主义的生态批判开创了我们认识资本主义的一个新视角。在这个意义上，马克思恩格斯是最早的生态社会学家，是生态批判理论的创立者。

三、对资本主义生态环境恶化的本质批判

马克思恩格斯在揭示了资本主义工业化进程中生态环境严重恶化的事实后，又对导致这种社会现象的本质进行了剖析。

马克思恩格斯从对资本家本质的分析中，批判了资本主义社会生态环境恶化的事实，马克思尖锐地指出：资本家是资本的化身，而资本来到人间，从头到脚，每个毛孔都滴着血和肮脏的东西。由于资产阶级贪婪和唯利是图的阶级本性，决定了在资本主义经济运行中，资本家的眼睛只盯在经济效益上，眼前的经济利益和高额利润是驱动他们的唯一动力。资本家置工人的死活于不顾，置其行为的自然影响和社会后果于不顾，这样就势必加速自然环境的污染进程。因为在资本主义社会，"支配着生产和交换的一个一个的资本家所能关心的，只是他们的行为的最直接的有益效果……出售时要获得利润，成了唯一动力。"① "在资产阶级看来，世界上没有一样东西不是为了金钱而存在的，连他们本身也不例外，因为他们活着就是为了赚钱，除了快快发财，他们不知道还有别的幸福，除了金钱的损失，也不知道还有别的痛苦。"②

马克思恩格斯从对资本主义生产方式的分析中，揭露了资本主义生态环境恶化的要害，他们深刻地指出，到资本主义为止，存在过的一切生产方式，都只在于取得劳动的最近、最直接的经济效果。那些只是在以后才显示出来的、由于逐渐的重复和积累才发生影响和作用的进一步结果，即对自然环境和人居环境的污染和毁坏，则是完全被忽视的。这在当时资本主义生产方式中表现得最惨烈。马克思一针见血地指出："资本主义生产方式按照它的矛盾的、对立的性质，还把浪费工人的生命和健康、压低工人的生存条件本身，看作不变资本

---

① 《马克思恩格斯选集》第 3 卷，人民出版社 1972 年版，第 520 页。
② 《马克思恩格斯全集》第 2 卷，人民出版社 1957 年版，第 564 页。

使用上的节约，从而看作提高利润率的手段。"① 在这里，马克思恩格斯看到了这样的事实：资本主义工业化发达的国家已经出现了非常严重的环境污染，恶劣的生产环境导致大批工人的死亡和职业病的加剧。但这些并没有引起资本主义政府的注意，没有制定和实施保护自然生态环境、减少或防止生态环境污染的法律和法规，没能有效地防止在资本主义工业化过程中不断出现的环境公害。

马克思恩格斯从资本主义"异化劳动"普遍化的角度，批判了资本主义生态环境恶化的事实，异化劳动使人同自然界、同人的本质相异化，工人在改造自然的劳动中创造了财富和舒适的生存环境，但这些却不属于他们，工人们仍然过着赤贫、丑陋、非自然的生活。以动物方式生存着的工人，其生存环境注定是惨不忍睹的。异化劳动中人与自然的异化还表现在工业化对自然环境的严重破坏和污染方面。"一旦这条河归工业支配，一旦它被染料和其他废料污染，河里有轮船行驶，一旦河水被引入只要把水排出去就能使鱼失去生存环境的水渠，这条河的水就不再是鱼的本质了，它已经成为不适合鱼生存的环境。"② 这说明，资本主义工业化导致了生态环境的严重污染，被污染的河水与鱼存在的本质相异化，当然也就同人处于异化对立的状态。异化劳动还导致了人对自然界感情的异化。马克思敏锐地指出，异化劳动是一种强制性的劳动，是人的本质的缺失、肉体的痛苦和精神的摧残。在这种情况下，人对大自然的感情也发生了异化，即使面对秀美的自然风光和可爱的生灵，处于沮丧和绝望中的劳动者也是绝对不会赏析的。异化劳动是对人的本质力量对象化的否定，是对人与自然关系的极大疏离，是对人的美感的压抑。

马克思恩格斯在对资本主义进行生态批判的同时，还敏锐地提出了科学技术的"资本主义的应用"和"消灭工业的资本主义性质"问题。科学技术的"资本主义的应用"主要是指在资本主义社会，科学技术被资本家视为榨取剩余价值的手段和工具，凡是对达此目的有用的科学技术就采纳，否则就拒绝。马克思恩格斯认为，蒸汽技术的"资本主义应用才使它主要地集中于城市，并把工厂乡村转变为工厂城市。但是，这样一来它就同时破坏了它自己的活动的条件。蒸汽机的第一需要和大工业中差不多一切生产部门的主要需要，都是比较

---

① 《马克思恩格斯全集》第46卷，人民出版社2003年版，第101页。
② 《马克思恩格斯全集》第42卷，人民出版社1979年版，第369页。

纯洁的水。但是工厂城市把一切水都变成了臭气冲天的污水……要消灭这样新的恶性循环，要消灭这个不断产生的现代工业的矛盾，又只有消灭工业的资本主义性质才有可能。只有按照统一的总计划协调地安排自己的生产力的那种社会，才能允许工业按照最适合于它自己的发展和其他生产要素的保持或发展的原则分布于全国"①。在这里，我们可以看出，马克思恩格斯强调的工业发展思想，实际上已包含着可持续发展原则和建立"生态工业"的基本构想和观点。马克思恩格斯对资本主义的生态批判具有鲜明的政治导向，那就是要从另一个角度论证资本主义制度的不合理性，正是资本主义的社会危机造成了生态危机，是资本主义的异化劳动引发了人与自然关系的异化。他们认为，生态环境问题也是政治问题、社会问题，主张要把生态环境问题放到资本主义社会现实中去考察，要把人的解放、社会的解放和自然的解放统一起来。所以，马克思恩格斯明确指出，要防止对生态环境的污染和破坏"单是依靠认识是不够的，这还需要对我们现有的生产方式，以及和这种生产方式连在一起的我们今天的整个社会制度实行完全的变革"②。这样，马克思恩格斯就从对资本主义的生态批判中得出了否定资本主义社会制度的革命性结论。

四、对资本主义生态批判的现实意义

通过上面的分析，我们可以清楚地认识到，马克思恩格斯是人类历史上第一次从生态环境角度揭露批判资本主义黑暗制度的思想家。对资本主义的生态批判理论是他们资本主义社会批判理论的一个重要组成部分，该理论对我们具有重要的启迪意义。

（一）深入挖掘与阐发马克思恩格斯对资本主义的生态批判理论，有助于人们加深对资本主义社会本质的认识，有助于我们对当今生态环境危机实质的认识

马克思恩格斯对资本主义的生态批判开辟了批判资本主义的一个新领域、新视角，对我们了解当代生态危机的根源提供了新的思维范式。马克思恩格斯

---

① 《马克思恩格斯选集》第3卷，人民出版社1972年版，第334—335页。
② 《马克思恩格斯选集》第3卷，人民出版社1972年版，第519页。

在 150 多年前揭露的资本主义生态环境恶化的现象，今天仍然大量存在，只不过手段和方式稍有不同。资本主义社会本质没有变，资本家贪婪的本性依然如故。因此，当今出现"生态帝国主义""生态殖民主义"和"生态难民"等现象也就不足为奇了。西方资本主义国家为了自己的生态安全，为了在垃圾处理上节省开支，降低成本，依仗着在政治、经济和军事上的强势，利用发展中国家经济困难而又渴望得到外汇的时机，对贫穷国家和地区发动了"垃圾战"，以非常低廉的价格，把污染物运往第三世界，把那里当成了有毒废料的垃圾场。同时，资本主义发达国家利用第三世界国家环境保护立法不健全以及实现工业化的迫切愿望，把"肮脏工业"向第三世界国家转移，结果导致了当地资源的枯竭和环境的恶化。

（二）马克思恩格斯的资本主义生态批判理论，对我们理解科学发展观，加强环境保护也有借鉴和指导意义

应该看到，马克思恩格斯对资本主义特定历史发展阶段的生态批判具有普遍的意义。最近，国务院在《关于落实科学发展观加强环境保护的决定》中明确指出："发达国家上百年工业化过程中分阶段出现的环境问题，在我国近 20 多年来集中出现，呈现结构型、复合型、压缩型的特点。环境污染和生态破坏造成了巨大经济损失，危害群众健康，影响社会稳定和环境安全。"[①] 这说明，生态环境问题有共性的一面，是任何国家工业化过程中不可避免的问题。

[①] 《关于落实科学发展观加强环境保护的决定》，载《光明日报》，2006 年 2 月 15 日。

马克思对资本主义工业的生态批判[①]

当我们曾经为之顶礼膜拜的工业文明的负面效应不断显现之时,人们开始冷静头脑、深入反思,法兰克福学派、生态学马克思主义、后现代主义等派别都从不同角度开始了对工业文明的重新审视。然而,马克思在资本主义工业弊端初露端倪时,就已经开始了他极具预见性的系统思索,为人类文明的生态转向提供了最初的理论支撑,本文将就这一问题进一步研究,阐发马克思对资本主义工业生态批判理论的主要内容及其现实意义。

一、马克思对资本主义工业生态批判的历史背景

马克思思想博大精深,100多年后的今天,马克思主义仍在哲学、政治、经济,乃至生态等诸多领域发挥着重要指导作用,在生态危机日益严重的今天,马克思思想中的生态论断越来越显示出无比重要的价值。然而,马克思生态思想并不是凭空产生的,是和他生活的历史年代息息相关的,是发轫于资本主义工业社会的。同时,也正因为如此,才使得马克思对资本主义工业的生态批判比其他理论更为彻底、更为深刻。笔者认为,马克思当时所处的年代与社会发生的三个本质性变化,即工业革命、社会结构、世界市场,代表着人类社会发展阶段的重要转向,同时也对马克思生态思想的产生具有根本性的影响。

(一)工业革命的兴起

从15世纪开始,西方在人类由农业文明迈向工业文明的重大转型中走在了世界的前面,其主要标志就是蒸汽机时代的来临。1769年,瓦特(James Watt)

[①] 原载《鄱阳湖学刊》,2011年第6期。

制造出了第一台蒸汽机，从这以后，人类的工业化进程可以说是日新月异、突飞猛进。而正是这一路高歌的工业文明，给人类社会带来了另一层面的重大变革，这一变革最突出的表现就是人与自然的对立。人与自然对立观念的实质是人与自然的冲突对抗，直接表现是人类征服自然、压榨自然、盘剥自然行为的加剧。英伦三岛上首先爆发、继而遍布全欧洲的工业革命，既宣告了一个旧时代的结束，同时又开启了另一个新的时代。培根（Francis Bacon）的"知识就是力量"、笛卡儿（Rene Descartes）的"我思故我在"、康德（Immanuel Kant）的"人的理性为自然界立法"等豪言壮语都催生着人类应该成为世界的主人的意识。在科技高奏凯歌时，人类从自然界攫取了大量资源，尝到了无数甜果，在控制自然的喧嚣中人类坚定了自己是大自然君主的信念，人与自然分离的天人对立观念也随之加深，导致了人类更大规模地征服自然、掠夺自然，生态问题日益严重。19世纪初，资本主义工业化萌芽已经在悄悄生长，这一阶段，资本主义国家为了不断扩大蒸汽动力的规模与效益，消耗了大量的煤炭，在滚滚黑烟中，西方主要国家先后开始了近代大工业生产体系的运行，这种生产方式产生了大量的工业废气、废渣、废水，当生产与生活垃圾堆积到一定程度之时，大自然终于毫不留情地给人类实施了报复，造成了惨重的环境污染问题。居于工业革命给人类带来的思想观念和生存环境的变化中，马克思很早就开始关注资本主义工业化导致的生态环境恶化问题。在最早体现马克思生态思想的著作《1844年经济学哲学手稿》中，马克思敏锐地看到了问题实质，鲜明地直接把文章焦点对准了人与自然的关系，他说："人直接地是自然存在物。人作为自然存在物，而且作为有生命的自然存在物，一方面具有自然力、生命力，是能动的自然存在物。"[1] 既然人具有能动性，那么人与自然之间必然会发生交流与影响，也就是说人与自然有着互动性，是一种交互关系。因此，由人与人组成的社会"是人同自然界的完成了的本质的统一，是自然界的真正复活，是人的实现了的自然主义和自然界的实现了的人道主义"[2]。马克思在这里第一次对人与自然关系问题进行了研究，奠定了他后来生态批判最初的理论基础。

---

[1] 《马克思恩格斯全集》第42卷，人民出版社1979年版，第122页。
[2] 《马克思恩格斯全集》第42卷，人民出版社1979年版，第167页。

（二）社会结构的变化

如果说工业革命更多地是让马克思认识到了资本主义工业化进程中，由于环境污染所带来的人与自然关系思考的话，那么，在资本主义社会形态下形成的社会新型结构，则使马克思从人与人关系的层面，深入反思了资本主义工业带来的生态危机。马克思给出了精辟的论断："从封建社会的灭亡中产生出来的现代资产阶级社会并没有消灭阶级对立。它只是用新的阶级、新的压迫条件、新的斗争形式代替了旧的。但是，我们的时代，资产阶级时代，却有一个特点：它使阶级对立简单化了。整个社会日益分裂为两大敌对的阵营，分裂为两大相互直接对立的阶级：资产阶级和无产阶级。"① 马克思独具慧眼地看到了在资本主义社会形态下的社会结构变化，并给出了当时社会结构的最大特点，即对立阶级简化，矛盾加剧。我们看各个历史时代，每一个时代都会有那个时代特有的社会结构。古罗马的社会结构包括贵族、骑士、平民、奴隶；中世纪的社会结构包括封建主、教士、属臣、师傅、雇工、农奴等。而在资本主义社会，虽然社会结构仍然复杂，但却被马克思统统归入了资产阶级和无产阶级这两大阶级，这意味着阶级之间的冲突趋于单一，涉及广泛。单一指的是只剩下压迫与被压迫的关系，广泛指的是除了压迫与被压迫的范畴之外，已经没有其他形式的社会存在了。正是在这样的社会结构之下，马克思看到了资本家对工人的残酷剥削和压迫。马克思在《手稿》中指出，在资本主义异化劳动条件下，一切都变得异化起来，"一方面所发生的需要和满足需要的资料的精致化，在另一方面产生着需要的牲畜般的野蛮化和最彻底的、粗糙的、抽象的简单化，或者毋宁说这种精致化只是再生产相反意义上的自身。甚至对新鲜空气的需要在工人那里也不再成其为需要了。"② 工人们的劳动完全背离自己，付出劳动却得不到收获，他们生活的环境"光、空气等等，甚至动物的最简单的爱清洁习性，都不再成为人的需要了。肮脏，人的这种腐化堕落，文明的阴沟，成了工人的生活要素。完全违反自然的荒芜，日益腐败的自然界，成了他的生活要素。他的任何一种感觉不仅不再以人的方式存在，而且不再以非人的方式因而甚至不再

---

① 《马克思恩格斯选集》第 2 卷，人民出版社 1995 年版，第 272—273 页。
② 《马克思恩格斯全集》第 42 卷，人民出版社 1979 年版，第 133 页。

以动物的方式存在"①。就这样,马克思从人与人关系异化的层面,把资本主义工业社会环境恶化的事实全部浓缩于无产阶级的生活工作环境中揭示了出来。

(三) 世界市场的形成

1840年以后在欧洲迅速延伸的铁路,让过去的主要交通工具马车望尘莫及,火车的出现也使得交通显著扩大了规模,加快了速度。马克思在《德意志意识形态》一书中提出了"世界市场"这一概念。在马克思生活的时代,他所看到的就是世界市场形成过程中的欧洲世界。马克思恩格斯在《共产党宣言》中指出:"资产阶级,由于开拓了世界市场,使一切国家的生产和消费都成为世界性的了。"② 他在《资本论》中进一步论述:"这种剥夺是通过资本主义生产本身的内在规律的作用,即通过资本的集中进行的。一个资本家打倒许多资本家。随着这种集中或少数资本家对多数资本家的剥夺,规模不断扩大的劳动过程的协作形式日益发展,科学日益被自觉地应用于技术方面,土地日益被有计划地利用,劳动资料日益转化为只能共同使用的劳动资料,一切生产资料因作为结合的、社会的劳动的生产资料使用而日益节省,各国人民日益被卷入世界市场网,从而资本主义制度日益具有国际的性质。"③ 马克思的以上论述可谓一针见血。马克思所处年代之后的社会形态仍然符合马克思关于世界市场的论述,只不过规模更大、范围更广。先是帝国主义列强围绕着殖民地划分市场的争夺,挑起了两次世界大战。今天,世界市场的主要特征已经不仅仅是对外贸易,而是工厂的国外转移、资本的国际流动、金融市场的国际化等,超越了国家框架的资本主义的全球性展开。这种世界市场对于生态领域来讲,就是污染由富国向穷国的转移。马克思当年所说的资产阶级对无产阶级的剥削与压迫,已经通过世界市场的形成,演变深化为资本主义富国对第三世界穷国的生态剥削与压迫,资本主义对污染从来都不是寻求"问题的解决",而只是会绞尽脑汁实现"问题的转移",④ 可见,马克思对资本主义工业的生态批判具有了更加深远的意义。

---

① 《马克思恩格斯全集》第42卷,人民出版社1979年版,第133—134页。
② 《马克思恩格斯选集》第1卷,人民出版社1995年版,第276页。
③ 《马克思恩格斯选集》第2卷,人民出版社1995年版,第268页。
④ J. Dryzek. Rational Ecology. Envirnment and political Economy. Oxford:Basil Blackwell,1987,p. 10.

二、马克思从生态维度对资本主义工业的批判

众所周知,在诸多社会理论中,马克思主义理论是最能有效解析资本主义社会深层矛盾和主要弊病的思想武器,该理论对资本主义政治、经济、文化、意识形态等诸多领域都有极其深刻的批判。今天,马克思的生态批判理论也随着世界生态危机的加重日益受到人们的关注。可以说,马克思的生态批判理论是他的资本主义社会批判理论的一个逻辑延伸,是从揭示人与人关系的异化到揭示人与自然关系的异化的理论延展。马克思的资本主义社会批判理论是对资本主义的整体批判,这一理论的不同侧面虽有所侧重,但都直面病态的资本主义社会,最后殊途同归,就是要以共产主义取代资本主义,实现全人类的解放。

(一)现象批判:对资本主义工业生产方式的反思

资本主义工业的生产方式就是追逐利益的最大化,这种方式直接导致资本家对工人的残酷剥削,使得工人的生活与工作状况惨乱不堪,使得整个社会也深陷生态危机。

1. 直击工人生活状况

资本主义工业生产方式使人类对自然资源过度地开发利用,并且资本家为了最大限度地减少生产成本,无视生产过程中产生的废气、废渣、废水对工人生活环境的污染。在空气污染中,煤烟当属罪魁祸首。恩格斯提到:"曼彻斯特周围的城市是一些纯粹的工业城市……到处都弥漫着煤烟。"[1] 在曼彻斯特的工人聚居区,"总是把一切工厂的煤烟都吹到这方面来。光让工人去吸这些煤烟!""这里的空气由于成打的工业烟囱冒着黑烟,本来就够污浊沉闷的了……在这种难以想象的肮脏恶臭的环境中,在这种似乎是被故意毒化的空气中,在这种条件下生活的人们,的确不能不降到人类的最低阶段。""在大城市的中心,在四周全是建筑物、新鲜空气全被隔绝了的街道上和大杂院里……一切腐烂的肉皮菜帮之类的东西都散发着对健康绝对有害的臭气,而这些臭气又不能自由地散出去,势必要把空气搞坏。"[2] 大工业城市把污染直接引向了人类生命的源头

---

[1] 《马克思恩格斯选集》第2卷,人民出版社1995年版,第323页。
[2] 《马克思恩格斯选集》第2卷,人民出版社1995年版,第341—381页。

——水。"蒸汽机的第一需要和大工业中差不多一切生产部门的主要需要，都是比较纯洁的水。但是工厂城市把一切水都变成臭气冲天的污水。"① "在伦敦，450万人的粪便，就没有什么好的处理方法，只好花很多钱来污染泰晤士河。"② 此外，就像今天一样，富人区的垃圾堆也总是高高地垒起在贫民窟里，当时马克思早已看到，"位于城市中最糟的区域里的工人住宅，和这个阶级的一般生活条件结合起来，就成了百病丛生的根源。"③

2. 直击工人工作环境

工人在资本家压榨下，一天中绝大多数时间是在不停地劳动，因而身处的工作环境的污染给工人的危害更直接、更严重。关于磨工："由于在磨刀叉时有大量灰尘状的、极细微的、有尖锐棱角的金属屑飞出来，弥漫在空气中，从而不可避免地要吸到肺里去。干磨工平均很难活到三十五岁，湿磨工也很少能活到四十岁"，④ "谁要是当了磨工，谁就逐渐成为完全绝望的人，仿佛已经把灵魂卖给魔鬼了。"⑤ 关于陶器工："最有害的工作是把成品浸到一种含有大量的铅而且常常含有许多砷的液体里，并且要把刚刚在这种液体里浸过的制品用手拿出来……有害的东西就非常容易浸入身体。结果引起剧烈的腹痛和严重的肠胃病、经常的便秘、疝气痛、肺结核、羊癫疯和四肢麻痹等。"⑥ 关于玻璃工："工房里的温度高，这一切就引起了孩子们的全身衰弱和疾病、发育不良、特别是眼病、胃病、支气管炎和风湿病。"⑦ 关于采矿工："由于空气里充满了尘土、碳酸气和矿坑瓦斯，产生了许多痛苦而危险的肺部疾病，特别是哮喘病……黑痰病，它是由细微的煤屑侵入肺的各个部分所引起的，这种病的征候是全身衰弱、头痛、呼吸困难、吐黑色的浓痰。"⑧ 关于纺织工："即使是真正的工厂也缺乏保障工人安全、舒适和健康的一切措施。很大一部分关于产业大军伤亡人数的战报（见工厂年度报告）就是从这里来的。同样，厂房拥挤，通风很差，

---

① 《马克思恩格斯选集》第3卷，人民出版社1995年版，第334—335页。
② 《马克思恩格斯全集》第25卷，人民出版社1979年版，第117页。
③ 《马克思恩格斯选集》第2卷，人民出版社1995年版，第382页。
④ 《马克思恩格斯选集》第2卷，人民出版社1995年版，第490页。
⑤ 《马克思恩格斯选集》第2卷，人民出版社1995年版，第491页。
⑥ 《马克思恩格斯选集》第2卷，人民出版社1995年版，第493页。
⑦ 《马克思恩格斯选集》第2卷，人民出版社1995年版，第494—495页。
⑧ 《马克思恩格斯选集》第2卷，人民出版社1995年版，第533—536页。

等等。"①

3. 直击社会"工业黑化"

由于英国的大城市最早进入工业生产体系，因而这些城市也是环境污染最早、最严重的地区，环境污染的同时也引发了生态系统的严重破坏，"工业黑化"这一概念也因此在这里首先被提出。早在19世纪初，英国曼彻斯特第一次发现了一种黑色飞蛾，而在以前，这种飞蛾只有浅色型个体。但从那时起，直到今天，黑色型频率稳定上升，以致出现在所有工业地区，而且这些地区黑色型都很常见，频率高达95%以上。伴随着"工业黑化"现象的则是各种"公害"事件。"据相关资料统计，1846年，英国伦敦的耗煤量就比同年德国的煤产量（320万吨）还要多。"② 仅此一项，我们就可以知晓当年伦敦的工业污染严重到何等程度，这也决定了伦敦必然在以后的1873年、1880年和1892年屡次发生令世人震惊的煤烟污染的"公害"事件。恩格斯多次到"工业黑化"首发城市曼彻斯特及周边考察，他提到："曼彻斯特周围的城市是一些纯粹的工业城市……到处都弥漫着煤烟。"③ 在曼彻斯特的工人聚居区"总是把一切工厂的煤烟都吹到这方面来。光让工人去吸这些煤烟！"④ 在曼彻斯特附近的波尔顿，艾尔克河"像一切流经工业城市的河流一样，流入城市的时候是清澈见底的，而在城市的另一端流出的时候却又黑又臭，被各色各样的脏东西弄得污浊不堪了。"⑤

（二）本质批判：对资本主义环境恶化根源的揭示

马克思恩格斯在揭示了资本主义工业化进程中人们生活状况、工人生产环境和社会生态恶化等种种事实后，又对导致这种社会现象的本质进行了剖析。

1. 诘问人类思想认识

马克思恩格斯认为，由于资产阶级革命以来科学技术的空前发展和人们对于自然界认识能力的不足，导致人们没有真正看清人类在大自然中所处的位置，

---

① 《马克思恩格斯选集》第3卷，人民出版社1995年版，第105—107页。
② 王树恩等：《环境污染的根源与减少环境污染的途径：马克思恩格斯环境哲学思想研究》，载《自然辩证法研究》，2000年第6期。
③ 《马克思恩格斯选集》第2卷，人民出版社1995年版，第323页。
④ 《马克思恩格斯选集》第2卷，人民出版社1995年版，第341页。
⑤ 《马克思恩格斯选集》第2卷，人民出版社1995年版，第320页。

更准确地说是没有充分认清人与自然的关系。西方国家进入资本主义社会后，自然科学的兴起，唤起了人们对于改善生活条件的欲望。这一时期，"技术至上"的口号响彻整个世界，随着人们对自然探索的不断深入，人们越来越相信人是万物之灵，凭借科学技术可以统治世界。这种对自然界没有丝毫敬畏的心理，终于支撑着人们把地球宰制得千疮百孔，把大自然盘剥得支离破碎。实际上，每一次人类以地球的主人自居对大自然肆意掠夺后，总是伴随着大自然对人类的"报复"。马克思恩格斯曾明确地告诫人类："不以伟大的自然规律为依据的人类计划，只能带来灾难。"① 人们在实践过程中，"每一次胜利，在第一步都确实取得了我们预期的结果，但是在第二步和第三步却有了完全不同的、出乎预料的影响，常常把第一个结果又取消了。"②

2. 挖掘资产阶级本质

马克思主义之所以成为解放全世界无产者伟大的理论武器，就在于马克思站在广大劳动人民的立场上看到了资产阶级的丑陋本性。资本主义工业能以其自身的运行方式，在创造大量财富的同时导致了严重的生态危机，归根结底就源自于资产阶级的本质。马克思恩格斯认为，由于资产阶级唯利是图和极端贪婪的本性，导致资本家在资本主义生产过程中，只会把自身利益放在第一位，而且除此无他，工人阶级是死是活根本不在考虑之内，只要工厂创造了丰厚的经济效益，哪怕背后的代价是无数工人的尸体。他们只在乎眼前的高额利润，而这是他们进行工业生产的唯一动力。而且，为了降低生产过程中的投入成本，以最大程度地追求收益，资本家极尽所能地压榨剥削工人，从生产生活环境，到饮食、工资，无所不用其极，把工人们能干活的各种需要压到最低标准才是他们绞尽脑汁所想。正如马克思所说，"支配着生产和交换的一个一个的资本家所能关心的，只是他们的行为的最直接的有益效果，……出售时要获得利润，成了唯一动力。"③ "在资产阶级看来，世界上没有一样东西不是为了金钱而存在的，连他们本身也不例外，因为他们活着就是为了赚钱，除了快快发财，他们不知道还有别的幸福，除了金钱的损失，也不知道还有别的痛苦。"④

---

① 《马克思恩格斯选集》第 3 卷，人民出版社 1995 年版，第 520 页。
② 《马克思恩格斯选集》第 3 卷，人民出版社 1995 年版，第 517 页。
③ 《马克思恩格斯全集》第 31 卷，人民出版社 1979 年版，第 251 页。
④ 《马克思恩格斯选集》第 2 卷，人民出版社 1995 年版，第 564 页。

3. 探析社会生产方式

笔者认为，资本主义工业化的生产方式有两种基本属性：一是资本属性，二是工业属性。资本属性体现在资本家对获取资本的极度贪婪上，只要能扩大生产、聚集财富，劳动者和自然资源都可以无限牺牲。工业属性体现在工业化生产的极大"反自然性上"。[1] 一方面，从资本属性上来分析，资本属性体现的是人与人之间的矛盾与冲突，为了资本的无穷积累，资本家丧失良知，剥削工人，无产阶级为了生存，只好牺牲劳动，受尽压迫。马克思一针见血地指出："资本主义生产方式按照它的矛盾的、对立的性质，还把浪费工人的生命和健康、压低工人的生存条件本身，看作不变资本使用上的节约，从而看作提高利润率的手段。"[2] 因而，从实现人与人的和谐角度来讲，必须追求公平正义，自由民主，实现无产阶级的解放。另一方面，从工业属性上来分析，工业属性体现的是人与自然之间的矛盾与冲突，工业生产无论能给人类带来多大益处、让人类享受到多少文明成果，究其根本，这种生产是建立在消耗自然资源的基础上的，我们现在所说的 GDP 之所以能够增长，无一不是以消耗地球上有限的自然资源为代价。而既然自然资源是有限的，工业生产又是马不停蹄的，这样两者之间就形成了一个永不调和的矛盾。因而，工业生产的本质是反自然的，后果只能是把地球有限的自然资源消耗殆尽，自寻灭亡。从资本主义生产方式的两种属性来剖析，资本属性体现出了人与人的背离，工业属性体现出了人与自然的背离，因而，资本主义生产方式既是反人类的，又是反自然的，它是导致生态危机的根本原因之一。马克思从揭开资本主义生产方式的弊病入手，找到了生态危机的病根，要根治这种社会病症，就必须改变资本主义制度。

（三）生态批判：对资本主义社会生态危机的超越

实际上，马克思对资本主义工业的生态批判就是建立在现象和本质两方面批判的基础之上的，所谓"不破不立"，以上两个层面的深刻批判相当于对资本主义工业的"破"，而在这一部分，要重点探讨生态批判"立"的一面。

1. 理论内核：人与自然的辩证关系

任何一种社会批判理论都有一个不变的内核贯穿始终，马克思对资本主义

---

[1] 韩民青：《从人类中心主义到大自然主义》，载《东岳论丛》，2010 年第 6 期。
[2] 马克思：《资本论》第 3 卷（上），人民出版社 1975 年版，第 102 页。

工业生态批判理论的内核就是人与自然的辩证关系。谈到批判的生态维度，也就进入了生态学领域，这一领域有两个概念是贯穿始终、不可避开的，就是人与自然。马克思对人与自然辩证关系的论断就构成了他对资本主义工业生态批判的理论内核。马克思的人与自然辩证关系理论实际上是强调人创造环境，环境也创造人，二者是相互制约、相互依存的。人是主体，有其主观能动性，但这个主体是大自然的一部分，也就是说主体本身就是大自然不断进化的结果之一，没有自然这个客体，就不会产生人这个主体，而一旦人这个主体产生后，必然会依照人有其能动性这一本质对自然进行改造。"人需要以自然为其劳动的对象，并从自然界获取生活资料，这种人的对外活动，对马克思来说就是一种生产劳动。"① 人与自然的关系，正是借由劳动来联系的。而主体人通过劳动与自然发生联系之后，自然就人化了。人与自然任何形式的沟通互动，都是自然与其本身的联系。马克思把人与自然看成一个统一体，你中有我，我中有你，开发自然是人的需要，过度开发就会遭到自然的报复。这种一而二、二而一的辩证关系构成了马克思生态批判的核心内容。

2. 资本主义必然灭亡的生态论证

马克思以一个斗士的身份，展开了对资本主义社会的政治、经济、意识形态等诸多领域的批判，得出资本主义必然走向毁灭的结论，这是我们都十分熟悉的。然而，这背后还隐藏着另一维度的资本主义灭亡论证，即生态论证。资本主义社会实行生产资料私有制，也就是说生产资料都被资产阶级控制和拥有着，这是资产阶级剥削无产阶级的资本，而无产阶级只能为资产阶级提供劳动，并承受着资本主义工业生产方式所带来的环境恶化与垃圾污染。对此，马克思论述道："自由劳动者有双重意义：他们既不像奴隶、农奴等等那样，直接属于生产资料之列，也不像自耕农等等那样，有生产资料属于他们，相反地，他们脱离生产资料而自由了，同生产资料分离了，失去了生产资料……资本关系以劳动者和劳动实现条件的所有权之间的分离为前提。资本主义生产一旦站稳脚跟，它就不仅保持这种分离，而且以不断扩大的规模再生产这种分离。因此，创造资本关系的过程，只能是劳动者和他的劳动条件的所有权分离的过程，这个过程一方面使社会的生活资料和生产资料转化为资本，另一方面使直接生产

---

① 《马克思恩格斯全集》第 42 卷，人民出版社 1979 年版，第 821—822 页。

者转化为雇佣工人。因此,所谓原始积累只不过是生产者和生产资料分离的历史过程。"① 我们可以看出,资产阶级剥削得以实现靠的就是让工人和生产资料相分离。马克思论证的工人阶级要进行斗争,消灭私有制,实现公有制,用共产主义取代资本主义,而这种论证之下隐藏的另一层面的生态论证可以理解为,工人阶级进行斗争,从资产阶级手中夺回生产资料,获得发展权利。这种生态论证在今天更具有现实意义,它时刻警示我们,不但要实现政治经济的解放,更要实现自然解放和生态解放。

3. 生态批判之后的社会建构

马克思在对资本主义工业进行生态批判后,给出了他有力的构想,这些构想成为生态文明的理论先导。首先,通过提高科学技术水平,减少工业废物。马克思认为,只要工业生产得以继续存在和发展,工业废物就不可能绝迹,而生产废物特别是工业废物又是环境污染的一个主要原因。由此可知,减少污染的方法既可通过减少工业废物,也可通过再利用工业废物来实现。关于减少工业废物,马克思说:"废料的减少,部分地要取决于所使用的机器的质量……在生产过程中究竟有多大一部分原料变为废料,这要取决于所使用的机器和工具的质量。最后,还要取决于原料本身的质量。而原料的质量又部分地取决于生产原料的采掘工业和农业的发展(即本来意义上的文明的进步),部分地取决于原料在进入制造厂以前所经历的过程的发达程度。"② 关于利用工业废物,马克思认为,随着科学特别是化学科学和化工技术的发展,人们可以发现工业废物的有用性质或属性,并在生产的各个部门加以利用,把本来毫无价值的废料制成有多种用途的产品。马克思提到的对"排泄物"的深度开发和综合利用,以及基于此而产生的各个工业生产部门的合理配置和协调发展的问题,在今天看来尤为重要。其次,各类工厂应尽可能合理地分布,实现城市和农村的高度融合,通过合理布局来减少工业污染的密度,这样就可以减轻环境承受污染的重负,在一定程度上仍可依靠生态系统自身的自我净化能力和生态修复能力,缓解生态环境受到的压力。最后,消除工业的"资本主义性质"。当时大工业中的蒸汽技术是社会生产的核心技术,这种技术只是一个客观存在,真正使其大规

---

① 《马克思恩格斯全集》第 46 卷,人民出版社 1979 年版,第 117、393 页。
② Matthew Humphrey. *Preservation Versus the people*? Oxford University Press, 2002, p. 131.

模污染环境的是资本主义主观上对它的使用方式。因此,"要消灭这个不断重新产生的现代工业的矛盾,只有消灭工业的资本主义性质才有可能。只有按照统一的总计划协调地安排自己的生产力的那种社会,才能允许工业按照最适合于它自己的发展和其他生产要素的保持或发展的原则分布于全国。"① 以上皆为马克思针对生态问题所预设的解决措施。我们看到措施当中包括了认识上的转变和科技水平的提高应用,这些实际上都属于技术层面的解决措施,而真正解决问题必须刨根问底,找到根源。在马克思看来,必须铲除资本主义制度,赋予工业生产以社会主义性质,实现健康的、无愧于人本性的人与自然的物质交换,着眼于长远利益,在人与自然和谐相处的前提下追求社会生产的发展。

三、马克思对资本主义工业生态批判的当代价值

马克思透过工业生产带来的环境恶化对资本主义工业进行的生态批判,对于我们今天如何尽量避免西方发达国家的生态危机,走新型工业化道路,进而逐步实现向生态文明的转型具有重大而深远的意义。

(一)对马克思主义社会批判理论的丰富发展

沿着马克思思想发展的脉络,我们可知马克思在敏锐地认识到资本主义社会存在着人与自然不可化解的矛盾后,仍然将批判理论的核心放在对资本主义政治经济的范畴上,这是因为在马克思那个年代,资本主义社会生产对自然资源的开发和利用比当今有限得多,工业化生产对生态环境造成的破坏也没有今天严重。时间推移到今天,生态学马克思主义继承和发扬了马克思主义对资本主义的批判精神和批判方法,抓住了马克思在工业化初期对人与自然对立关系的关注,开始了对资本主义社会更具有时代意义的生态批判,这些内容构成了马克思对资本主义工业生态批判的理论延续。反观之,相对于生态学马克思主义的生态批判,由于马克思的批判理论中具有深厚的政治经济成分的现实基础,因而马克思对资本主义工业的生态批判拥有更强大的生命力与现实借鉴意义。可以说,马克思对资本主义工业的生态批判是马克思主义社会批判理论的重要组成部分,它扩充了马克思主义社会批判理论新的维度与视角。

---

① 《马克思恩格斯选集》第3卷,人民出版社1995年版,第334—335页。

（二）人类社会由工业文明向生态文明转型的理论先声

人类社会发展进程中，落后的文明形态总是不断地被先进的文明形态所取代。当人类迎来勃勃生机的工业文明之时，人们陶醉于工业文明的巨大成果之中，只看到了工厂林立，却很少注意到浓浓黑烟。马克思在资本主义工业刚刚兴起，甚至还没有成为一种文明之际，就已经看到了光辉之后的黑暗，并用他庞大的理论体系为我们新一轮的文明转型——工业文明向生态文明的转型指明了方向。马克思于工业文明早期的这声生态呐喊，为今天人类向生态文明转型提供了最初的理论支撑。现在，我们看到了学界越来越多的对马克思思想的生态关注，生态批判理论如雨后春笋一般在世界各地出现，并发挥着积极的作用。当今，西方资本主义国家在给地球带来巨大的生态灾难之后，开始大力呼吁重视、解决生态问题。但同时，仍置全人类的长远利益于不顾，置发展中国家、落后国家人民利益于不顾，向这些国家大量倾销具有污染性的废料，将高耗能与高污染的废弃工业出口给这些国家，转移生态问题，加剧了全球的环境恶化。西方资本主义制度的生态问题已经蔓延到全球，危及到全世界，马克思对资本主义工业批判中呼吁的人类文明转型已经迫在眉睫。

（三）中国走新型工业化道路的理论指导

我国的工业化进程起步较晚，今天，我们不得不遗憾地说，我们正在走着当年西方发达国家走过的路，而且距离他们还有很远。可是，我们绝没有必要步其后尘，重蹈它们生态危机、环境恶化的覆辙。在这方面，马克思的生态批判理论为我们指明了方向，我们完全有可能实现"弯道超越"，在避免生态危机的同时走中国特色的社会主义新型工业化道路。首先，要深刻理解马克思的科学观，"通过工业日益在实践上进入人的生活，改造人的生活，并为人的解放作准备""创造出一个普遍利用自然属性和人的属性的体系，创造出一个普遍有用性的体系，甚至科学……也表现为这个普遍有用体系的体现者"[1] 等，我们应树立可持续发展理念，大力研发新能源技术。其次，马克思提出了著名的"新陈代谢断裂理论"，断裂的事实造成了城乡的对立，工业是以牺牲农业为代价发展起来的，农村土壤的肥力变成了工厂的产品，农民变成了工厂的劳动力，而城市中的含有有机肥料的垃圾，农村又利用不上，工业废料又加重城乡污染。从

---

[1] 《马克思恩格斯全集》第46卷，人民出版社1979年版，第117、393页。

我们国家来看，应多筹划以城市发展带动农村发展，以农村发展促进城市发展，合理调整城乡建设布局，理顺城乡关系，使之相互依存，共同发展。最后，马克思阐述的异化劳动，在工业文明时期导致了工业异化，这种工业异化对劳动异化进行放大，形成了现代人类社会的一种新的侵略方式——生态侵略。一方面，我们要仔细研究这种现象，进行反生态殖民主义的抗争；另一方面，要注意这种趋势在本国的变相存在，比如贫富差距拉大的问题，富人把垃圾屯积在穷人区，富裕地区把城市污染转移给穷困地区等。

总之，马克思对资本主义工业的生态批判理论是一座亟待开发的"富矿"，其内蕴的理论特质和现实意义对当下中国的发展极具启示意义。

马克思对资本主义农业的生态批判①

马克思的思想观点具有鲜明的批判特质。在马克思对资本主义社会的生态批判理论中，他对资本主义农业的生态批判理论是其重要组成部分。这个新的理论视阈已经引起了学者们的关注。马克思分析了资本原始积累的反生态性，指出资本主义社会城乡对立导致新陈代谢的断裂，批判了土地私有制、资本理性对土地肥力的损耗，提出了农业可持续发展和生态农业的思想。在人们深入研究马克思生态批判理论，建设新型城乡关系，全面推进新农村建设的时代背景下，我们努力挖掘研究马克思对资本主义农业生态批判的理论内涵，无疑是很有意义的理论探索。

一、从李比希到马克思：对资本主义农业的生态批判

德国农业化学家李比希（Justus Von Liebig）的理论在马克思形成对资本主义农业生态批判理论时有着深刻影响。19 世纪，土壤肥力的枯竭是资本主义社会所面临的重要环境问题。为了消除人们对"土地衰竭"的担忧，增加土壤肥力，导致了对化肥需求的显著增长。在此期间，欧洲的农场主们绞尽脑汁挖掘肥源。他们到拿破仑的滑铁卢和奥斯特里茨战场遗址去挖掘地下墓穴，把骨骼加工成肥料，他们大量进口鸟粪充当农家肥。正是在资本主义农业渴望肥料的背景下，英国科学促进会 1837 年委托李比希写一本关于农业和化学之间关系的著作。1840 年，李比希出版了《农业化学》一书。该书第一次对土壤的营养物质，比如氮、磷、钾在植物生长过程中的作用提供了科学的说明。在李比希农

---

① 原载《学术交流》，2011 年第 9 期。

业化学理论的指导下，英格兰农学家 J. B. 劳斯在 1842 年研制了第一种农业化肥——磷酸盐。一时间，依赖着李比希的农业化学和劳斯的合成化肥，英国大农业利益集团的商人们看到了获得更多农作物产量的美妙前景。但是，时间不长，人们就发现，单一的肥料（如磷酸盐）在使用的早期对农业增收是很有效果的，可在多次使用之后，该肥料的效果就逐渐减弱。李比希的土壤最小养分律就告诉人们：土壤肥力总是受制于最不充分的营养成分。

李比希的土壤化学以及对土壤肥力的分析最初只是强化了资本主义农业的危机感，目的是使农场主更加注意土壤肥力的衰竭和化学肥料的缺乏问题。但是，他在分析了资本主义农业的生产方式，看到了资本主义日益尖锐的城乡对立、劳动分工的制约以及资本主义农业掠夺式的经营方式之后，指出农业化学和土壤科学并不能从根本上减轻资本主义农业的危机。所以，李比希把自己的工作转向了对资本主义农业的强烈的生态批判。

1859 年，李比希在《关于现代农业的通信》中指出，资本主义农业形成了破坏土地再生产状况的掠夺制度。他说："永久地失去某些东西的土地不可能增加甚至不可能保持它的生产能力。事实上，任何基于掠夺土地的耕种制度都会导致土地的贫瘠。理性农业，与掠夺性农业制度不同，是建立在归还原则的基础之上的；通过归还土地的肥力状况，农场主确保了后者的永久性。"[①] 他认为，美国农场主大量使用化肥的耕种方法是一种更为精制的掠夺方式。美国的谷物种植中心和市场之间的距离有数百英里，甚至数千英里。因此，土壤的构成成分从它们的原始地点而被运输到遥远的地方，这就使得土壤肥力的再生更加困难。

李比希还发现，农村土壤的衰竭问题与人类和动物排泄物所引起的城市污染问题联系在一起。他认为，人们应该把城镇居民所有的固体和液体排泄物收集起来，返还到土壤中去；把城市污水中存在的营养成分返还给土地，形成农业生态的有机循环。只有这样，土壤的肥力才可以持续的保有，即使人口不断增长，对农产品的需求持续增长，这样的措施也可以保证肥沃土地中的矿物元素是非常充足的。这一点，李比希认为是理性的城市——农村系统中不可缺少

---

① [美] 福斯特：《马克思的生态学——唯物主义与自然》，刘仁胜、肖锋译，高等教育出版社 2006 年版，第 170—171 页。

的一部分。

马克思对资本主义农业的生态批判深受李比希的影响,他写作《资本论》时,就大量摘录了李比希的著作。马克思认为:"李比希的不朽功绩之一,是从自然科学的观点出发阐明了现代农业的消极方面。"①

在李比希的影响下,马克思开始批判资本主义农业对土地的"剥削",探讨资本主义大工业对农业的破坏和土壤贫瘠状态的问题。马克思写道:"大土地所有制使农业人口减少到不断下降的最低限度,而在他们的对面,则造成不断增长的拥挤在大城市中的工业人口。由于产生了各种条件,这些条件在社会的以及由生活的自然规律决定的物质变换的过程造成了一个无法弥补的裂缝,于是就造成了地力的浪费,并且这种浪费通过商业而远及国外(李比希)……大工业和按工业方式经营的大农业一起发生作用。如果说它们原来的区别在于,前者更多地滥用和破坏劳动力,即人的自然力,而后者更直接地滥用和破坏土地的自然力,那么,在以后的发展进程中,二者会携手并进,因为农村的产业制度也使劳动者精力衰竭,而工业和商业则为农业提供各种手段,使土地日益贫瘠。"②

在对资本主义农业展开生态批判的时候,马克思比李比希高明的地方在于,他注重批判理论的建构,提出了资本主义农业"新陈代谢断裂理论"。马克思敏锐地指出,资本主义城市化导致了人与土地之间物质变换的断裂,从而造成了资本主义农业的生态危机。马克思指出:"资本主义生产使它汇集在各大中心的城市人口越来越占优势,这样一来,它一方面聚集着社会的历史动力,另一方面又破坏着人和土地之间的物质变换,也就是使人以衣食形式消费掉的土地的组成部分不能回到土地,从而破坏土地持久肥力的永恒的自然条件……资本主义农业的任何进步,都不仅是掠夺劳动者的技巧的进步,而且是掠夺土地的技巧的进步,在一定时期内提高土地肥力的任何进步,同时也是破坏土地肥力持久源泉的进步……因此,资本主义生产发展了社会生产过程的技术和结合,只是由于它同时破坏了一切财富的源泉——土地和工人。"③ 马克思关注的是"人

---

① 《马克思恩格斯全集》第23卷,人民出版社1972年版,第553页。
② 《马克思恩格斯全集》第25卷,人民出版社1974年版,第916—917页。
③ 《马克思恩格斯全集》第23卷,人民出版社1972年版,第552—553页。

与土地之间物质变换"的"断裂"这个重要概念。马克思对"新陈代谢"这个重要概念进行了社会—生态学的新解释。德语中"Stoffwechsel"一词在它的基本含义中就直接表达了"物质交换"这个观念。马克思利用新陈代谢概念来描述劳动中人与自然的关系。国内外许多学者认识到,正是马克思把"新陈代谢"概念应用于社会科学领域,用它来解释人类社会的新陈代谢问题,批判资本主义社会存在着的新陈代谢断裂问题。

马克思写道:"劳动首先是人和自然之间的过程,是人以自身的活动来引起、调整和控制人和自然之间的物质交换的过程。人自身作为一种自然力与自然物质相对立。为了在对自身生活有用的形式上占有自然物质,人就使他身上的自然力——臂和腿、头和手运动起来。当他通过这种运动作用于他身外的自然并改变自然时,也就同时改变他自身的自然……劳动过程是人和自然之间的物质变换的一般条件,是人类生活的永恒的自然条件。"①

人们可以看到,尽管写作的背景和针对性有所差异,但马克思在自己的成熟著作中贯穿着新陈代谢的概念和思想。1880 年,马克思在《关于阿·瓦格纳的笔记》中,强调了新陈代谢概念在他对资产阶级政治经济学进行全面批判时的重要地位。在马克思的分析中,经济循环是与物质变换(生态循环)紧密地联系在一起的,而物质变换又与人类和自然之间新陈代谢的相互作用相联系。

二、马克思对资本主义农业生态批判理论的主要内容

马克思运用新陈代谢概念和物质变换理论对资本主义农业异化进行了彻底批判。他对资本主义农业的生态批判涉及的内容是丰富的,主要集中在下面几个问题上。

第一,马克思明确指出,资本主义从它产生的那天起,就是以牺牲农业、破坏农业生产的自然条件为前提的。资本主义原始积累就是反生态的,是破坏、掠夺、剥削土地肥力的。马克思指出,对土地的异化是资本主义制度的必要条件。在《政治经济学批判手稿(1857 - 1858)》中,马克思阐发了这样的思想:在所有的社会形态中,一切生产都是在一定的社会形式中人与自然的一种关系,

---

① 《马克思恩格斯全集》第 23 卷,人民出版社 1972 年版,第 202—208 页。

人们在生产实践的基础上，要从自然界获取人类生存和发展必需的物质资料，要利用自然，占用自然。在这样的生产实践中，人与大自然有着天然的联系。但是，人类进入资本主义社会以后，情况发生了巨大变化。资本主义的私有财产制度是通过割裂绝大多数人与土地等自然条件的直接联系而产生的，农民背井离乡式的迁移是通过强制手段实现的。因此，马克思认为，资本的真正存在是以"两种关系的解体"为前提的。一是劳动者把土地当作生产的自然条件的那种关系的解体。二是劳动者是劳动工具所有者的那种关系的解体。正是这种人类劳动与土地之间有机关系的解体，才使资本主义制度下的资本原始积累成为可能。

马克思在《资本论》中也表达了同样的思想。在描述资本主义原始积累的历史进程时，马克思解释了为什么会有大批农民被强制性地从土地上迁移出来，被当作不受法律保护的无产者而被抛向了劳动力市场，成为了雇佣劳动关系中的被剥削者。因此，对农民土地剥夺的历史过程和资本主义农场者以及工业资本家的产生是同步进行的。

马克思通过英国"羊吃人的圈地运动"强化其上述观点。空想社会主义思想家托马斯·莫尔在《乌托邦》一书中也对资本主义早期的这个现象进行了批判。莫尔说，英国是一个奇怪的国家，在那里，"羊把人吃掉了"。早在14、15世纪，随着养羊业的发展，英国领主开始用栅栏、篱笆等将农民的公有地围起来作为牧羊场。15世纪末期，地理大发现造成新的世界市场的需要，英国由于处于有利的地理位置，成为世界航运和国际贸易的中心，毛纺织业的蓬勃发展，导致了羊毛价格的不断上涨，养羊成为了特别有利可图的事业。资产阶级化的新贵族为了攫取暴利，不顾农民的反抗，掀起了大规模的圈地运动，大批农民被剥夺了赖以生存的土地，沦为城市乞丐、无产者。英国政府颁布了一系列的血腥立法，把这些无产者驱入到资本主义工厂中去，成为了资本家雇佣的廉价劳动力。

马克思看到，在资本主义政府法令鼓励下，"圈地运动"到了18、19世纪已经成为"合法"行动。占用、盗窃农村公用土地也"合法化"了。当时，许多资本家，早已把农民与土地之间的联系忘却了。恩格斯也谈到了这种情况。他说，意大利的大地主"不是把荒地变成可耕的土地，而是把农民已经开垦的土地变为牧场,把人赶走,使整片整片的土地荒芜"①。

所以,马克思得出结论:土地与资本的合并是可能的。

为工业资本的产生提供了原始积累的"羊吃人的圈地运动"表明,资本家从一开始就把土地等自然资源仅仅视为榨取利润的对象和自然基础,始终是从资本理性的视角来看待这些自然资源。资本家仅仅看到了土地的经济价值,根本不关心土地的生态价值,更遑论作为一个"好家长"来保护土地生态系统的整体性了。

第二,马克思明确指出了资本主义农业对"人类生活的永恒的自然条件"的破坏,列举了资本主义社会在处理人与自然条件关系上的新陈代谢"断裂"的许多事实。

在马克思看来,大规模工业化模式的资本主义农业生产导致了人类与土壤关系的疏离、异化,导致了对农业可持续发展所必需的自然条件的破坏。资本主义的农业生产,仅把土壤看成是获得高额利润的自然条件,只是在它的影响使土地贫瘠并使土地的自然性质耗尽以后,才开始把注意力集中到土地上去。就像李比希一样,马克思也认识到资本主义社会城乡对立的严峻现实,已经对土壤肥力的破坏造成了致命的打击。以各种食物和纺织纤维等不同形式输送到城市供居民消费的农产品,实际上等于把土壤中的肥力转移到了大城市,而产生的工业废料、污染物和生活排泄物等饱含有机肥料的垃圾由于得不到很好的循环处理,而成为了令人恼怒的"都市病"。马克思说:"在伦敦,450万人的粪便,就没有什么好的处理方法,只好花很多钱来污染泰晤士河。"② 恩格斯在《论住宅问题》一文中指出:"当你看到仅仅伦敦一地每日都要花很大费用,才能把比全萨克森王国所排出的更多的粪便倾抛到海里去,当你看到必须有多么巨大的建筑物才能使这些粪便不致弄臭伦敦全城——那么你就知道消灭城乡对立的这个空想是具有极实际的基础了。"③ 在他们看来,人类社会新陈代谢所产生的排泄物、废弃物,作为自然界完整的新陈代谢循环的重要部分,应当返还到土壤中去,以增强土壤的自然肥力。

---

① 《马克思恩格斯选集》第3卷,人民出版社1995年版,第520页。
② 《马克思恩格斯全集》第25卷,人民出版社1974年版,第117页。
③ 《马克思恩格斯选集》第2卷,人民出版社1972年版,第542页。

非常可贵的是，马克思对早期"生态殖民主义"和"生态帝国主义"行径的批判。在马克思看来，资本主义国家城乡对立所导致的新陈代谢断裂的现象，在国际关系方面也有所表现。在殖民主义时代，殖民地国家的自然资源都被殖民者大肆掠夺。李比希曾经指出，大英帝国掠夺所有国家的土地肥力，爱尔兰就是一个极端的例子。马克思说："英格兰间接输出爱尔兰的土地……可是连单纯补偿土地各种成分的资料都没有给予爱尔兰的农民。"[①] 马克思的这些思想对我们今天分析"生态殖民主义""生态帝国主义"的实质，洞察生态环境危机国际化的深刻原因是很有帮助的。

第三，马克思批判了资本理性对农业生态环境的破坏。马克思认为，资本理性是肮脏的、可恶的。它血腥的贪婪性是与生俱来的，追求利润最大化是资本的天职，只要有利可图，资本就敢冒天下之大不韪。对待农业，资本理性也是如此。所以，资本理性与农业生态理性是矛盾的。马克思指出：在农业生产方面"资本主义生产指望获得眼前的货币利益的全部精神，都和供应人类世世代代不断需要的全部生活条件的农业有矛盾"[②]。马克思明确指出，资本主义生产与农业是有矛盾的，因为，在资本理性的驱动下，资本主义生产是以利润最大化为目的的，看重的是眼前的货币利益，而农业生产的特点是可持续性的，它要为人类的世代繁衍生息提供自然条件。所以，资本主义不可能用生态理性，用可持续发展思想来对待农业。马克思指出："纽约州特别是它的西部地区的土地，是无比肥沃的，特别有利于种植小麦。由于掠夺性的耕作，这块肥沃的土地已变得不肥沃了。"[③] 恩格斯指出："在北美洲，绝大部分的土地是自由农民的劳动开垦出来的，而南部的大地主用他们的奴隶和掠夺性的耕作制度耗尽了地力，以致在这些土地上只能生长云杉，而棉花的种植则不得不越来越往西移。"[④]

可见，在资本主义工业化的早期，由于资本家对土地采用掠夺性的耕作，导致了土地肥力的衰退，致使土地的生态环境遭到破坏，断送了农业可持续发展的生命根基。为什么会是这样？马克思恩格斯认为，这是资本主义土地私有

[①]《马克思恩格斯全集》第23卷，人民出版社1972年版，第769页。
[②]《马克思恩格斯全集》第25卷，人民出版社1974年版，第697页。
[③] 马克思：《资本论》第3卷（下），人民出版社1975年版，第872页。
[④]《马克思恩格斯选集》第3卷，人民出版社1995年版，第520页。

制的恶果,"因为土地所有权本来就包含土地所有者剥削土地,剥削地下资源,剥削空气,从而剥削生命维持和发展的权利。"①

恩格斯从政治经济学的角度,分析了资本主义农业生态环境问题产生的制度原因。"在各个资本家都是为了直接的利润而从事生产和交换的地方,他们首先考虑的只能是最近的最直接的结果。一个厂主或商人在卖出他所制造的或买进的商品时,只要获得普遍的利润,他就满意了,而不再关心商品和买主以后将是怎样的。人们看待这些行为的自然影响也是这样的。西班牙的种植场主曾在古巴焚烧山坡上的森林,以为木灰作为肥料足够最能盈利的咖啡树施用一个世代之久,至于后来热带的倾盆大雨竟冲毁毫无掩护的沃土而只留下赤裸裸的岩石,这同他们又有什么相干呢?在今天的生活方式中,面对自然界以及社会,人们注意的主要只是最初的最明显的成果,可是后来人们又感到惊讶的是:人们为取得上述成果而做出的行为所产生的较远的影响,竟完全是另外一回事,在大多数情况下甚至是完全相反的。"②恩格斯把资本主义生产方式与生态环境恶化的关系讲得非常清晰、透彻。赚钱就是硬道理,这是包括农业资本家在内的一切资本家的共识。所以,他们生产的唯一目的就是追求眼前的最直接的利益,而根本不会去考虑这种生产可能带来的生态环境灾难。

马克思掷地有声的得出这样的结论:"历史的教训是(这个教训也可以从另一个角度考察农业时得出):资本主义制度同合理的农业相矛盾,或者说,合理的农业同资本主义制度不相容(虽然资本主义制度促进农业技术的发展),合理农业所需要的,要么是自食其力的小农的手,要么是联合起来的生产者的控制。"③

从马克思恩格斯的教导中,我们可以真切地体会到,他们对资本主义农业的生态批判是深刻的、高瞻远瞩的。在资本主义发展的早期阶段,农业生态环境恶化的现实与根源就进入了马克思恩格斯批判的法眼。他们揭示了资本主义制度下农业的不可持续性,揭露了资本主义农业与生态环境之间的矛盾,为人们洞察资本主义农业生产的环境问题提供了理论基础。资本主义农业发展的事

---

① 马克思:《资本论》第3卷(下),人民出版社1975年版,第872页。
② 《马克思恩格斯选集》第4卷,人民出版社1995年版,第386页。
③ 马克思:《资本论》第3卷(上),人民出版社1975年版,第139页。

实也证明了马克思恩格斯对资本主义农业的生态批判是正确的。众所周知，当代资本主义农业同样导致了严重的生态环境灾难。资本家对土地的掠夺性使用和对土地施用大量的化肥、农药，使农村乡间的田园风光不在，大批动植物死亡，土壤环境遭到了严重的破坏。卡逊夫人《寂静的春天》一书，就是对资本主义国家农业生态恶化、环境污染现象的血泪控诉，她用大量毋庸置疑的事实，披露了资本主义农业生态环境面临的厄运，并开启了人类社会生态环境保护运动的大幕。

第四，不破不立，破是为了立。所以，马克思恩格斯在批判资本主义制度下人与土地的自然关系异化时，提到了农业可持续发展、生态农业、超越资本主义城乡对立等方面的观点和思想。马克思写道："从一个较高级的社会经济形态的角度来看，个别人对土地的私有权，和一个人对另一个人的私有权一样，是十分荒谬的。甚至整个社会，一个民族，以至一切同时存在的社会加在一起，都不是土地的所有者。他们只是土地的占有者，土地的利用者，并且他们必须像好家长那样，把土地改良后传给后代。"① 在这里，首先，马克思批判了资本主义制度下的"土地私有论"，并且旗帜鲜明地强调了在一个较高级的社会经济形态中土地的共有性、公共性。其次，马克思要求土地的占有者和利用者不能只顾眼前直接的经济效益而掠夺式地糟蹋、祸害公有土地，而应该像好家长悉心呵护自己的孩子成长一样关爱土地，保护农村农业的生态环境。最后，马克思告诫人们，一定要花气力改良土地并把改良后的良田传给我们的后代。这样，马克思农业的可持续发展理念就表达出来了。当今可持续发展思想的本质"既满足当代人的需要，又不对后代人满足其需要的能力构成危害的发展"就与马克思的上述观点有着内在的契合性。

更为可贵的是，马克思还为土地肥力的恢复与提高提出了具体的方法。他说："农业的改良方法。例如，把休闲的土地改为播种牧草；大规模地种植甜菜，（在英国）于乔治二世时代开始种植甜菜。从那时起，沙地和无用的荒地变成了种植小麦和大麦的良田，在贫瘠的土地上生产的谷物增加两倍，同时也获得了饲养牛羊的极好的青饲料。采用不同品种杂交的方法增加牲畜头数和改良

---

① 《马克思恩格斯全集》第46卷，人民出版社2003年版，第878页。

畜牧业，应用改良的排灌法，实行更合理的轮作，用骨粉作肥料等等。"① 在这里，人们可以真切地体悟到马克思生态农业的情结。在土地改良、增加土壤肥力、发展畜牧业等方面，马克思的方法是非常生态化的，与当今生态农业的主张是一致的。所以，我们可以说，马克思已经具有了农业可持续发展和生态农业的思想萌芽。

在马克思恩格斯看来，在资本主义条件下，城乡对立所形成的敌对关系是导致农业生态环境恶化的重要原因。所以，超越资本主义条件下严重对立的城乡关系是马克思恩格斯的一贯主张。恩格斯使用生态学术语表达了对资本主义城乡敌对关系的超越："城市和乡村的对立的消灭不仅是可能的。它已经成为了工业生产本身的直接需要，正如它已经成为农业生产和公共卫生事业的需要一样。只有通过城市和乡村的融合，现在的空气、水和土地的污毒才能排除，只有通过这种融合，才能使现在城市中日益病弱的群众的粪便不致引起疾病，而是用来作为植物的肥料。"② 马克思恩格斯在《共产党宣言》中也表达了这种思想，他们认为，在未来社会，城乡之间能达到较高层次的融合，乡村进一步城市化，而城市也更加乡村化，一些工业转移到农村；而同时，城市中的公园、绿地、城市森林、园林的面积扩大，不受土地狭窄的限制。许多人生活在遍布农村的、缩小了的、小规模和中等规模的城市之中。城市与乡村之间的差别越来越少，城市对乡村生态环境造成的压力也越来越小。城乡之间断裂的物质循环的链条重新得到恢复。

三、马克思对资本主义农业生态批判理论的意义追问

"生态批判"在当下学术界又成为了大众话语的趋势，马克思对资本主义的生态批判理论也得到了学术界的承认。但是，我们应当看到，马克思对资本主义农业的生态批判理论研究是一个新的研究视阈。

在理论的意义上，研究马克思对资本主义农业的生态批判理论，可以深化人们对马克思社会批判理论的认识。在以往的研究中，人们只关注马克思对资

---

① 《马克思恩格斯全集》第47卷，人民出版社1979年版，第599—600页。
② 《马克思恩格斯全集》第20卷，人民出版社1971年版，第321页。

本主义社会批判理论中的政治批判、经济批判、意识形态批判和社会批判等内容。我认为，马克思对资本主义的社会批判理论是全面的、系统的。过去，只是由于社会实践，尤其是阶级斗争实践的需要，人们凸显了马克思的上述批判理论，这是可以理解的。现在，社会实践的生态环境维度的突出，生态政治学、生态社会主义运动的勃兴，都在促使人们研究马克思的生态思想。这样，研究马克思对资本主义的生态批判理论就是新的社会实践的需要。

研究马克思对资本主义农业的生态批判理论，可以加深人们对资本主义制度反生态性的认识，从而为"资本主义制度必然灭亡"的命题提供生态学的论证。从政治经济学的角度，马克思已经论证了资本主义制度必然灭亡的不可避免性。现在，人们从马克思的理论中，梳理出了一条从生态学角度论证资本主义制度必然灭亡的新路径，说明资本理性与生态理性、资本主义生产无限性与自然资源有限性之间存在着激烈的矛盾冲突。这表明，资本主义制度从根本上讲是反生态的，是不可持续的。

在实践的意义上，研究马克思对资本主义城乡对立新陈代谢"断裂"的批判以及生态农业的思想，对我国新农村建设、城乡经济一体化建设、生态农业的实践都具有指导意义。

党的十七届三中全会发表的《中共中央关于推进农村改革发展若干重大问题的决定》指出，要破除城乡二元结构，进行城乡经济一体化改革，推进小城镇建设。要加大工业反哺农业，城市反哺农村的力度，不能以牺牲农业，破坏农村生态环境为代价来推进畸形工业化的进程。要探索城市垃圾处理的新方法，促使一部分城市排泄物转变为有机肥料，减少农业生产对化肥、农药的依赖，开辟城乡物质新陈代谢的新途径，探索生态农业的新模式。我们相信，马克思对资本主义农业的生态批判理论将对我国深化农村改革，建立新型城乡关系有着重要的启迪。

马克思恩格斯对资本主义工人生存环境的生态批判及其意义①

近年来，在深入研究马克思恩格斯生态环境思想的基础上，国内学术界开辟出马克思恩格斯关于资本主义生态批判理论的研究场域。生态批判理论是马克思恩格斯资本主义社会批判理论的重要组成部分，他们对资本主义的生态批判受到了学界越来越多的关注：有学者阐述了马克思恩格斯对资本主义工业和农业的生态批判理论；有的展开了对资本逻辑和资本主义生产方式的生态批判；有的批判了资本积累的生态原罪，批判了资本主义的"城市病"和物质交换的"新陈代谢病"等。这些阐发马克思恩格斯关于资本主义生态批判的理论文章，拓展了马克思恩格斯社会批判理论的研究场域，加深了人们对资本主义制度生态罪孽的认识，打开了批判资本主义制度的新路径。然而，随着研究的深入，笔者在仔细研读经典著作的基础上意识到，马克思恩格斯关于资本主义条件下工人阶级生存环境的生态批判及其意义是一个值得拓展的研究领域。

一、一个值得重视的生态批判视阈

马克思恩格斯关于资本主义的生态批判理论既是深邃的，也是细微的。从现有的研究状况看，有一个新的研究视阈值得学界关注，那就是马克思恩格斯对资本主义条件下工人阶级生存环境的生态批判及其意义。马克思恩格斯的理论使命和学术旨归，就是对资本主义制度展开无情地批判，批判资本主义旧世界，为建设共产主义和社会主义新世界创造条件。以往国内外学界更多关注的

---

① 原载《内蒙古师范大学学报》（哲学社会科学版），2017年第3期。

是马克思恩格斯对资本主义的政治、经济、社会和文化方面的批判,这当然是正确的、必要的,这些是他们批判资本主义的重要内容。但是,"理论在一个国家实现的程度,总是决定于理论满足这个国家的需要程度。"① 的确,随着生态文明建设的持续深入,生态环境问题已经成为了人们关注的热点问题。在此背景下,马克思恩格斯关于资本主义的生态批判理论开始进入学者的研究场域,对资本主义条件下工人阶级生存环境的生态批判,无疑是其中不可或缺的组成部分。研读马克思恩格斯的经典著作,我们看到,出于批判资本主义社会制度的理论需要,在《1844年经济学哲学手稿》《资本论》和《英国工人阶级状况》等经典中,马克思恩格斯用很大篇幅揭露了工人阶级在生产和生活环境中所遭受的生态灾难,在人类生态思想发展史上,在工人阶级斗争史上第一次把理论研究的视角投射到工人阶级的生存环境上。马克思通过实地走访、查阅资本主义官方提供的《工厂视察员报告》《童工委员会报告》等形式,恩格斯到资本主义工业化的"摇篮"——曼彻斯特深入调查工人阶级的生存环境状况。《英国工人阶级状况》一书表明,恩格斯本人利用一切空余时间亲自走访工人家庭,根据"亲身的观察"与"亲身的交往"收集到大量第一手材料,再加上阅读相关的官方报告,他们为人们详细揭露了资本主义生产方式导致的生态环境日益恶化的事实。

如果我们把恩格斯的《英国工人阶级状况》一书仅仅看作是一个关于当时工人生存环境的调查报告,可以说是在很大程度上低估了该书价值,没有看到它是从生态环境角度批判资本主义、批判资本主义生产方式的第一篇战斗檄文。对此学界是有客观评价的。在南斯拉夫哲学家卢西亚那·卡斯特林娜看来,在人类生态思想史上,恩格斯是最早的伟大的生态学作家之一。他在《英国工人阶级状况》中批判了资本主义制度对人的剥削和对大自然的掠夺并榨取剩余价值所造成的生态灾难。② 生态学马克思主义学者 B. 克拉克和 J. B. 福斯特也认为"虽然恩格斯不是描述英国工业化城市的第一人,但他试图将工人阶级作为一个整体,并提供了一个关于资本主义发展演变的一般性分析。在这个意义上,《英国工人阶级状况》不仅仅是简单的一个调查,它更是一个关于英国资本主义

---

① 《马克思恩格斯选集》第1卷,人民出版社1995年版,第11页。
② 徐崇温主编:《处于21世纪前夜的社会主义》,重庆出版社1989年版,第62页。

的阶级关系与物质条件的系统的历史的研究。通过恩格斯的工作，我们得以理解因为存在这样一个体系，所以才产生了无穷尽的污染，毒害了工厂和社区的工人，并且这个体系保证穷人持续的受到最严重的环境退化的毒害"①。

二、马克思恩格斯对工人恶劣生存环境的生态批判

在批判资本主义的历史上，马克思恩格斯很早就认识到资本主义制度下工人遭受的环境灾难，从对资本主义条件下工人生存环境厄运揭批的角度向人们阐明，工人阶级是一个受到普遍污染的阶级，他们遭受的生态压迫和环境剥削是资本主义异化劳动带来的必然结果。所以，工人阶级要想摆脱生存的环境厄运，就必须诉之于扬弃异化劳动，致力于推翻资本主义剥削制度的社会革命。

在马克思恩格斯看来，是资本主义制度造成了"文明的阴沟"和"日益腐败的自然界"，是异化劳动导致了人与自然关系的异化。工人的生活环境是肮脏、腐化、堕落的，异化劳动下的剥削制度，使工人们的生存环境处于"牲畜般的野蛮化和最彻底的、粗糙的、抽象的简单化……对新鲜空气的需要在工人那里也不再成其为需要了。人又退回到洞穴中。不过这洞穴现在已被文明的熏人毒气污染……光、空气等等，甚至动物的最简单的爱清洁的习性，都不再成为人的需要了"②。

在资本主义工业文明的早期阶段，马克思恩格斯就注意到了资本积累和资本扩张所导致的生态灾难，具体分析阐述了工人阶级面对的生存环境污染状况。这种环境污染的状况大体上表现在以下几个方面。

（一）资本主义条件下工人阶级生存环境的一般状况

1. 资本主义大城市空气污染与危害

恩格斯走访调查了英国"工业文明的摇篮"——曼彻斯特的空气污染状况，指出导致空气污染的主要污染源是煤烟、垃圾和河流污染。当时，遮天蔽日的煤烟是污染空气的头号"杀手"。"曼彻斯特周围的城市是一些纯粹的工业城市……到处都弥漫着煤烟。"其中"波尔顿是这些城市中最坏的，即使在天气最好

---

① 张剑：《生态文明与社会主义》，中央民族大学出版社2010年版，第60—61页。
② 《马克思恩格斯全集》第42卷，人民出版社1979年版，第133页。

的时候，这个城市也是一个阴森森的讨厌的大窟窿……一条黑水流过这个城市，把本来就很不清洁的空气弄得更加污浊不堪"①。"总是把一切工厂的煤烟都吹到这方面来（而这种煤烟确实是不少的！），光让工人去吸这些煤烟！"②"这里的空气由于成打的工业烟囱冒着黑烟，本来就够污浊沉闷的了，在这样难以想象的肮脏恶臭的环境中，在这种似乎是被毒化了的空气中，在这种条件下生活的人们，的确不能不降到人类的最低阶段。"③

恩格斯还描述了工人生活区中各种垃圾对空气的污染情况：死水洼之间的一堆堆垃圾、废弃物、腐烂的肉皮菜帮、猪圈垃圾、动物腐烂的臭气和大量的工业废水……这些严重污染了城市空气。

2. 资本主义大城市河流污染与危害

当时，由于城市膨胀、人口快速集聚，大量的生产和生活垃圾被直接排到河流之中，严重污染了河水，把一切水都变成臭气冲天的污水。"制革厂、染坊、骨粉厂和瓦斯厂，这些工厂的脏水和废弃物统统汇集到艾尔克河里，此外，这条小河还要接纳附近污水沟和厕所里的东西。"④致使该河变成了一条狭窄的、黝黑的、发臭的小河，里面充满了污泥和废弃物。"像一切流经工业城市的河流一样，流入城市的时候是清澈见底的，而在城市的另一端流出的时候却又黑又臭，被各色各样的脏东西弄得污浊不堪了。"⑤

3. 资本主义"大城市中的普遍污染"——工业黑化

资本主义工业文明的兴起就产生了严重的生态环境问题，那就是工业黑化现象的普遍化。蒸汽机技术是成功的，为工业文明提供了强大动力。但从生态环境和资源的消耗角度看，它又是有缺陷的。蒸汽机技术的大规模推广，消耗大量煤炭和木材，产生了大量的煤烟、污水和工业垃圾。冒着煤烟的机车、煤烟笼罩下的社区街道、酸雨的腐蚀、面目黢黑的工人、黑色脏乱的贫民窟……工业黑化产生的黑气、黑水和黑烟，不仅严重污染了工人的生存环境，而且还改变了动植物的颜色，熏黑了城市和乡村，使尺蠖、蜘蛛和瓢虫等昆虫的颜色

---

① 《马克思恩格斯全集》第2卷，人民出版社1957年版，第323页。
② 《马克思恩格斯全集》第2卷，人民出版社1957年版，第341页。
③ 《马克思恩格斯全集》第2卷，人民出版社1957年版，第342页。
④ 《马克思恩格斯全集》第2卷，人民出版社1957年版，第331页。
⑤ 《马克思恩格斯全集》第2卷，人民出版社1957年版，第320页。

由灰色变成了黑色。伦敦等大工业城市耗煤量的大增，导致令世人震惊的煤烟污染的"环境公害"的频繁发生。在马克思看来，工人阶级遭受的压迫也有生态环境的因素，因为"在社会的衰落状态中，工人遭受的痛苦最深重"①。

(二)"住宅地狱"——工人阶级的居住环境

马克思恩格斯很早就注意到工人阶级的居住环境问题。他们亲身探访工人区，调查他们的居住环境，他们看到"每一个大城市都有一个或几个挤满了工人阶级的贫民窟……这里的街道是肮脏的、坑坑洼洼的，到处是垃圾，没有排水沟，也没有污水池，有的只是臭气熏天的死水洼"②。当时在资本主义国家的大工业城市城市中，例如在伦敦、曼彻斯特、都柏林、爱丁堡存在着大量的工人贫民窟。马克思称之为"小爱尔兰"，恩格斯称之为"乌鸦窝"，"城市的一部分没有下水道，房子附近没有渗水井，也没有厕所，因此，每天夜里至少有5万人的全部脏东西，即全部垃圾和粪便要倒到沟里面去。因此，总有大量晒干的脏东西发出可怕的臭气，而且严重地损害居民的健康。"③ 在那些贫民窟中，街道狭窄，垃圾遍地，污水乱流，当地被难闻的气味笼罩着。这里居住的是穷人中的穷人，生活的艰辛和困难损耗着他们的机体，他们根本没有力量去抵抗贫穷、肮脏和恶劣的环境。

马克思在《资本论》中，引用官方《公共卫生报告》中的材料，描述了贫民窟中环境污染的状况：工人居住环境很差，最坏的排水沟导致污水遍地，到处肮脏、龌龊，水的供给最不充分也最不清洁，房屋拥挤，遮蔽阳光并阻碍空气流通。"生产资料越是大量集中，工人就相应地越要聚集在同一个空间，因此，资本主义的积累越迅速，工人的居住状况就越悲惨。"④ 在马克思看来，工人阶级的居住条件露骨而无耻地使人权成为产权的牺牲品，使人像野兽而不像人。把伦敦和纽卡斯尔的工人住宅说成是"住宅地狱"也不算过分。马克思同意汉特医生的观点"我们同胞中最优秀的一部分，由于住房和街道这些外部环境，往往沉沦到接近野蛮的退化状态"⑤。马克思认为，工人居住的房子大都是

---

① 《马克思恩格斯全集》第42卷，人民出版社1979年版，第55页。
② 《马克思恩格斯全集》第2卷，人民出版社1957年版，第306页。
③ 《马克思恩格斯全集》第2卷，人民出版社1957年版，第316页。
④ 《马克思恩格斯全集》第44卷，人民出版社2001年版，第757页。
⑤ 《马克思恩格斯全集》第44卷，人民出版社2001年版，第762页。

阴暗、潮湿、污秽、发臭的洞穴，根本不适合工人居住的环境是任何一个文明国家的耻辱。

总之，"位于城市中最糟的区域里的工人住宅，和这个阶级的一般生活条件结合起来，就成为百病丛生的根源。"①

（三）"温和的监狱"——工人阶级的工作环境

与居住环境相比，工人们的工作环境更悲惨、更糟糕。马克思恩格斯用了大量篇幅揭露资本主义工厂环境污染的种种表现：马克思借用傅立叶的表述，把资本主义工厂称为"温柔的监狱"，车间就是"龌龊的工场""屠宰场"，但丁所想象的最残酷的地狱也赶不上资本主义制造业中的情景，车间中环境污染的程度"超过了我们的小说家的最可怕的幻想"。恩格斯认为，这种工作场合对工人们来说就是"最残酷的苦刑"。

马克思恩格斯非常详细地揭示了当时主要工种遭受的生态环境问题，让我们看到了在资本主义条件下，工人阶级在遭受经济剥削的同时，也饱受着环境污染的折磨。

1. 制衣工和纺织工面对的环境污染及其危害

恩格斯指出："在纺纱工厂和纺麻工厂里，屋子里都飞舞着浓密的纤维屑，这使得工人，特别是梳棉间和刮麻间的工人容易得肺部疾病……把这种纤维屑吸到肺里去，最普遍的后果就是吐血、呼吸困难而且发出哨音、胸部作痛、咳嗽、失眠，情形最严重的后果就成为肺结核。"②漂白工的工作对健康非常有害，他们遭受到氯气的污染。车间里空间狭窄，缺乏新鲜空气，粉尘、毛屑到处弥漫，使工人的健康受到致命的摧残。

2. 磨工面对的环境污染及其危害

工人在磨刀叉时有大量灰尘状的、极细微的、有尖锐棱角的金属屑四处飞溅，还有微细的矽土尘埃等，这些有害的物质弥漫在空气中，不可避免地被工人吸入肺中，导致工人们肺病频发，喘病、喉咙溃烂，工人中的许多人因为肺结核过早的死亡。所以，在资本家的工厂中"谁要是当了磨工，谁就逐渐成为

---

① 《马克思恩格斯全集》第2卷，人民出版社1957年版，第382页。
② 《马克思恩格斯全集》第2卷，人民出版社1957年版，第449页。

了完全绝望的人,仿佛已经把灵魂卖给魔鬼了"①,资本家就是这样的魔鬼。

3. 矿工面对的环境污染及其危害

马克思恩格斯重点揭露了资本积累早期主要的煤矿、铁矿和铅矿的环境污染状况。矿井中空气含氧很少,充满尘土、炸药烟、碳酸气和含硫的瓦斯。在黑暗、狭窄、潮湿的巷道里,恶劣环境致使矿工从三十岁起就几乎都患有肺部疾病,特别是哮喘病和黑痰病。

4. 玻璃工面对的环境污染及其危害

这方面的环境危害主要是高温,工房里的温度高得要把工人脚下的地板都燃烧起来。长期在这种环境中工作,十分损害工人的健康。特别是童工,他们全身衰弱,发育不良,各种疾病缠身,主要是高温环境导致的眼病、胃病、支气管炎、风湿病和肺结核。

5. 陶器工面对的环境污染及其危害

在资本主义工厂中,陶器工遭受环境污染情况最为糟糕,他们深受铅、砷等有毒材料的毒害。马克思引用《公共卫生报告》中的材料说明:"陶工作为一个阶级,不分男女……代表着身体上和道德上退化的人口。他们一般都是身材矮小,发育不良,而且胸部往往是畸形的。他们未老先衰,寿命不长,迟钝而又贫血;他们常患消化不良症、肝脏病、肾脏病和风湿症,表明体质极为虚弱。但他们最常患的是胸腔病:肺炎、肺结核、支气管炎和哮喘病。有一种哮喘病是陶工特有的,通称陶工哮喘病或陶工肺结核。还有侵及腺、骨骼和身体其他部分的瘰疬病,患这种病的陶工占 2/3 以上。"②

马克思还指出了火柴业、铸钢业、纽扣业、珐琅业、电镀业、油漆业、订书业、制绳业、制盐业、蜡烛业等行业的环境污染状况及其危害。

(四)"破烂的马铃薯"——工人阶级的食品环境

在食品状况上,工人阶级的生存环境也是相当凶险和严酷的,用吃的是"猪狗食"来形容也不为过。马克思在《1844 年经济学哲学手稿》中,就描述过英国和法国的"小爱尔兰"工人区的饮食恶劣状况。这里主要是由爱尔兰工人组成的工人社区,工人们在异化劳动的压榨下,已经不再以人的方式生存了,

---

① 《马克思恩格斯全集》第 2 卷,人民出版社 1957 年版,第 49 页。
② 《马克思恩格斯全集》第 44 卷,人民出版社 2001 年版,第 284 页。

而且不再以非人的方式因而甚至不再以动物的方式生存了。这一点从他们的食品上就可以看出来。正如马克思所说:"爱尔兰人只知道一种需要,就是吃的需要,而且只知道是马铃薯,而且只是破烂马铃薯,最坏的马铃薯。"① 马克思还指出:"面包搀假的情况,令人难以置信,在伦敦尤为厉害。"② 工人们不知道"他每天吃的面包中含有一定量的人汗,并且混杂着脓血、蜘蛛网、死蟑螂和发霉的德国酵母,更不用提明矾、砂粒以及其他可口的矿物质了"③。马克思得出的结论是:"在调查过的各类城市工人中,营养缺乏的程度更为严重。他们的饮食非常坏,以致必然发生许多严重的有害健康的不足现象。这一切都是资本家的'禁欲'!也就是连勉强糊口所必不可少的生活资料都进行禁欲而不付给他的工人!"④

恩格斯也揭示了工人食品的糟糕情况。他们吃的土豆很差,蔬菜腐烂变质,干酪质量不好,猪板油已经发臭了,肉又陈又硬,大都是老、病和死畜的肉,往往已经半腐烂了。

此外,恩格斯还揭发了资本家在工人食品中掺假的情况:糖里掺上米粉;咖啡粉掺上菊苣;可可里掺上褐色黏土;胡椒粉掺上豆荚磨成的粉末;红葡萄酒就用颜料和酒精勾兑而成;面粉里掺上石膏粉或白垩粉……⑤诸如此类掺假的、腐烂变质的食品必将给工人的身体造成严重的伤害。

(五)假药与庸医——工人阶级的医疗环境

在资本主义条件下,工人阶级面对的恶劣生存环境,给工人们带来了各种各样的疾病和痛苦,他们生病之后,由于没钱看病,大多数情况下只能苦挨,或者求助于收费低廉的江湖庸医,或者乱用一些害多利少的假药。这些假药虽然被资本家和药贩子宣传为"包治百病的特许专卖药",其实长期服用这些假药肯定会对工人的身体造成严重的伤害。在这些特许专卖药中,一种名为"高弗莱强身剂"的假药最为有害,因为它是用鸦片制剂制成的水药。由于不知道该药的危害,工人的孩子几乎是一出生就服用这种药,结果"他们逐渐变得面色

---

① 《马克思恩格斯全集》第 42 卷,人民出版社 1979 年版,第 134 页。
② 《马克思恩格斯全集》第 44 卷,人民出版社 2001 年版,第 288 页。
③ 《马克思恩格斯全集》第 44 卷,人民出版社 2001 年版,第 289 页。
④ 《马克思恩格斯全集》第 44 卷,人民出版社 2001 年版,第 755 页。
⑤ 《马克思恩格斯全集》第 2 卷,人民出版社 1957 年版,第 353 页。

苍白，精神萎靡，身体衰弱，大部分不到两岁就死了"①。

马克思恩格斯全方位揭露了资本主义制度下工人阶级生态环境的恶劣状况，使我们认识到，资本积累越迅速，工人的生存环境就越糟糕，资本主义生产越扩大，就越深刻地摧残工人的生命根源。所以，资本主义制度是导致工人阶级生存灾难的根源。

三、"资本是根本不关心工人的健康和寿命的"

马克思恩格斯的上述分析，给我们描绘出资本主义制度下工人阶级生存环境恶化的"一幅令人不寒而栗的景象"（马克思语），为什么资本主义生产方式会致使工人陷入环境糟糕的深渊？为什么资本根本不关心工人的健康和寿命？这里，我们依照马克思恩格斯对资本主义批判的理论路径，剖析工人阶级遭受环境灾难的制度根源。

（一）资本主义生产方式的生态原罪

当今，无论是生态学马克思主义，还是生态社会主义，在揭示导致全球生态环境危机的原因时，都把批判的矛头指向资本主义生产方式。但就对资本主义生产方式的深刻洞察和犀利批判来讲，他们的批判难出马克思其右。可以说，马克思发出了深刻批判资本主义生产方式的理论先声。

在历史唯物主义看来，社会的生产方式决定着社会的性质和面貌，制约着人们的政治、经济和精神生活的方方面面。同样，资本主义的生产方式也起着这样的作用。那么。资本主义的生产方式有什么特点和性质呢？对此，马克思有着深刻的揭示和批判："生产剩余价值或赚钱，是这个生产方式的绝对规律。"②"资本主义生产过程的动机和决定目的，是资本尽可能多地自行增殖，也就是尽可能多地生产剩余价值，因而也就是资本家尽可能多地剥削劳动力。"③"资本的增殖是资本主义生产的唯一目的。"④"资本主义生产方式按照它的矛盾的、对立的性质，还把浪费工人的生命和健康、压低工人的生存条件本身，看

---

① 《马克思恩格斯全集》第 2 卷，人民出版社 1957 年版，第 389 页。
② 《马克思恩格斯全集》第 44 卷，人民出版社 2001 年版，第 714 页。
③ 《马克思恩格斯全集》第 44 卷，人民出版社 2001 年版，第 384 页。
④ 《马克思恩格斯全集》第 46 卷，人民出版社 2003 年版，第 270 页。

作不变资本使用上的节约,从而看作提高利润率的手段。"① 从马克思的论述中,我们可以清晰地透察资本主义生产方式的剥削特点和唯利是图的本质。资本主义生产的目的和动机是单纯而直白的,那就是尽最大可能榨取工人的剩余价值。为了达此目的,资本主义生产方式对人身自然和身外自然都采取了吃干榨尽的做法,而这正是导致工人生存环境恶化的制度根源。资本主义生产方式从诞生起,就对自然环境和工人的身体造成了严重的伤害,仅仅以增殖为目的的生产一定会带来生态灾难和环境问题,一定不会在意工人的生存环境。正如马克思所说:"劳动本身,不仅在目前的条件下,而且一般只要它的目的仅仅在于增加财富,它就是有害的,造孽的。"② 资本主义生产方式是反生态的,从资本血腥的原始积累起就带有生态原罪,它不仅从经济上剥削工人阶级,也从生态环境方面使工人阶级陷入痛苦的深渊。马克思在《资本论》中讲到"剩余价值的生产"时说道:要了解英国从大工业产生到1845年这段时期工人阶级的有关情况,请阅读恩格斯的《英国工人阶级状况》。"1845年以后发表的工厂视察员报告、矿山视察员报告等等,都说明了恩格斯对资本主义生产方式的精神了解得多么深刻……他对工人阶级状况的详细入微的描写是多么令人惊叹。"③

(二)资本是无情的,没有温情脉脉的面纱

资本主义生产方式的剥削本质直接塑造了资本的特性,资本的肆虐和嚣张,它的无所不在和无所不能,使资本理性成为了资本主义的核心理性,人们视"资本"为主义、为信仰。而这正是人们把该社会称之为"资本主义"的原因。马克思对资本本质的剖析很是犀利,既一针见血,又入木三分。

马克思认为:"资本只有一种生活本能,这就是增殖自身,创造剩余价值,用自己的不变部分及生产资料吮吸尽可能多的剩余劳动。资本是死劳动,它像吸血鬼一样,只有吮吸活劳动才有生命,吮吸的活劳动越多,它的生命就越旺盛。"④ 在资本的世界里,榨取工人的剩余价值是资本的天职和使命所在,资本是残酷无情的,也是赤裸裸的,没有温情脉脉的面纱,赚钱是资本的"硬道理"。所以"资本是根本不关心工人的健康和寿命的,除非社会迫使它去关心。

---

① 《马克思恩格斯全集》第46卷,人民出版社2003年版,第101页。
② 《马克思恩格斯全集》第42卷,人民出版社1979年版,第55页。
③ 《马克思恩格斯全集》第44卷,人民出版社2001年版,第278页。
④ 《马克思恩格斯全集》第44卷,人民出版社2001年版,第269页。

人们为体力和智力的衰退、夭折、过度劳动的折磨而愤愤不平，资本却回答说：既然这种痛苦会增加我们的快乐（利润），我们又何必为此苦恼呢？"① 可见，在追逐利润的狂欢中，资本根本无视工人的死活，资本家也不可能自觉投资去改善工人的生存环境。即使在社会卫生环境部门的要求和工人改善生存环境的斗争中，"资本总是恬不知耻地对工人不得不在其中劳动和居住的、既危险又使人受辱的条件进行'辩护'，说这是为了更有利地剥削工人所必须的。当资本拒绝在工厂的危险机器上安装防护设备，拒绝在矿山中安装通风设备和采取安全措施，对此一概实行禁欲时，就是这样说的。"② 资本家为了大规模地剥削工人，在为自己破坏工人生存环境的罪行"辩护"的同时，还在工人中鼓吹"禁欲"观，要求工人们放弃对食品质量、新鲜空气、洁净饮水、安静整洁的住宅和工厂环境的奢望。因为，这方面的投资是资本不愿意的，这会减少其对剩余价值的剥削。

可见，正是资本的血腥与贪婪，造成了工人生存环境的"悲惨世界"。

（三）资本家对劳动条件的节约暴露出杀人的本质

在马克思看来，资本家只是人格化的资本，只有作为资本的人格化，资本家才受到尊敬，才具有绝对的致富欲。资本家的灵魂就是资本的灵魂，而"他们的灵魂渴求货币这唯一的财富，就像鹿渴求清水一样"③。资本由于无限度地盲目追逐剩余价值，像狼一般地贪求剩余价值，所以，"资本是不管劳动力的寿命长短的。它唯一关心的是在一个工作日内最大限度地使用劳动力。它靠缩短劳动力的寿命来达到这一目的，正像贪得无厌的农场主靠掠夺土地肥力来提高收获量一样。"④ 连工人死活都不顾的资本家，不可能主动去改善工人的生存环境；相反，他们还要想方设法去减少用于环境治理的不变资本的投入，从而积累更多的可变资本，加大对剩余劳动的剥削。所以，马克思深刻剖析了资本家对生产资料节约的对抗性和杀人的一面。

资本家的工厂被人们称之为"温和的监狱"，这里的环境状况极其恶劣，但资本家并不想投资于车间环境的改善，不想花钱购买治理环境的通风、除尘、

---

① 《马克思恩格斯全集》第44卷，人民出版社2001年版，第311—312页。
② 《马克思恩格斯全集》第44卷，人民出版社2001年版，第768页。
③ 《马克思恩格斯全集》第44卷，人民出版社2001年版，第162页。
④ 《马克思恩格斯全集》第44卷，人民出版社2001年版，第307页。

降低噪声和劳动保护等设备和设施，因为在资本家的意识中，投资于环保、改善车间的环境状况纯粹是一种浪费，是相对于榨取更多剩余价值无补的一种浪费。资本家深知："提高利润率的另一条途径，不是来源于生产不变资本的劳动的节约，而是来源于不变资本本身使用上的节约。"① 所以，资本家狂热地节约生产资料是可以理解的。但是，资本家的这种节约对工人意味着什么呢？马克思给予了明确的回答："这种节约在资本手中却同时变成了对工人在劳动时的生活条件系统的掠夺，也就是对空间、空气、阳光以及对保护工人在生产过程中人身安全和健康的设备系统的掠夺，至于工人的福利设施就根本谈不上了。"②

马克思在《资本论》中，多次谈到"关于现代工场手工业中劳动条件的节约"问题。他认为，资本家是靠浪费工人的生命和健康，靠牺牲工人的劳动条件来提高利润率的。"资本主义生产对已经实现的、对象化在商品中的劳动，是异常节约的。相反地，它对人，对活劳动的浪费，却大大超过任何别的生产方式，它不仅浪费血和肉，而且也浪费神经和大脑。"③ 资本家把工人视为役畜，是加速资本增殖、榨取剩余价值的工具。所以资本家对有害工人健康的工作环境熟视无睹，不可能为工人提供合乎人性、舒适或至少可以忍受的劳保和环保设备。马克思得出的结论是：资本主义生产尽管非常吝啬，但对人身材料却非常浪费。

马克思恩格斯全面揭示了资本主义工业化早期，工人阶级生存状况那一幅幅令人不寒而栗的景象。资本家的无耻贪婪固然是造成这种草菅人命的情况的重要原因，但更为深层的原因是资本主义的剥削制度。正如马克思指出的："这里所说的全部节约都来源于劳动的社会性质，所以，实际上正是劳动的这种直接社会性质造成工人的生命和健康的浪费。"④

四、关注资本主义条件下工人生存环境的意义

马克思恩格斯对资本主义条件下工人阶级的生存环境进行了详细的揭示和

---

① 《马克思恩格斯全集》第46卷，人民出版社2003年版，第96页。
② 《马克思恩格斯全集》第44卷，人民出版社2001年版，第491页。
③ 《马克思恩格斯全集》第46卷，人民出版社2003年版，第103页。
④ 《马克思恩格斯全集》第46卷，人民出版社2003年版，第103—104页。

批判，对工人生存环境恶劣的现实进行了血泪控诉。挖掘这方面的问题呈现出多方面的意义。

（一）拓宽马克思恩格斯关于资本主义生态批判的研究场域

马克思恩格斯很早就从生态环境的角度展开了对资本主义的批判，这已经成为了学术界的共识。人们已有的研究主要关注他们对资本主义生产方式、资本理性、城乡物质新陈代谢断裂和"城市病"等的生态批判，以及对资本主义原始积累导致的资源破坏和生态灾难的生态批判。应当看到，人们对他们关于工人的生存环境的生态批判关注得不够，研究成果不多。现在，我们关注这个研究，可以说是拓宽了马克思恩格斯关于资本主义生态批判的研究场域，丰富了其生态批判理论。

（二）加深对资本主义制度生态罪孽的认识

"资本主义制度是反生态的"，这是生态学马克思主义的基本观点。过去，人们大多从资本主义制度对自然资源的破坏、消费异化和生态帝国主义等方面认识其反生态性。现在，我们从资本主义制度下工人面临的恶劣的环境状况入手，进一步揭示出资本主义制度的生态原罪。这种制度不仅榨取了自然资源，同时也污染了工人的生存环境，榨取了工人的身体自然。

（三）赋予工人阶级解放理论新的含义

马克思主义的理论旨归在于工人阶级和人类的解放。人们以往对解放的理解更多偏重于政治和经济解放，即工人阶级要从资本主义制度的压榨下解放出来，获得政治经济上的解放。现在，我们对解放的含义要有新的理解，工人阶级不仅受到资本家的经济剥削，也受到资本主义条件下恶劣的生态环境的剥削压迫。资本主义对人的经济剥削与生态剥削是同一个历史过程，资本家对人身自然与身外自然的破坏同样残酷。资本家视自然界为不会说话的工人，视工人为会说话的自然界，二者都是资本家剥削压榨的对象，同处于受剥削受掠夺的境地。所以，工人阶级仅仅获得政治经济上的解放是远远不够的，他们也要获得生态环境上的解放，既要从残酷的经济压榨下解放出来，也要从悲惨的环境压榨下解放出来；既要解放人身自然，也要解放身外自然。所以，马克思关于工人阶级解放的学说应当包含自然界解放的意蕴。

（四）对工人阶级的批判性和战斗性有了新的认识

马克思主义认为，工人阶级是资本主义制度的掘墓人，他们最富于革命的彻底性和批判的战斗性,具有坚强的组织性和纪律性,是埋葬资本主义的决定性力量。以往,人们是从受剥削深重的角度理解工人阶级批判性和战斗性的,其实,工人阶级的悲惨状况不仅源于经济地位,也源于生存环境的恶化。生存环境的恶化也增强了工人阶级对资本主义制度的憎恨,强化了他们对资本主义的批判性和战斗性。所以,马克思恩格斯不仅从经济批判的角度论证了资本主义制度的不可持续性,敲响了其必然灭亡的"经济丧钟",而且还从生态批判的角度论证了资本主义制度的不可持续性,敲响了其必然灭亡的"生态丧钟"。

总之,在马克思恩格斯看来,资本主义制度及其生产方式是建立在对人和自然残酷压榨基础上的,既给工人阶级带来悲惨的生活,又使自然界遍体鳞伤。这种生产方式既有悖于经济规律,也不符合生态规律。所以,正如马克思所说:"资本主义生产方式在生产力的发展中遇到一种同财富生产本身无关的限制;而这种特有的限制证明了资本主义生产方式的局限性和它的仅仅历史的、过渡的性质;证明了它不是财富生产的绝对的生产方式,反而在一定阶段上同财富的进一步发展发生冲突。"① 资本主义生产方式具有破坏性和反生态性,它无节制地榨取剩余价值的冲动与自然资源有限性之间存在一个"死结",正是这种矛盾性和对抗性,证明资本主义生产方式不仅不是财富生产的绝对方式,反而只是暂时的、不可持续的生产方式。

了解工人阶级生存环境的悲惨境遇,使我们从这个侧面形成了批判资本主义制度及其生产方式的导因,而工人阶级是该制度和生产方式的最大受害者。所以,批判资本主义制度及其生产方式就成为无产阶级的历史使命。马克思说:"就这种批判代表一个阶级而论,它能代表的只是这样一个阶级,这个阶级的历史使命是推翻资本主义生产方式和最后消灭阶级。这个阶级就是无产阶级。"② 所以,无论是从经济批判,还是从生态批判的角度看,工人阶级都是资本主义制度的掘墓人。

---

① 《马克思恩格斯全集》第46卷,人民出版社2003年版,第270页。
② 《马克思恩格斯全集》第44卷,人民出版社2001年版,第18页。

马克思恩格斯对资本主义生产外部
不经济问题的生态批判及意义①

马克思主义是一个面向实践不断发展的理论体系，具有与时俱进的理论品质。如何看待这种理论品质？怎样从马克思主义中找到解决社会发展新情况和新问题的理论指导，需要我们"以马克思主义的态度对待马克思主义"。在这个问题上，北京师范大学杨耕教授的观点很有启发性，在他看来，"有些观点本来不是马克思主义基本观点，马克思、恩格斯只是对此有所论述，但未深入研究、详尽论证，可这些观点所蕴含的问题又是当代实践的'热点'问题。对此，我们应以新的实践、科学和理论成果为基础深入研究、详尽论证，使之成熟完善，上升为马克思主义基本观点，如人与环境关系的观点、股份制的观点。"② 的确，"理论在一个国家实现的程度，总是决定于理论满足这个国家的需要程度。"③ 随着我国生态文明建设的持续推进和绿色发展理念的深入人心，生态环境问题已经成为人们关注的热点问题。在这样的"需要程度"下，马克思恩格斯关于资本主义生态批判理论渐渐进入了人们的研究视野，许多学者都认识到，马克思恩格斯不仅从政治、经济、社会和意识形态等方面批判了资本主义制度，而且还从人与自然的关系、生态学的视角展开过对资本主义的生态批判。过去，由于社会"需要程度"的不同，人们对马克思恩格斯关于资本主义生态批判理论挖掘不深、认识不够。现在，到了"深入研究、详尽论证"马克思恩格斯上述理论的时候了。

---

① 原载《国外理论动态》，2017 年第 10 期。
② 杨耕：《以马克思主义的态度对待马克思主义》，载《光明日报》，2016 年 6 月 23 日。
③ 《马克思恩格斯选集》第 1 卷，人民出版社 1995 年版，第 11 页。

一、生态批判理论研究的新视阈

2009 年，国内学者晔枫、谷亚光在其论文中提到了马克思对资本主义生产"外部不经济"问题的批判。他们认为，马克思在 160 多年前早就预见到了，资本主义生产方式及其奉行的市场经济"经济人自身利润最大化"的原则是导致资本主义生产"外部不经济"问题的真正原因。1920 年，资产阶级经济学家庇古（Arthur Cecil Pigou）首次在其著作中提到了"外部性"概念并以此讨论环境污染问题。但是，二位学者认为："相对于马克思 1844 年就以'异化自然'概念系统分析早期资本主义发展对环境造成破坏的研究和著述来说，已经整整晚了 70 多年时间。因此，马克思才真正是第一个以'异化自然'的概念系统研究生态环境保护问题，亦即第一个系统研究人类'无机的身体'保护问题的思想家。相比而言，庇古在对环境污染的研究方面，只不过是一个迟到者。"①

学者观点很有启发性，但是，他们只是提出问题，尚未分析马克思恩格斯关于资本主义生产"外部不经济"问题，这就给我们的研究提供了可能。结合多年的探索，我们敏锐地感到，马克思恩格斯经典中，的确有大量篇幅涉及资本主义生产外部不经济问题，值得我们"深入研究、详尽论证，使之成熟完善，上升为马克思主义基本观点"。所以，马克思恩格斯对资本主义生产外部不经济问题的生态批判确实是一个值得拓展的研究视阈。

二、对"外部不经济"等概念的界定

追根溯源，要想了解"外部不经济"概念的来龙去脉，就必须提到英国经济学家——马歇尔（Alfred Marshall）。1890 年，他在《经济学原理》中第一次提出"外部经济"这一经济学的重要概念。即在社会经济活动中，一个经济主体的行为直接影响到另一个相应的经济主体，却没有给予相应支付或得到相应补偿，就出现了外部性。经济外部性也可以叫作溢出效应、外部影响、外差效应或外部成本、外部经济。

---

① 晔枫、谷亚光：《马克思的生态思想及当代意义》，载《马克思主义研究》，2009 年第 8 期。

对"外部不经济"现象做出经济学阐释的是马歇尔的学生——著名环境经济学家庇古。1920年,庇古在《福利经济学》中,对外部性问题做了进一步分析,区分了"外部经济"(正外部性)与"外部不经济"(负外部性)两类。当经济行为对行为外的他人、生态环境等产生的是正面、有利的影响时称为外部经济;当产生的是消极、负面的影响时称为外部不经济。换句话说,当生产或消费者在生产或消费过程中给他人和生态环境带来了损失或额外费用而受害方又不能得到补偿时,就产生了外部不经济性或负外部性。如资本家的自利心只关心企业内部的经济性,而把工厂产生的污染物排放出去,给他人或农作物造成不利影响,这就是"外部不经济"的表现。资本家这种行为造成的社会成本包括政府治理污染的费用,自然资源的减少、生态环境的破坏以及污染物对人类健康的危害。

所以,"外部不经济"(External dis-economy)是指在实际经济活动中,某些企业或个人因其他企业和个人的经济活动而受到不利影响,又不能从造成这些影响的企业和个人那里得到补偿的经济现象,也就是某项活动或物品对外界造成的不良影响,环境问题是外部不经济性的必然结果。

从经济学"外部不经济"概念出发,我们将要探讨马克思恩格斯关于资本主义生产的"外部不经济"问题。

马克思恩格斯虽然没有直接使用"外部不经济"这个概念,但在他们批判资本主义的经典著作中有许多内容是在批判资本主义生产所导致的外部不经济问题。特别是马克思的《1844年经济学哲学手稿》《资本论》,恩格斯的《英国工人阶级状况》《自然辩证法》,他们不仅指出了资本主义生产的外部不经济的现象,而且深刻剖析了导致该现象的制度根源。

马克思在批判"异化劳动"所导致的外部不经济问题时指出:"劳动为富人生产了奇迹般的东西,但是为工人生产了赤贫。劳动创造了宫殿,但是给工人创造了贫民窟。劳动创造了美,但是使工人变成畸形。劳动用机器代替了手工劳动,但是使一部分工人回到野蛮的劳动,并使另一部分工人变成机器。劳动生产了智慧,但是给工人生产了愚钝和痴呆。"[①] 在资本主义条件下,生产一方面是经济的,它带来了"奇迹般的东西""宫殿""美""机器"和"智慧";

---

① 《马克思恩格斯全集》第42卷,人民出版社1979年版,第93页。

而同时，生产的另一方面又是不经济的，它带来"赤贫""贫民窟""畸形""野蛮劳动"和"愚钝和痴呆"，导致了"文明的阴沟""完全违反自然的荒芜，日益腐败的自然界"。通过强烈的对比，使我们对资本主义生产外部不经济问题有了更深的了解。显而易见，对于资本家而言，生产给他们带来的利益、金钱、效率和管理都是经济的、高效的，而资本家生产的溢出效应，对工人、生态环境和自然资源等外部性而言就非常不经济了。

提到"经济"概念时，人们自然会想到好的、节约的、有利的、有效的、划算的、谋划合理等意旨，而提到"不经济"这个概念时，人们想到的是不好、浪费、不合理、不划算、高消耗、高污染、低效率等意旨。

具体就"外部性"而言，有广义的"外部性"和狭义的"外部性"之分。所谓广义的"外部性"是指资本主义生产需要的外部环境的总和。如生态环境、地理地质、气候、河流、自然资源、劳动空间、运输条件、劳动力构成等。而狭义的"外部性"，主要涉及工人的生产环境、居住条件、卫生医疗和食品状况等方面。

鉴于此，马克思主义意义上的"资本主义生产外部不经济"问题，是指在资本主义生产中给他人或自然生态环境带来巨大伤害，或增加额外费用又得不到资本家补偿的一切不利影响和后果。本文的目的就是挖掘、梳理并阐发马克思恩格斯对资本主义生产外部不经济问题的生态批判理论。

三、资本主义生产在生态环境方面的外部不经济问题

在批判资本主义的历史上，马克思恩格斯很早就关注到资本积累和资本快速扩张所导致的生态灾难，分析了资本主义工业化进程造成的外部不经济的种种表现。马克思恩格斯根据"亲身的观察"与"亲身的交往"收集到大量鲜活的材料，再加上仔细研读资产阶级的官方报告，他们为人们详细揭露了资本主义生产导致生态环境日益恶化的事实。他们的工作得到了学者们的赞誉："虽然恩格斯不是描述英国工业化城市的第一人，但他试图将工人阶级作为一个整体，并提供了一个关于资本主义发展演变的一般性的分析。在这个意义上，《英国工人阶级状况》不仅仅是简单的一个调查，它更是一个关于英国资本主义的阶级关系与物质条件的系统的历史的研究。通过恩格斯的工作，我们得以理解因为

存在着这样一个体系,所以才产生了无穷尽的污染,毒害了工厂和社区的工人,并且这个体系保证穷人持续受到最严重的环境退化的毒害。"①

那么,在马克思恩格斯看来,资本主义体系带来的"最严重的环境退化的毒害"所导致的生态环境外部不经济有哪些具体表现呢?

(一)城市空气污染

英国是工业革命的摇篮,是蒸汽机的故乡。在大工业机器的轰鸣中,环境污染问题也接踵而至,其中最突出的是空气污染。蒸汽机和采矿业的进步,使煤炭成为主要燃料。当时,以煤为主要能源的英国排放大量的工业煤烟、垃圾和废水,这些皆是造成城市空气污染的"元凶"。恩格斯描述的英国"工业文明的摇篮"——曼彻斯特,与其说是一个发达的工业城市,倒不如说是一个面目狰狞、浑身散发着黑色毒气的丑恶怪兽。正如恩格斯所说:"这里的空气由于成打的工业烟囱冒着黑烟,本来就够污浊沉闷的了,在这样难以想象的肮脏恶臭的环境中,在这种似乎是被毒化了的空气中,在这样条件下生活的人们,的确不能不降到人类的最低阶段。"② 马克思在《手稿》中也谈到了"异化劳动"所导致的空气污染问题。"甚至对新鲜空气的需要在工人那里也不再成其为需要了。人又退回到洞穴中,不过这洞穴现在已被文明的熏人毒气污染——光、空气等等,甚至动物的最简单的爱清洁习性,都不再成为人的需要了。肮脏,人的这种腐化堕落,文明的阴沟(就这个词的本来意义),成了工人的生活要素。"③ 在"异化劳动"条件下,工人蜗居在"洞穴""停尸房"中,那里连新鲜的空气都没有,居住的环境被工业文明的熏人毒气污染了。

(二)城市河流污染

由于工厂废物和生活垃圾大量直接排放到河流中,英国几乎所有的河流都遭到了严重污染。"蒸汽机的第一需要和大工业中差不多一切生产部门的主要需要,都是比较纯洁的水。但是工业城市把一切水都变成臭气熏天的污水。"④ 恩格斯在《英国工人阶级状况》中就描述过艾尔克河遭到污染的样子。它原本是一条清澈见底的河流,然而当它从工业城市流过之后就彻底变了模样。河边的

---

① 张剑:《生态文明与社会主义》,中央民族大学出版社2010年版,第60—61页。
② 《马克思恩格斯全集》第2卷,人民出版社1957年版,第342页。
③ 《马克思恩格斯全集》第42卷,人民出版社1979年版,第133—134页。
④ 《马克思恩格斯选集》第3卷,人民出版社1995年版,第646页。

制革厂、染坊、骨粉厂把工厂的脏水和废弃物统统直排到河里,附近污水沟和厕所的污秽物拥塞在河道中,使艾尔克河变成了一条狭窄的、黝黑的、发臭的小河,里面充满了污泥和废弃物。

(三)城市粪便污染

资本主义工业化的发展,导致城市膨胀、人口快速聚集。早期资本家致力于财富的积累,根本不会顾及生产的外部不经济问题。加上政府财力的限制和市政设施的落后,导致了资本主义大城市的粪便污染问题,严重损害了城市形象。

马克思在《资本论》中谈到了"生产排泄物的利用"问题。在他看来,城市的消费排泄物是可以加以处理利用的,这对农业生产很重要。但是,"在利用这种排泄物方面,资本主义经济浪费很大;例如,在伦敦,450万人的粪便,就没有什么好的处理方法,只好花很多钱用来污染泰晤士河。"① 泰晤士河被英国人称为"老父亲",是英国最著名、最重要的河流。但在资本主义工业化的污染下,它也变成一条污浊不堪的"黑流"。恩格斯在《论住宅问题》中也谈到了城市粪便污染问题。他说:"当你看到仅仅伦敦一地每日都要花很大费用,才能把比全萨克森王国所排出的更多的粪便倾抛到海里去,当你看到必须有多么庞大的设施才能使这些粪便不致毒害伦敦全城,那么消灭城乡对立的这个空想便有了值得注意的实际基础。"② 对于资本家来说,投入巨额资金用于治理城市粪便污染,显然是"不经济"的——此举不能为他们创造价值。而政府管理部门由于缺少资金投入,也没有什么好的处理粪便的方法,只能向泰晤士河随意排放,污染了城市环境。

(四)城市黑化污染

在英国,真正引爆工业革命的是煤炭的大面积开采和使用。煤炭开启了工业文明新时代,同时也将地球引入到工业黑化的环境污染阶段。煤炭与蒸汽机的结合使英国成为了19世纪工业黑化最严重的国家,伦敦也在煤烟的笼罩下成为了"雾都"。现在,工业革命与煤烟污染成为了生态学史研究的一个"热点",这方面的著作并不少。例如《发明污染:工业革命以来的煤、烟与文化》

---

① 《马克思恩格斯全集》第46卷,人民出版社2003年版,第115页。
② 《马克思恩格斯选集》第3卷,人民出版社1995年版,第215页。

《大雾霾：中世纪以来伦敦污染史》和《世界的大烟囱：维多利亚时代和爱德华时代曼彻斯特的污染史》。这些著作都说明，资本主义生产外部不经济是城市黑色煤烟污染的根源。其实，马克思恩格斯很早就注意到了资本主义工业黑化问题。他们通过实地调查，用纪实的方式描绘了城市黑化污染现象——城市的烟囱冒着黑烟，机车喷出"黑龙"，车间厂房被熏得黢黑，工人的脸是黑的，手脚也是黑的。城区被煤烟熏得最厉害，到处阴暗龌龊，城市的天空令人讨厌，像一个阴森森的大窟窿，街道、房屋、公园、广场、植被，甚至昆虫都被熏黑了。

四、资本主义生产在自然资源方面的外部不经济问题

资本主义的发家史，就是一部破坏自然、无节制掠夺自然资源的罪恶史。资本家在榨取剩余价值、快速积累财富的过程中，对自然资源采取了极端的外部不经济行为。资本掠过之处，自然资源一片狼藉，矿山、森林、土壤、河流、空间、海洋等资源无一不遭到严重破坏。

（一）对煤炭资源的过度开采

有人说，英国的崛起完全是靠煤炭等化石燃料"烧"出来的。的确，当时的英国是世界上煤炭资源消耗量最多的国家。据相关资料统计，1846年，英国伦敦的耗煤量就比同年德国的煤产量（320万吨）还要多。仅此一项，我们就可以知晓当时英国对煤炭的需要情况。马克思在《资本论》中，多处提到煤矿资本家对煤炭工人的残酷剥削情况，这也印证了英国资本家对煤炭资源掠夺的现实。福斯特（J. B. Foster）在《生态危机与资本主义》一书中，提到了英国经济学家杰文斯的观点。在杰文斯看来，英国工业的发展依赖廉价的煤炭，而随着采煤量的增加和煤层的不断加深，煤炭的采掘成本加大，导致煤炭资源的枯竭。虽然资本家开发了一些提高煤炭利用效率的技术手段，但是这些技术进步，只能增加而不会减少对煤炭资源的需求，这是因为效率的改进会导致生产规模的扩大，势必要消耗更多的煤炭。① 所以，资本家为了赚钱，根本不会去考虑自然资源的永续利用问题，这完全是一种外部不经济的行为。

---

① ［美］约翰·贝拉米·福斯特：《生态危机与资本主义》，耿建新、宋兴无译，上海译文出版社2006年版，第88页。

(二) 对森林资源的破坏

马克思恩格斯早就注意到资本主义生产对森林资源的破坏问题，他们直观地描绘出一幅幅生态衰败的惨象：马克思指出："文明和产业的整个发展，对森林的破坏从来就起很大的作用，对比之下，对森林的养护和生产，简直不起作用。"① "热死人！此外还缺水；贴普尔河好像是被谁吸干了。由于两岸树木伐尽，因而造成了这条小河在多雨时期（1872年）就泛滥，在干旱年头就干涸。"② 此外，马克思还谈到了，由于农业资本家砍伐林木，导致土地荒芜的情况。这里提到的"文明和产业"，就是指资本主义工业文明和资本家的产业，这些对森林的破坏是非常严重的。恩格斯对农业资本家破坏森林，对森林资源采取的外部不经济做法，给予了深刻的批判。恩格斯就明确指出"西班牙的种植场主曾在古巴焚烧山坡上的森林，以为木灰作为肥料足够最能盈利的咖啡树施用一个世纪之久，至于后来热带的倾盆大雨竟冲毁毫无掩护的沃土而只留下赤裸裸的岩石，这同他们又有什么相干呢？"③ 事实就是这样！为了"最能盈利"，种植场主种植了咖啡树；为了施肥，种植场主竟然焚烧森林。这是典型的外部不经济行为！但他们为什么要这样干呢？恩格斯给出了回答，森林的外部不经济与他们不相干。

(三) 对土地肥力的破坏

在马克思恩格斯看来，对土地肥力的掠夺和破坏也是资本主义外部不经济的表现。他们认为，资本主义原始积累和"圈地运动"从一开始就意味着对土地肥力的破坏和掠夺，充满着罪恶和贪婪。资本家把土地仅仅视为榨取利润的对象和自然基础，仅仅关心土地的经济价值，对土地的使用精打细算，但根本不关心土地的生态价值，破坏了农业这个"人类生活的永恒的自然条件"。马克思在《资本论》中，多次批判了资本家和农场主贪得无厌靠掠夺土地肥力来提高农产品收获量的情况。马克思认为，按资本主义工业方式经营农业势必导致滥用和破坏土地的自然力，破坏土地持久肥力的永恒的自然条件，使土地日益贫瘠。"纽约州特别是它的西部地区的土地，是无比肥沃的，特别有利于种植小

---

① 《马克思恩格斯全集》第32卷，人们出版社1979年版，第272页。
② 《马克思恩格斯全集》第34卷，人民出版社1979年版，第25页。
③ 《马克思恩格斯选集》第4卷，人民出版社1995年版，第386页。

麦。由于掠夺性的耕作，这块肥沃的土地已变得不肥沃了。"① 恩格斯也说过"在北美洲，绝大部分的土地是自由农的劳动开垦出来的，而南部的大地主用他们的奴隶和掠夺性的耕作制度耗尽了地力，以致在这些土地上只能生长云杉，而棉花的种植则不得不越来越往西移。"② 可见，正是资本家和农场主"掠夺性的耕作"耗尽了土地肥力，破坏了农业可持续发展的自然基础。为什么是这样呢？马克思给予了明确的回答，在农业生产方面"资本主义生产指望获得眼前的货币利益的全部精神，都和供应人类世世代代不断需要的全部生活条件的农业有矛盾"③。

马克思掷地有声的得出这样的结论："历史的教训是（这个教训也可以从另一个角度考察农业时得出）：资本主义制度同合理的农业相矛盾。"④

五、资本主义生产在工人生存环境方面的外部不经济问题

马克思恩格斯认为，资本主义生产对死劳动，对生产成本是异常节约的。但是，对工人的活劳动是非常浪费的，资本家不仅浪费了工人的血肉，而且浪费了神经和大脑。这种对工人身体的浪费大大超过了历史上任何别的生产方式。资本家无耻贪婪、草菅人命导致的工人生存环境的外部不经济主要表现在两个方面。

（一）"住宅地狱"：工人们肮脏的居住环境

资本家只顾赚钱，榨取工人的剩余价值，根本不会投资于改善工人的居住环境，因为在资本家看来，这是经济外部性问题，与资本家的剥削没有关系。马克思说："生产资料越是大量集中，工人就相应地越要聚集在同一个空间，因此，资本主义的积累越迅速，工人的居住状况就越悲惨。"⑤ 所以，工人阶级的居住环境，依旧是"毒化的贫民窟"。处于社会底层的雇佣工人是没有条件选择居住环境的，他们生活在城市最肮脏混乱的区域，只有低矮潮湿的工棚。脚下

---

① 《马克思恩格斯全集》第46卷，人民出版社2003年版，第755页。
② 《马克思恩格斯选集》第3卷，人民出版社1995年版，第520页。
③ 《马克思恩格斯全集》第46卷，人民出版社2003年版，第697页。
④ 《马克思恩格斯全集》第46卷，人民出版社2003年版，第137页。
⑤ 《马克思恩格斯全集》第44卷，人民出版社2001年版，第757页。

是坑坑洼洼、污水横流的地面，空气中是工厂排放的煤烟和形形色色的生活垃圾散发的腐臭气味。这里没有封闭的下水道或是任何有用的排污设施，甚至没有厕所，人们不得不露天上厕所并将粪便排放到河沟里去。由于恶劣的卫生条件，细菌和病毒在这里滋生，导致传染病的流行，而病榻上的工人们不仅缺医少药，连晒一晒太阳都是一种奢望。贫富差距在此时的城市中尤为明显：工人居住区简直就是一个巨大的露天垃圾堆，而与工人居住的区域离得远远的富人区里，可能正是绿树成荫、鲜花怒放的美好景象。当无依无靠的工人面对连绵的秋雨和漏水的屋顶愁眉不展时，资本家却是真正的拥有"广厦千万间"！但他们绝不会让工人们分享，"大庇天下寒士俱欢颜"的情操从未在资本家的脑中闪过，他们或许更喜欢看着瑟瑟发抖的工人，再从喉咙里挤出一丝轻蔑的嗤笑。

(二)"屠宰场"：工人们的工厂环境

与居住环境相比，工人的工作环境更悲惨、更糟糕。马克思在《资本论》中，用了大量篇幅揭露资本主义工厂环境污染的种种表现。马克思借用傅立叶的表述，把资本家的工厂称为"温柔的监狱""龌龊的工场"和"屠宰场"。恩格斯认为，这种工作场合对工人来说就是"最残酷的苦刑"。工厂环境恶劣的问题遍及资本主义生产的各个部门，覆盖各个工种。在工作环境上对雇佣工人的残酷对待已不仅限于某个恶毒的资本家的个人行为，而是成为整个资本主义生产过程中的常态。车间狭窄、空气龌龊、粉尘、金属屑、毛屑四处弥漫。高温、噪声、潮湿、铅、砷等有毒材料的毒害……但丁所想象的最残酷的地狱也赶不上资本主义制造业中的情景，车间中环境污染的程度"超过了我们的小说家的最可怕的幻想"。总之，在资本家的工厂里，谁要是成为了雇佣工人，谁就逐渐成为完全绝望的人，仿佛已经把灵魂卖给魔鬼了。而资本家就是这样的魔鬼。

马克思恩格斯还指出了资本主义制度下工人在食品和医疗环境方面的恶劣现象。在食品状况上，工人只知道吃"破烂的马铃薯、最坏的马铃薯"，面包掺假情况令人难以置信，面包中有人汗、脓血、蜘蛛网、死蟑螂和发霉的德国酵母。糖、咖啡、可可、胡椒粉、面粉、红酒……都有掺假。马克思得出的结论是："在调查过的各类城市工人中，营养缺乏的程度更为严重。他们的饮食非常坏，以致必然发生许多严重的有害健康的不足现象。"① 恶劣的外部不经济的环

---

① 《马克思恩格斯全集》第44卷，人民出版社2001年版，第755页。

境状况，势必给工人们带来各种各样的疾病和痛苦，他们生病没钱看病，只能苦挨，或者求助于江湖庸医，或者乱用一些假药。这些假药对工人的身体造成了严重的伤害。资本家任由这样的外部不经济、外部不合理现象发生，而且还主张"禁欲"！其目的就是连勉强糊口所必不可少的生活资料和医疗条件都不付给他的工人。

六、导致资本主义生产外部不经济的原因

依据马克思恩格斯的分析，我们的确看到了资本主义生产外部不经济所导致的"一幅令人不寒而栗的景象"。资本家站在自己的立场上，认为他的生产是经济的、合理的、精打细算的。但是，这种生产的溢出效应、外部表现是不经济的、不合理的、浪费严重的。资本家置生态环境、自然资源和工人的生命于不顾，这是典型的外部不经济表现。为什么资本主义生产会出现内部经济性与外部不经济的矛盾现象呢？导致该现象的原因是什么呢？马克思恩格斯给予了明确的回答。

（一）资本主义生产方式的剥削本质

资本主义生产导致外部不经济问题的根本原因，在于资本主义生产方式的剥削本质，这是马克思主义的基本观点。马克思认为："资本主义生产过程的动机和决定目的，是资本尽可能多地自行增殖，也就是尽可能多地生产剩余价值，因而也就是资本家尽可能多地剥削劳动力。"① 前两个"尽可能多"是资本主义生产的目的，后一个"尽可能多"是手段。为了榨取更多的剩余价值，资本主义生产就呈现出内部经济性与外部不经济性并存的矛盾现象。"资本主义生产方式按照它的矛盾的、对立的性质，还把浪费工人的生命和健康，压低工人的生存条件本身，看作不变资本使用上的节约，从而看作提高利润率的手段。"② 马克思的剖析是犀利的、透彻的！生产剩余价值或赚钱，是资本主义生产方式的"天条"，为了快速发财，资本主义生产方式根本不会顾及生态环境状况和工人的生存环境，投资于外部不变资本不利于市场竞争，有悖于资本积累。所以，

---

① 《马克思恩格斯全集》第44卷，人民出版社2001年版，第384页。
② 《马克思恩格斯全集》第44卷，人民出版社2001年版，第269页。

外部不经济就是资本主义生产方式的必然产物。

（二）资本家根本不关心工人健康和寿命

资本家是以"资本"为信仰，以追求资本为"天职"的人。马克思说，资本家渴求货币这唯一的财富，就像鹿渴求清水一样。"作为资本家，他只是人格化的资本。他的灵魂就是资本的灵魂。而资本只有一种生活本能，这就是增值自身，创造剩余价值，用自己的不变部分及生产资料吮吸尽可能多的剩余劳动。资本是死劳动，它像吸血鬼一样，只有吮吸活劳动才有生命，吮吸的活劳动越多，它的生命就越旺盛。"[①] 所以，资本是无情的，资本家是残酷的。资本家把对工人生产生活条件的节约，即不变资本使用上的节约，例如安装防护、采光、通风、除尘设备等，视为提高利润的另一条途径。在资本家看来，只要利润能给他带来快乐，工人的健康和寿命是无所谓的，又何必为工人的生存环境苦恼呢？连工人死活都不顾的资本家，不可能主动去改善工人的生存环境，不可能为外部不经济"埋单"。

（三）"社会迫使"与"国家强制"措施不到位

马克思恩格斯还分析了导致资本主义生产外部不经济的社会历史原因。当时，在资本主义国家立法机构中，还没有制定和实施保护生态环境、防止污染、改善工人生存环境的法律法规，不能约束和控制资本主义生产中形成的"环境公害"。马克思看到了："为了迫使资本主义生产方式建立最起码的清洁卫生设施，必须由国家颁布强制性的法律。"[②] 但遗憾的是，当时工人们缺乏环境保护意识，没有从社会舆论、群众集会、政府强制等方面形成社会压力，迫使资本家关注并纠正生产的外部不经济问题。从工人阶级反抗资本主义剥削的历史进程看，工人们早期罢工的目的主要在于获得更多的经济利益，增加工资，减少工时，很少提出改善生存环境要求的。因为"工人受的教育太少，不懂得自己享有卫生权利；不论极端恶劣的住宅，还是污浊不堪的饮用水，从来都没有引起过罢工"[③]。这在一定程度上，纵容了资本主义生产外部不经济问题的发生。

[①] 《马克思恩格斯全集》第44卷，人民出版社2001年版，第554页。
[②] 《马克思恩格斯全集》第44卷，人民出版社2001年版，第769页。
[③] 《马克思恩格斯全集》第44卷，人民出版社2001年版，第769页。

（四）资本家只关心其行为最直接的有益效果

在马克思恩格斯看来，资本家不仅是贪婪的，还是短视的。因为"支配着生产和交换的一个个资本家所能关心的，只是他们的行为的最直接的效用……销售时可获得的利润成为了唯一的动力"①。为了降低生产成本，提高商品的竞争力，资本家根本不可能把资金用在改善工人的生存环境上，在他们看来此举纯属浪费和多余。资本家只顾眼前利用，根本不去考虑其生产行为可能导致的较远的自然影响，那些通过重复和累积在较晚时期才会出现的生产外部不经济的结果，被资本家完全忽视了。资本家的逻辑就是"希望暴风雨在自己发了大财并把钱藏好以后，落到邻人的头上。我死后哪怕洪水滔天！这就是每个资本家和每个资本家国家的口号"②。

七、研究资本主义生产外部不经济问题的意义

通过初步挖掘、梳理和分析，马克思恩格斯对资本主义生产外部不经济问题的生态批判，作为一条深化马克思恩格斯关于资本主义生态批判理论研究的新路径呈现出来，应当引起我们的研究自觉，因为对资本主义生产外部不经济问题的研究是一条很有意义的新路径。

（一）拓展了马克思恩格斯关于资本主义生态批判理论的新视阈

近年来，国内外学术界开始了对马克思恩格斯关于资本主义生态批判理论的研究。生态批判理论是他们资本主义社会批判理论的重要组成部分，他们对资本主义的生态批判越来越受到了学术界的重视。这方面的已有研究领域和成果主要集中在如下方面：马克思恩格斯对资本主义工业、农业的生态批判，对资本逻辑和资本主义生产方式的生态批判，对资本主义的"城市病"和城乡之间"物质交换断裂""新陈代谢断裂"的生态批判……现在，我们研究马克思恩格斯对资本主义生产外部不经济问题的生态批判，无疑是拓展了他们关于资本主义生态批判理论的新视阈。

---

① 《马克思恩格斯选集》第4卷，人民出版社1995年版，第385页。
② 《马克思恩格斯全集》第44卷，人民出版社2001年版，第311页。

(二)加深了对资本主义制度生态罪孽的认识

资本主义制度是导致外部不经济,引发生态危机的根本原因,这是马克思主义的基本观点,也是生态学马克思主义和生态社会主义的共识。以往人们对资本主义制度的剥削本质和经济罪孽是比较熟悉的,知道资本积累的必然趋势就是敲响资本主义制度必然灭亡的"经济丧钟"。现在,通过对资本主义生产外部不经济问题的探究,我们还知道资本主义制度的生态罪孽也是罄竹难书的。资本主义制度不仅剥削掠夺工人的身体自然,而且压榨盘剥生态的自然。所以,资本主义制度的生态罪孽和外部不经济的趋势,必将敲响资本主义制度必然灭亡的"生态丧钟"。

(三)批驳"生态资本主义"的辩护

"生态资本主义"是生态学与资本主义制度结合的产物,该理论认为,资本主义的经济原则和生态学的主张是不矛盾的,可以在生态学与资本主义之间建立联姻的"生态婚约",是在资本主义制度框架内,通过经济技术等手段应对生态环境问题的解决思路和实践举措的一种理性诉求。"生态资本主义"的辩护是多角度的,有人说,资本主义制度不具备破坏生态环境的先天倾向,资本主义可以是"生态的"或者"绿色的";有人说,绿色技术是资本主义制度的"绿色护身符",生态技术是生态资本主义存在的技术保障;有人说,只要赋予自然资源和环境资源适当的价值,资源就可以得到节约,外部环境就可以得到保护;有人说自然资源是大自然奉献给人类的"免费的礼品",资本家大可不必为自然资源的供给担忧……"生态资本主义是可能的吗?""绿色资本主义"抑或是"可持续发展资本主义"是现实可行的吗?通过研究马克思恩格斯对资本主义外部不经济问题的生态批判,我们可以知道,"生态资本主义"是一个悖论,生态逻辑与资本逻辑是大相径庭的,资本主义制度在本质上是反生态的。

(四)批判资本逻辑,警惕外部不经济现象的新变种

在生态环境意识觉醒,保护生态环境成为时代强音的今天,资本主义早期工业化进程中肆无忌惮地导致外部不经济的现象已经不是"常态"了,但也绝非销声匿迹。只要资本主义制度的本质没有变,只要资本逻辑的实质没有变,那么资本主义生产的外部不经济问题就一定存在。在当代,资本主义生产外部不经济问题有了新的变种。例如,借用现代科技手段导致外部不经济。自2015年9月以来,德国大众汽车公司安装作弊软件在汽车尾气排放测试中造假的事

情就闹得沸沸扬扬。为了扩大汽车销售，追求企业内部经济性，大众汽车公司不惜造假规避环保检测，把大量汽车尾气排放出来，导致了空气污染，造成了外部不经济问题。生态帝国主义行径导致他国的外部不经济问题。2006年12月1日《光明日报》曾以"谁应对科特迪瓦'毒垃圾'事件负责"为题，揭露了生态帝国主义的又一桩生态罪孽。荷兰一家公司在科特迪瓦卸载了共约500吨的有毒工业垃圾，引发了严重的环境污染。资本主义国家通过转移污染产业和出口毒垃圾，洁净了自己的"厅堂"，污染了人家的"厨房"。只考虑"美国优先"，罔顾应当承担的减排承诺。美国总统特朗普2017年6月1日提出要退出《巴黎协定》，认为该协定限制了美国发展，牺牲了美国利益，违背了他竞选时提出的"美国优先"策略。美国是全球二氧化碳排放量第二的国家，它退出已经签署的《巴黎协定》，对全球二氧化碳排放目标控制来讲绝对是个"噩耗"，势必在全球范围内进一步加剧外部不经济问题。

  马克思恩格斯对资本主义的生态批判是全方位的，他们对资本主义制度的透彻分析和犀利批判，即使是当代人也难以望其项背。他们在资本主义工业化的早期，对资本主义生产外部不经济问题的生态批判是很有价值的理论阐述，可以成为今天我们剖析资本主义外部不经济问题的理论利器。

第四编 04
马克思生态思想的当代回响

建设生态文明是中国特色社会主义的重要内容[①]

在历史的坐标上，30 年是很短的一瞬间。但在中华人民共和国的历史上，改革开放的 30 年却是中国历史上天翻地覆的 30 年，是值得人们浓墨重彩的 30 年。回眸改革开放的历史，我们深切地感到，中国共产党在引领我们取得经济巨大成就的同时，也在探索中国特色社会主义理论体系方面取得了骄人的成绩。改革开放的 30 年是我们党理论创新的 30 年，其理论创新的累累硕果，既推动了中国特色社会主义的迅猛发展，也丰富了科学社会主义的理论体系。我们党身体力行着"马克思主义具有与时俱进的理论品质"的理念。

党的十七大报告第一次提出"建设生态文明"并把它作为全面建设小康社会的奋斗目标。"生态文明"首次载入中央文件，这是中国共产党科学发展观，构建社会主义和谐社会理念的又一个重大的理论创新。建设生态文明是中国特色社会主义的重要内容，这一重大命题的提出，标志着我们党社会发展理念的升华，对世界文明发展态势的洞察，对社会发展与环境关系认识的飞跃，推进了我们党对中国特色社会主义的认识，是中华民族对人类的伟大贡献，具有划时代的意义。

一、中国特色社会主义的生态文明是人类文明演进的逻辑必然

文明是一个历史的范畴。回眸历史，人类文明演进的脉络清晰可见。人类依次经过了原始文明、农耕文明和工业文明。工业文明对于人类财富的积累是巨大进步，但对于生态环境却是一次灾难。几乎所有的资本主义工业大国，都

[①] 原载黑龙江省纪念改革开放三十周年研讨会入选论文，2008 年 12 月。

经历了资源高消费、环境高污染的过程。从 20 世纪以来，工业化国家严重的"环境公害事件"频繁发生，特别是"世界八大公害事件"更是令世人震惊。这些都说明，以资本主义为主导的工业文明给人类带来了严峻的生态危机。

正是在这样的社会背景下，人们开始了对工业文明发展模式的反思与批判。1962 年，美国科学家卡逊夫人的名著《寂静的春天》，拉开了"生态文明时代"的序幕。1972 年，罗马俱乐部的研究报告《增长的极限》，宣判了高增长、高消费的工业文明发展模式的"死刑"。同年召开的联合国人类环境会议和 1992 年的联合国环境与发展大会，使可持续发展思想得到了最高级别的政治承诺，为生态文明建设提供了思想保障。20 世纪后半叶以来，关注生态环境问题，协调经济发展与环境保护之间的关系，走可持续发展之路，逐渐成为了全人类的共识。人类正从对大自然的征服型、掠夺型和污染型的工业文明走向环境友好型、资源节约型、消费适度型的生态文明。

生态文明是人类文明史上的一次革命性进步，是对农耕文明、工业文明的继承与超越，是人类文明质的提升和飞跃，是人类文明史上的新里程碑。生态文明不只是关乎生态环境领域的一项重大研究课题，而且是涉及人与自然、人与人、人与社会、经济与环境的关系协调、协同进化、达到良性循环的理论理性和实践理性，是人类社会跨入一个新时代的标志。走生态文明之路，已是当今世界发展的大趋势。

中国作为一个发展中的国家，在工业革命的进程中迟了一步，目前正处在工业化的初期或中期，同样面临着严重的生态环境问题。如何避免重蹈工业化国家"先污染、后治理"的覆辙，加快由传统工业文明向生态文明的转变，走新型工业化的道路，是摆在中国共产党人面前的一道时代难题。可喜的是，中国共产党人已经清醒地认识到了这个问题，在自己的发展理念中及时地增添了建设生态文明的新内容，反映了对人类文明发展趋势的清醒意识。

二、保护生态环境的最佳选择是先进的社会主义

最早享受工业文明成果的资本主义发达国家，在尝到了工业化带来的环境污染的恶果之后，也对资本主义的经济增长方式进行过深刻的反思和检视，也在环境保护方面取得了令人瞩目的成就。但从整体上看，资本主义工业化国家

并没有因为它们那里率先爆发过生态危机而提出"生态文明"的新理念。这是因为，第一，在发达的资本主义工业大国，资本家出于获得高额利润的动机，花费了大量的资金、技术来处理生态环境问题，在一定程度上使得一度相当严重的生态环境问题有了很大的缓解。第二，西方工业文明已经有了几百年的历史并且有过辉煌的历程。工业文明时代孕育的自然观、价值观、思维方式、技术模式和消费方式还有相当大的市场，其核心价值观还有巨大的历史惯性，许多人还把它奉为生活的圭臬。第三，西方资本主义工业大国奉行着"生态殖民主义""生态帝国主义"的环境策略，转移了国内的生态危机。由于自己的自然资源无法维系现有的经济规模和生活水准，它们就通过资本全球化悄悄地进行资源掠夺和环境剥削，把发展中国家视为自然资源的原料地和污染物的排放地，不断向落后的国家和地区转移工业产品的生态成本，让发展中国家为它们的资源环境"埋单"，导致了全球范围内的环境污染。第四，资本主义制度是造成全球生态危机的根本原因，因为它无限追求利润的生产方式和"不消费，就衰退"的消费观，必然导致对自然环境的破坏，内在地决定了它不可能实现真正意义上的生态文明。

对于资本主义制度的反生态本性，生态学马克思主义给予过深刻的批判。法国生态学马克思主义者安德瑞·高兹（Andre Gorz）在《经济理性批判》中对资本主义生产方式的核心价值观——经济理性进行了深入的批判，深入挖掘导致资本主义生态危机的思想意识根源，加深了人们对资本主义生产方式反生态性的了解。

美国著名的生态学马克思主义者詹姆斯·奥康纳，在马克思的资本主义基本矛盾理论基础上，从资本主义生态环境危机加重的事实出发，提出了著名的"资本主义第二重矛盾"理论。在他看来，传统马克思主义论述的是资本主义生产力与生产关系之间的矛盾，他称之为第一重矛盾。而在此基础上，资本主义社会还存在着第二重矛盾，即生产力和生产关系与其生产条件的矛盾。资本主义积累的无限性与生产的自然条件的有限性的矛盾，说明了资本主义积累必然导致生态危机，而生态危机也将引起资本主义世界的全面危机。

另一位当代著名的生态学马克思主义者，美国俄勒冈大学社会学教授约翰·贝拉米·福斯特也对资本主义展开了全面的生态批判。在《生态学反对资本主义》中，他明确指出："生态与资本主义是互相对立的两个领域，这种对立不是表现在每一个实例之中,而是作为一个整体表现在两者之间的相互作用之中。"① 他认为,资本主义制度奉行着扩张主义的逻辑,该制度把以资本的形式积累财富视为社会的最高目的。但是,资本的无限扩张是在有限的环境资源中进行的,这本身就是一个矛盾。而资本主义发展经济所造成的生态资源匮乏和不可逆转的环境恶化,足以说明资本主义经济的不可持续性。

生态学马克思主义者是在借鉴、学习、利用马克思恩格斯理论的基础上对资本主义展开生态批判,构建生态社会主义原则的。众所周知,马克思恩格斯对资本主义的生态批判是其社会批判理论的重要组成部分,他们是人类历史上最先开展对资本主义生态批判的思想家,在《1844年经济学哲学手稿》《资本论》《英国工人阶级状况》和《自然辩证法》等经典著作中,马克思恩格斯批判了资本主义制度的反生态本质,揭露了资本主义生态环境恶化的要害,指出了"劳动异化"与"生态恶化"的关系,提到了科学技术的"资本主义应用"导致的生态环境问题。

马克思恩格斯在批判与超越资本主义的同时,也阐发了生态文明的思想,揭示了生态文明与社会主义的内在关联性。他们虽然没有直接使用过"生态文明"这个概念,但却有着丰富而深刻的生态文明思想。马克思恩格斯将达到人与自然协调和谐的生态文明,视为人类面临的两大变革之一和所要达到的两大价值追求之一。他们说:"我们这个世纪面临的大变革,即人类同自然的和解及人类本身的和解。"② 这里的"人同自然的和解",指的就是人与自然的协调和谐关系,涉及的就是生态文明建设的问题。而"人类本身的和解"强调的是人与人、人与社会关系的和解。恩格斯认为解决"两大和解"的关键是,"需要对我们迄今存在过的生产方式以及和这种生产方式在一起的我们今天整个社会制度的完全的变革。"③ 即改变历史上出现过的生产方式以及同这种生产方式相联系的私有制度。这说明,生态文明是一个实践的范畴、历史的范畴,是人类文明演进的一个更高阶段和更高形态的文明。马克思恩格斯特别强调了文明发展高级形态的生态文明与社会发展高级形态的共产主义之间的内在相关性,他们

---

① [美]约翰·贝拉米·福斯特《生态危机与资本主义》,耿建新、宋兴元译,上海译文出版社2006年版,第1页。
② 《马克思恩格斯全集》第1卷,人民出版社1956年版,第603页。
③ 恩格斯:《自然辩证法》,人民出版社1984年版,第306页。

甚至从"自然主义—人本主义—共产主义"三位一体的高度看待生态文明,指出:"共产主义是私有财产即人的自我异化的积极的扬弃,因而是通过人并且为了人而对人的本质的真正占有;因此,它是人向自身、向社会的(即人的)人的复归,这种复归是完全的、自觉的而且保存了以往发展的全部财富的。这种共产主义,作为完成了的自然主义,等于人道主义,而作为完成了的人道主义,等于自然主义,它是人和自然界之间、人和人之间的矛盾的真正解决,是存在和本质、对象化和自我确证、自由和必然、个体和类之间斗争的真正解决。"①在马克思看来,共产主义既要解决"社会解放",又要解决"自然解放"的问题,把人从异化的劳动和异化的自然中拯救出来,克服人与自然、人与人的对立,达到自然主义和人本主义的统一,完成人与自然和人与社会矛盾的和解。

可见,生态文明与共产主义、社会主义有着必然的联系,生态文明是未来社会发展的必然要求。正如胡锦涛同志指出的:"马克思主义经典作家认为,未来理想社会是社会生产力高度发达和人的精神生活高度发达的社会,是每个人自由而全面发展的社会,是人与人和谐相处,人与自然和谐共生的社会。"② 这里,他充分肯定了未来理想社会的生态文明特征,明确了建设生态文明是建设中国特色社会主义的重要目标和价值追求。

三、推进生态文明建设是全面建设小康社会的迫切需要

2008年,是我国改革开放30周年。改革开放以来,中国的面貌发生了天翻地覆的变化,经济快速发展,综合国力极大增强,人民生活水平明显提高,创造了人类历史上罕见的经济奇迹,社会主义制度的优越性和凝聚力得到了充分的体现。

但是,我们要清醒地认识到,中国在取得经济巨大成就的同时,也付出了沉重的资源、环境代价。正如国务院在《关于落实科学发展观加强环境保护的决定》中指出的:"我国环境形势依然十分严峻。主要污染物排放量超过环境承

---

① 《马克思恩格斯全集》第42卷,人民出版社1979年版,第120页。
② 胡锦涛:《切实做好构建社会主义和谐社会的各项工作,把中国特色社会主义伟大事业推向前进》,载《求是》,2007年第1期。

载能力，流经城市的河段普遍受到污染，许多城市空气污染严重，酸雨污染加重，持久性有机污染物的危害开始显现，土壤污染面积扩大，近岸海域污染加剧，核与辐射环境安全存在隐患。生态破坏严重，水土流失量大面广，石漠化、草原退化加剧，生物多样性减少，生态系统功能退化。发达国家上百年工业化过程中分阶段出现的环境问题，在我国近20多年来集中出现，呈现结构型、复合型、压缩型的特点。环境污染和生态破坏造成了巨大经济损失，危害群众健康，影响社会稳定和环境安全。未来15年我国人口将继续增加，经济总量将再翻两番，资源、能源消费持续增长，环境保护面临的压力越来越大。"①

的确，在当代中国，生态环境问题不仅严重制约着经济的发展，而且已经成为中国最大的不稳定因素。在我国的一些地方，人们呼吸新鲜空气，饮洁净的水，吃无公害的食品，都成为了可望而不可及的事情。

建设生态文明是全面建设小康社会和我国现代化建设的客观要求。中国是人口大国，又正处于工业化、城镇化快速发展时期，资源供应不足、能源严重紧缺、环境压力加大已经成为了社会主义现代化建设的关键性制约因素，经济发展与生态环境的矛盾十分突出。因此，中国要实现工业化，建设惠及十几亿人口的更高水平的小康社会，就必须改变传统工业文明时代高投入、高能源、高排放、低效率的粗放型增长方式，摆脱"先污染，后治理""边污染，边治理"的发展模式。在科学发展观指导下，我们要走出一条投入少、产出多、科技含量高、资源消耗低、经济效益好、环境污染小、人力资源得到充分发挥的符合生态文明要求的新型发展道路。

建设生态文明是落实科学发展观的内在要求。科学发展观把发展、以人为本、全面协调内在地统一起来，坚持统筹兼顾的根本方针。建设生态文明体现了人与自然、人与人以及经济与社会的协调发展，是协调人与自然关系的立脚点和最终结果。同时，生态文明的实质就是为了社会的科学发展。"绿水青山"与"金山银山"既存在矛盾，又相互依存，是对立统一的关系。美好的生态环境本身就可以带来可观的经济效益，而经济效益的提高反过来又为生态环境的保护提供了物质基础。没有文明的生态，从根本上讲就不可能有可持续的经济发展。正确处理经济快速发展和持续发展的关系，坚持走资源节约型、环境保

---

① 《国务院关于落实科学发展观加强环境保护的决定》，载《光明日报》，2006年2月15日。

护型的新型工业化道路，建设人与自然和谐的生态文明，在生机盎然的绿水青山中持久地追求并享有幸福，才能够真正拥有沉甸甸的"金山银山"。

建设生态文明是建设小康社会的基础和保障。生态系统是人类进行生产生活的物质前提，人们必须从环境中索取资源，同时将废物排放到环境中去。但是，生态系统承载人类活动的规模和能力是有限的，当资源索取和废物排放的数量和种类超过了生态系统的承载能力时，就会导致生态系统结构和功能的丧失，生态环境就难以很好地支持经济的发展，难以满足人们生活对生态环境质量性的需求。这样的话，全面建设小康社会的目标就不能实现。没有生态安全，人类自身就会陷入最深刻的生态危机。所以，生态建设是经济建设、政治建设、文化建设和社会建设的基础和前提。

四、建设生态文明是对中国特色社会主义理论的丰富和发展

生态文明是指人们在改造客观物质世界的同时，积极改善和优化人与自然的关系，在建设有序的生态运行机制和良好的生态环境过程中取得的物质、精神、制度方面成果的总和。建设生态文明，实质上就是要建设以资源环境承载力为基础、以自然规律为准则、以可持续发展为目标的资源节约型、环境友好型社会。

确立建设生态文明的新目标，是我们党在贯彻落实科学发展观的伟大进程中取得的新认识、树立的新理念、形成的新任务。改革开放的30年，也是我们党对中国特色社会主义理论探索发展的30年。社会主义应该有什么样的本质属性？应该具有什么样的重要特征？可以说，从马克思恩格斯创立科学社会主义理论以来，这个问题一直不太明了。我们熟知的科学社会主义理论，仅仅提到了"公有制""按劳分配"等经济特征，但这些是远远不够的。所以，在改革开放的新形势下，不断探索中国特色社会主义的本质特征，就成为我们党面临的重大理论课题。从党的十二大到十五大，我们党把建设社会主义物质文明和精神文明作为中国特色社会主义的主要内容，把我国现代化的目标和主要任务设计为"两位一体"（物质文明与精神文明）。党的十六大又提出了建设社会主义政治文明，扩展为"三位一体"（物质文明、精神文明和政治文明）。随着中国特色社会主义现代化的发展，党的十七大明确提出建设生态文明，构建成

"四位一体"（物质文明、精神文明、政治文明和生态文明）的新发展观，这是我们党提出的科学发展与和谐发展理念的又一次升华，把生态文明与社会主义相结合是对社会主义本质的重大发现，它标志着中国共产党人对中国特色社会主义建设规律认识的进一步深化，也是对科学社会主义理论的重大丰富和发展。经典的科学社会主义可以说是"红色"的，主要目的是建立"红色政权"，让赤旗插遍世界，重点是要克服人与人、人与社会的异化关系，要实现人与人在社会关系上的平等，也就是说要追求"人的解放""社会的解放"，达到人与人的和谐。而作为科学社会主义范畴的中国特色社会主义理论，在坚持"红色理念"的同时，也追求"绿色价值"，在注重解决人与人的社会关系矛盾的同时，也要建设"生态文明"，也要正确处理人与自然的生态关系，实现"自然的解放"，达到人与自然的和谐，并把人与自然的和谐看成是人与人和谐的基础和前提。这样就在科学社会主义的发展史上首次实现了"红"与"绿"的结合，这无疑是中国共产党人对科学社会主义理论的极大发展。

在人类历史上，中华文明曾经达到农业文明的最高成就，对人类文明发展做出了伟大贡献。只是在近百年来中华民族落伍了。因为成熟和发达农业文明的强大惯性，超稳态的封建社会制度，使中国失去了率先向工业文明发展的机会。进入21世纪的中华民族，有理由也有能力率先点燃生态文明之光，再为人类文明做出新的贡献。

首先，建设生态文明是中华民族复兴和崛起的需要，有着强大的内在动力。这一点在我们党的科学发展观上有着充分的显现。可以说，中国特色社会主义的伟大旗帜上已经闪耀着生态文明之光。

其次，悠久厚重的中华文明是培育生态文明的沃土。中国文明的核心和精髓是"天人合一""和为贵"和"和而不同"等敬畏自然、关爱自然的观念。中华民族的文化真谛与生态文明的价值主张是相通的。

再次，我们有前车之鉴。西方发达资本主义国家和苏联工业化的经验教训可以给我们以深刻的警示。从辩证的角度看，我们处于工业化的初期也有一定的好处，我们完全可以避免传统工业化发展的弊病，绕过"先污染，后治理"的老路，在生态文明精神的感召下走新型工业化的道路。

最后，社会主义制度与生态文明具有内在的契合性。如果说，封建社会滋生了农耕文明，资本主义社会发展了工业文明，那么社会主义社会就能创造出崭新的生态文明。社会主义制度相对于资本主义制度来说更能达到生态文明，因为社会主义的出发点不是以利润为生产目的。而社会主义公有制、全国一盘棋、集中全国力量办大事的特点与生态系统的整体性、环境保护的全局性的特点相一致。

中国是最大的发展中国家，如果中国率先跨入生态文明社会，不但会使全国的经济、社会、生态、环境、人文、民生面貌焕然一新，而且必将大大加快全球生态文明建设的步伐。届时，世界生态文明的"绿色版图"将明显扩大，全世界 1/5 的人口将走上生态文明之路。这是多么令人景仰、令人渴望的未来社会愿景。同时，广大的发展中国家如何在工业化进程中转化为生态文明的社会，中国可以提供可资借鉴的经验。

近代以来，一直是西方的社会发展理念在引领着世界发展的潮流。但今天，我们有理由相信，中国共产党人提出的建设"生态文明"的新思想，一定会使中国特色社会主义更具魅力和感召力。用生态文明点燃人类新文明之光，以生态文明引领世界的未来，这是中华民族伟大的历史使命，将是中华民族对人类新的伟大贡献。

"努力建设美丽中国"
——马克思主义中国化的新维度①

党的十八大报告指出:"建设生态文明,是关系人民福祉、关乎民族未来的长远大计……必须树立尊重自然、顺应自然、保护自然的生态文明理念,把生态文明建设放在突出地位,融入经济建设、政治建设、文化建设、社会建设各方面和全过程,努力建设美丽中国,实现中华民族永续发展。""努力建设美丽中国"这个命题有着丰富而深刻的意蕴,它是对生态文明建设的一个形象、直观的表达,体现了中国共产党一种新的理论自觉,也是马克思主义中国化生态文明维度的新体现。

"美丽中国"是在政治中国、经济中国、文化中国、历史中国等国家形象表达上的一个新亮点、一个新追求。"美丽中国"有着这样一种价值诉求,即中国特色社会主义既要追求人与人的和谐,也要追求人与自然的和谐。它要求中国大地到处都应当体现出自然美、生态美和环境美,它是中国生态文明建设的新目标和新尺度。

一、"努力建设美丽中国"是马克思主义中国化最新成果的重要内容

"马克思主义中国化"是一个大家比较熟悉的命题,但在我看来,已有的"马克思主义中国化"理论大都体现在马克思主义政治理论、经济理论、社会发展理论、文化理论等方面内容的中国化,而很少有人注意研究马克思主义生态文明理论的中国化问题。我感到,"努力建设美丽中国"命题与马克思主义生态

---

① 原载《南京林业大学学报》(人文社会科学版),2013 年第 2 期。

文明理论有着高度的理论契合,是马克思主义生态文明理论的最新中国表达。

"努力建设美丽中国"的生态命题与马克思的自然生态美学思想是一脉相承的。马克思《1844 年经济学哲学手稿》中有着丰富的生态美学思想。马克思在论述人与动物在作用于大自然所表现出的差别时,提出了一个光辉的自然生态美学命题:"人也按照美的规律来建造。"① 在这里,我们可以看到马克思有这样的思想:人在改造自然的活动中应当按照美的规律,按照美学的要求来处理人与自然的关系。自然界的美是客观的,生态的美是自然的。自然生态美的体现很重要的一点就是它的自然性、原生性以及生态性,它是大自然鬼斧神工的结晶。马克思在《手稿》中多次提到自然的生态美的例证,比如,"最美丽的景色""矿物的美和特性""太阳的唤醒生命的力量"等。这些多数属于自然美,是生态系统存在的客观状态。可以说,自然界的生态美是无处不在的,自然界中的一切我们可以说它们是美的,因为它们是自然的;也同样可以说它们是自然的,因为它们是美的。而一切反自然的都是假的、丑的。面对大自然的生态美,只有人类可以认识它,并在实践中按照美的规律去重塑、再造我们的生态环境。在马克思看来,人是一种对象性的存在物,"正是在改造对象世界中,人才真正地证明自己是类存在物。这种生产是人的能动的类生活。通过这种劳动,自然界才表现为他的作品和他的现实。"② 人的存在注定要改造自然,要把自然界变成"他的作品和他的现实。"人类在对自然界进行人化的时候,这个作品应当是人类的"杰作"和"佳品"。人们能从中体会到美的存在和美的律动,人们创造的现实应当是合理的、和谐的、符合自然生态美要求的,而不应该是人类创造的"罪孽"和"败笔",更不应该是惨痛、麻木和令人厌恶的现实。

马克思说:"只有当物按人的方式同人发生关系时,我才能在实践上按人的方式同物发生关系。"③ 现在的问题是,在经济发展的过程中,人们怎样才能"在实践上按人的方式同物发生关系"呢?怎样才算是与生态自然和谐相处的关系呢?我认为,这是马克思给我们提出的一个值得深思的问题,也是我们"努

---

① 《马克思恩格斯全集》第 42 卷,人民出版社 1979 年版,第 97 页。
② 《马克思恩格斯全集》第 42 卷,人民出版社 1979 年版,第 97 页。
③ 《马克思恩格斯全集》第 42 卷,人民出版社 1979 年版,第 124 页。

力建设美丽中国"所面临的一个大问题。

我认为,"美丽中国"首先应该美在祖国的锦绣河山,美在"清粼粼的水,蓝盈盈的天",美在自然万物"各美其美,美美与共"。要做到这一点,我们就要从人与自然和谐共生的角度出发,细心呵护美丽的大自然,要尊重自然,崇尚自然。同时,我们在开发利用大自然时要顾及到自然界的再生能力和承受能力,要按照自然生态规律的要求并以属人的方式处理人与自然的关系。人类的创造物应该既有经济价值,又有生态价值,并具有美学价值,给人以愉悦、舒适的美感体验。

马克思的生态美学思想要求我们,要按照自然的本真的状态、按照自然美的规律去改造自然,人化自然的过程也应该是美化自然的过程。如果我们在处理人与自然关系时认识不到这点,就有可能使人化了的自然以不符合人性甚至以有害于人性的方式同人发生关系。例如,被污染的河流、雾霾蔽日的城市、日渐荒芜的山川和化肥农药玷污的土壤等。这些东西与"美丽中国"的画面是格格不入的。所以,我们应当牢记马克思的教诲,"努力建设美丽中国",让中国大地处处展示出美的景象。

二、"马克思主义中国化"是一个与时俱进的命题,它在中国革命的不同时期有着不同的理论诉求

在中国革命和建设的不同历史阶段,中国的马克思主义者都有着对"马克思主义中国化"的不同理解,也形成了"马克思主义中国化"的不同理论成果。在中国革命时期,我们需要"马克思主义中国化",用中国化的马克思主义来指导我们的革命。同理,在社会主义建设时期,我们同样需要"马克思主义中国化",用中国化的马克思主义来指导我们的生态文明建设。

马克思恩格斯有着丰富的生态文明思想,这些对"努力走向社会主义生态文明新时代"的中国来说是很有指导意义的。

在《1844年经济学哲学手稿》中,马克思深刻论述了人与自然的关系,提出了"自然界是人的无机的身体""人是自然界的一部分"的生态学命题。自然界生养哺育了人类,人类就应当明白在自然面前承担的义务和责任,要善待自然、尊重自然。既然自然界是"人的无机的身体",那么,我们就应当像保护

自身健康那样,来保护大自然的健康;像预防疾病那样,来防止对生态环境的损害;像治疗自身疾病那样,治理环境污染;像锻炼身体那样,来积极地建设自然、美化自然;像增强健康意识那样,树立人类应有的环境意识和生态伦理意识。人类对自然生态系统的任何破坏和污染,都是对人类机体的破坏和污染,都是对自然母亲的亵渎和犯罪,自然之母容不得人类的肆意妄为,大自然的"教训"人类应当时刻牢记。在生态文明建设方面,马克思向人们提出了"再生产整个自然界"的总要求,为人们正确处理人与自然的关系指明了方向。首先,自然界是一个整体,生态系统是完整的。人类对大自然的过度盘剥,破坏了自然界的整体性,肢解了生态的系统性。现在人们应当更加重视对自然界整体性的保护。其次,要重视自然界的再生建设。人类的存在不可避免地要从大自然中获取种种资源,但自然界的资源是有限的,许多资源是不可再生的。随着生产规模的扩大,人类对自然界的损害程度定会不断加深和加重,这就直接威胁到人类的生存和发展。所以,人类必须全面建设自然界,恢复生态系统的完整性。人类的生产理所应当包括生态环境的再生产。例如,实施重大生态修复工程,增强生态产品生产能力,推进荒漠化、石漠化、水土流失综合治理,扩大森林、湖泊、湿地面积,保护生物多样性,强化水、大气、土壤等污染治理等。在阐发造成自然界日益腐败的经济根源时,马克思的见解也给人深刻启迪。在他看来,以单纯追求经济利润为终极目的的异化生产必然导致自然的异化。马克思一针见血地指出:"劳动本身,不仅在目前的条件下,而且一般只要它的目的仅仅在于增加财富,它就是有害的、造孽的。"① 马克思的话,听起来振聋发聩,具有警示作用。的确,我国许多地方政府以乱伐木、乱开矿作为维持财政收入的唯一手段,为了经济利益,尽量压低环保支出,把工业废水排放到地下水中,把工业垃圾随意堆放,使当地的自然生态环境遭到了严重的人为破坏,加剧了我国生态环境恶化的趋势。

在《德意志意识形态》中,马克思恩格斯指出,任何社会面临的基本矛盾,无外乎两大类,一是人与人的社会矛盾,二是人与自然的生态矛盾。这两类矛盾的和解是人类社会的目标。马克思主义不仅在解决人与人的社会矛盾方面有独到的见解,追求人的解放是其理论的主旨,而且在解决人与自然的生态矛盾

---

① 《马克思恩格斯全集》第42卷,人民出版社1979年版,第55页。

方面也有丰富的论述，谋求自然的解放也是其理论的内涵。马克思主义的历史观在谋求人的解放的同时，也谋求自然的解放。它反对"自然和历史的对立"，主张"人与自然的统一性"。马克思恩格斯指出："对实践的唯物主义者，即共产主义者来说，全部问题都在于使世界革命化，实际地反对和改变事物的现状……特别是人与自然的和谐。"①"世界革命化"的目的就是要解决上述两大矛盾，推动现实世界的两大转变。马克思恩格斯说："我们这个世纪面临的大变革，即人类同自然的和解以及人类同本身的和解。"②

在《资本论》中，马克思的许多见解对我们"努力建设美丽中国"更具有直接的指导意义。马克思在对资本主义农业展开生态批判的时候，提出了资本主义"新陈代谢断裂理论"。马克思敏锐地指出，资本主义城市化导致了人与土地之间物质变换的断裂，从而造成了资本主义农业的生态危机。马克思指出："资本主义生产使它汇集在各大中心的城市人口越来越占优势，这样一来，它一方面聚集着社会的历史动力，另一方面又破坏着人和土地之间的物质变换，也就是使人以衣食形式消费掉的土地的组成部分不能回到土地，从而破坏土地持久肥力的永恒的自然条件……资本主义农业的任何进步，都不仅是掠夺劳动者的技巧的进步，而且是掠夺土地的技巧的进步，在一定时期内提高土地肥力的任何进步，同时也是破坏土地肥力持久源泉的进步……因此，资本主义生产发展了社会生产过程的技术和结合，只是由于它同时破坏了一切财富的源泉——土地和工人。"③马克思提到的城市化进程中的"物质变换断裂"现象也是我国生态文明建设中遇到的大问题。随着我国城市规模的扩大和城镇化步伐的加快，城市与农村之间的环境冲突越来越严重，城市的垃圾、工业与生活废水污染了城乡环境，污染了土壤，直接威胁到我们生存的根基。人口的增多给粮食生产带来了前所未有的压力，为了保证粮食产量连年递增，大规模地使用农药和化肥就成为了农民的不二选择。这样的结果使得土壤中农药与化肥的残存量累年递增，不仅使土壤的自然肥力日渐减少，也直接威胁到农产品的质量，给人类本身带来了深深的伤害。所以，如何实现城乡间物质变换的正常进行，如何把

---

① 马克思、恩格斯：《德意志意识形态》，人民出版社1961年版，第38页。
② 《马克思恩格斯全集》第1卷，人民出版社1963年版，第603页。
③ 《马克思恩格斯全集》第23卷，人民出版社1972年版，第552—553页。

城市垃圾变为有机肥料,减少对农药与化肥的依赖,的确是我们"努力建设美丽中国"所面临的大问题。

在《资本论》中,马克思还提出了保护土地的"好家长理论"。他写道:"从一个较高级的社会经济形态的角度来看,个别人对土地的私有权,和一个人对另一个人的私有权一样,是十分荒谬的。甚至整个社会,一个民族,以至一切同时存在的社会加在一起,都不是土地的所有者。他们只是土地的占有者,土地的利用者,并且他们必须像好家长那样,把土地改良后传给后代。"[①] 在这里,马克思旗帜鲜明地批判了"土地私有论"。他要求土地的占有者和利用者不能只顾眼前直接的经济效益而掠夺式地糟蹋、祸害公有土地,而应当像好家长悉心呵护自己的孩子成长一样关爱土地。马克思还要求人们,一定要花气力改良土壤并把改良好的土地传给我们的后代。同时,马克思还为土地肥力的恢复与提高提出了具体的方法。例如,合理的轮作制、改良的排灌法、用骨粉作肥料、发展畜牧业、用播种牧草的方法改造沙地和荒地等。所以,我们说,马克思已经具有了农业可持续发展和生态农业的思想。

在《自然辩证法》中,恩格斯深刻论述了人与自然的关系,他说:"我们统治自然界,决不像征服者统治异族人那样,决不像站在自然界之外的人似的,相反地,我们连同我们的肉、血和头脑都是属于自然界和存在于自然之中的;我们对自然界的全部统治力量,就在于我们比其他一切生物强,能够认识和正确运用自然规律。"[②] 同时,恩格斯还向人类发出了最早的生态警告:"我们不要过分陶醉于我们人类对自然界的胜利。对于每一次这样的胜利,自然界都对我们进行报复。每一次胜利,起初确实取得了我们预期的结果,但是往后和再往后却发生完全不同的、出乎预料的影响,常常把最初的结果又消除了。"[③] 恩格斯随后举了很多的例子来说明这个问题,历史上美索不达米亚、希腊、小亚细亚以及在其他地方居住的人们将森林砍伐,变成耕地,就因为这样使得那些地方变成了不毛之地、山泉枯竭、洪水肆虐、土地荒芜、畜牧业失去了生存空间,人们终于感受到了蔑视"生态辩证法"所招致的生态惩罚。

---

① 《马克思恩格斯全集》第46卷,人民出版社2003年版,第878页。
② 《马克思恩格斯选集》第4卷,人民出版社1995年版,第383—384页。
③ 《马克思恩格斯选集》第4卷,人民出版社1995年版,第383页。

恩格斯在人类生态思想史上向我们发出的生态警示，在很长时间里，没有受到人们的重视。可以说，大自然对人类的"报复"现在有愈演愈烈的趋势，我们必须对"生态警告"保持高度的警惕。

马克思恩格斯的生态思想既丰富，又睿智，从中汲取精华将大大推进我们"努力建设美丽中国"的生态实践。

三、中国共产党对"社会主义"与"生态文明"关系的认识有一个逐步加深的过程

在社会主义建设的实践中，中国共产党人逐渐认识到了生态环境问题的严峻性。在我国，1973年召开了第一次全国环境保护会议，环境保护被确立为政府的重要职能之一，成为了由政府主导的社会实践活动。1983年，环境保护被确立为我国必须长期坚持的一项基本国策，环境保护观念开始深入人心。2007年，建设生态文明被写进党的十七大报告，并提出要使"生态文明观念在全社会牢固树立"，生态文明建设已经上升为执政党治国理政的重要战略组成部分。继十七大报告之后，党的十八大报告再次论及生态文明，将其提升到更高的战略层面，与经济建设、政治建设、文化建设、社会建设并列，构成了中国特色社会主义事业"五位一体"的总体布局。十八大报告首次提出了"社会主义生态文明新时代"这一新概念，将生态文明提升到了人类社会发展的一个特定时代的高度，是我们党对生态文明建设的又一次理论创新，标志着中国特色社会主义迈入了一个社会主义生态文明的新时代，也说明我们党对生态文明建设的重要性有了新的认识，建设生态文明的自觉性和迫切性在不断增强。

社会主义应当是人与人和谐、人与自然和谐的社会，这是科学社会主义的基本主张。马克思曾经指出："这种共产主义，作为完成了的自然主义，等同于人道主义，而作为完成了的人道主义，等于自然主义，它是人和自然界之间、人和人之间的矛盾的真正解决，是存在和本质、对象化和自我确证、自由和必然、个体和类之间的斗争的真正解决。"① 在这里，我们可以说"努力建设美丽中国"和五位一体战略布局，是马克思上述观点的中国表达，是马克思主义中

---

① 《马克思恩格斯全集》第42卷，人民出版社1979年版，第120页。

国化最新成果的重要内容。

马克思恩格斯对资本主义的批判是全方位的，既有政治经济批判，也有生态批判，既从经济角度论证了资本主义灭亡的历史必然，也从生态角度论证了资本主义的不可持续性，敲响了资本主义必然灭亡的"生态丧钟"。所以，用社会主义生态文明取代资本主义工业文明，将是人类面临的更加深刻的社会文明转型，其目标是建设社会主义的生态文明社会。

那么，社会主义与生态文明有着怎样的关系呢？中国有条件走向社会主义生态文明新时代吗？

社会主义作为一种社会制度与生态文明作为一种新的文明形态具有高度的相关性。如果说，封建社会滋生了农耕文明，资本主义社会培育了工业文明，那么社会主义社会就应当创造出崭新的生态文明。

回顾历史我们看到，19世纪英国教会了世界如何生产，20世纪美国教会了世界如何消费。如果中国要引领21世纪的发展，它必须教会世界如何转变发展模式，走永续发展的道路。在人类文明演进中，我们也看到，英国人把人类带入了工业文明，美国人把人类带进了信息文明，我们中国特色社会主义应当有信心将人类推向生态文明。

第一，社会主义制度相对于资本主义制度来说更能达到生态文明，因为，资本主义制度在本质上是反生态的，而"保护生态环境的最佳选择是先进的社会主义"（高兹语）。社会主义生产的出发点不是以利润最大化为生产目的，它可以控制生产和消费，可以实现生产与生活和谐持续的协调发展。

第二，社会主义的价值主张与生态文明是一致的。社会主义公有制、中国共产党的领导、全国一盘棋、集中力量办大事的特点与生态系统的整体性、环境保护的全局性的要求是吻合的。例如，"三北"防护林工程、三江源保护工程、退耕还林还牧工程以及天然林保护工程等重大的、涉及广泛的生态修复工程都是国家工程，需要社会主义的大协作精神。另外，社会主义倡导的民主、公平、正义、反对剥削压迫、追求和谐的社会理念对生态文明建设也是极其可贵的精神养料。

第三，建设生态文明是中华民族伟大复兴的需要，是实现"中国梦"的应有之义，有着强大的内在动力。我们赶上了人类文明的转型期，这是历史留给我们的千载难逢的战略机遇，我们一定要抓住它，把社会主义生态文明建设推向一个新阶段。

第四，悠久厚重的中华文明是培育生态文明的沃土。中华文明的核心和精髓是亲近自然、关爱自然的，"天人合一""厚德载物""民胞物与""和为贵"一直是我们处理人与自然关系的基本准则。中华民族的文化真谛与生态文明的价值主张是相通的。

第五，我们有前车之鉴。西方发达资本主义国家工业化进程中的"环境公害"已经给我们以深刻的警示。从辩证的角度看，我们远没有达到高度工业化的阶段，我们完全可以避免资本主义国家工业化进程中的生态弊病，绕过"先污染，后治理"的传统工业文明的老路，在科学发展观的指引下走新型工业化的道路。

第六，社会主义生态文明建设的大幕在中国大地上已经拉开，"努力走向社会主义生态文明的新时代"已经成为了全党和全国人民的共识。这是我们建设生态文明的政治优势和民意基础。

当然，我们也应当清醒地看到，社会主义原则与生态原则的契合并不意味着社会主义国家不存在生态环境问题，社会主义与生态文明的应然关联也不等于实然关联。恰恰相反，社会主义国家依然面临着严峻的生态环境问题，这又是为什么呢？是什么导致了该现象呢？

社会主义革命取得胜利的国家，在政治上超越了资本主义的政治框架，但在发展模式上仍然遵循着西方资本主义国家传统工业文明的模式，无论是在哲学世界观、价值观和思维方式上，还是在生产方式和生活方式上，占主导地位的仍然是"高消耗——高产出——高消费——高污染"的传统工业文明的模式。囿于这种模式，"社会主义的生态文明"就难以实现。

所以，要使社会主义原则与生态学原则真正统一起来，达到这两类原则的应然状态，我们就必须转变发展理念，扬弃资本主义的工业文明，努力实现人类从工业文明向生态文明的过渡。在这样一次伟大的社会转型的征途上，马克思主义的生态哲学思想和中国共产党率先提出的生态文明理论无疑是照亮我们前行的灯塔。

经济新常态：生态文明建设的新契机①

一、我国经济发展进入新常态

近年来，在辩证分析中国经济 30 多年高速发展和要素约束的状况时，我国一些经济学家提出中国经济将步入中高速稳定增长期的"新常态"观点。该观点受到了党和政府的高度重视。2014 年 5 月，习近平总书记在河南考察时指出："我国发展仍处于重要战略机遇期，我们要增强信心，从当前我国经济发展的阶段性特征出发，适应新常态，保持战略上的平常心态。"② 这是国家领导人首次使用"新常态"这个概念来描述当下中国经济发展的阶段性特征，很有现实针对性。习近平总书记在 2014 年中央经济工作会议上，就中国经济发展的"新常态"问题进行了全面深刻的阐述，分析了新常态的本质内涵和趋势，并强调指出我国经济发展进入新常态，是我国经济发展阶段性特征的必然反映，是经济发展客观规律的必然呈现。我们要有敏锐的形势判断力，认识新常态，适应新常态，引领新常态，是当前和今后一个时期我国经济发展的大逻辑。

中国经济由旧常态转入新常态，是中国经济发展的环境和条件发生深刻变化的必然产物。改革开放以来，中国经济的"发动机"就开始了高速运转，中国经济以年均 10% 左右的增长速度，用了 30 多年的时间把中国这个世界上最大的发展中国家，由低收入国家推进到中等收入国家的行列，中国经济总量已经位居世界第二，其经济发展水平有了巨大提升。但是，中国经济成就的取得也

---

① 原载《南京林业大学学报》（人文社会科学版），2015 年第 3 期。
② 习近平：《老老实实干事，清清白白为官》，载《新华网》，2014 年 5 月 10 日。

付出了高额的代价。过去我国走的是高投入、高消耗、高污染、低产出的经济发展老路，中国经济依靠生产要素驱动的经济高速增长模式已经难以为继，中国经济需要"换挡"，需要松"油门"，这在客观上促使中国经济逐步回落到一个新的平稳增长区间，中国经济的新常态到来了。

目前，有关经济新常态的表述不少，最新最权威的概况来自于中央经济工作会议。该会议深刻揭示了中国经济新常态的五个主要特征：我国经济正在向形态更高级、分工更复杂、结构更合理的阶段演化；正从高速增长转向中高速增长；经济发展方式正从规模速度型粗放增长转向质量效率型集约增长；经济结构正从增量扩能为主转向调整存量、做优增量并存的深度调整；经济发展动力正从传统增长点转向新的增长点。从这样的表述中，我们可以深切地感到，中国经济的新常态就意味着，经济发展方式的嬗变，经济增长形态的跃迁和经济增长动力的切换。

二、经济新常态下我国生态文明建设的新契机

习近平总书记提出的中国经济"新常态"观点已成为学术界的研究热点，人们从不同的角度理解这个重大命题。毫无疑问，新常态首先和重点是指向经济，但它又不仅仅限于经济领域。就生态文明建设来讲，经济新常态为中国的生态文明建设提供了新的契机。

那么，经济新常态下，我国生态文明建设的新契机"新"在哪里呢？我想就这个问题谈谈自己的看法。

（一）经济新常态促使经济发展与生态环境的关系有了"哥白尼革命"的新变化

在旧常态下，"经济优先""增长至上"成为社会的普遍共识，人们认同的是生态环境要主动与经济发展相协调的范式，为了经济高速增长，污染环境、过度消耗资源也得到了人们的理解。但是，在新常态下，"环保优先""生态至上"的理念逐渐深入人心，人们现在更多认同的是经济发展要主动与环境保护相协调的范式，倡导在保护环境和环境资源可承载的条件下发展适度经济。我们不再追求以高污染、高耗能以及牺牲国民福利为代价的增长。这样，在经济发展与生态环境关系上将发生"哥白尼革命"。天文学上的"哥白尼革命"是

指从"地心说"向"日心说"的转变,其革命性影响不仅在于天文学一种理论模式的诞生,更在于它对人类思想的冲击和涤荡,它最宝贵的价值在于转变思维方式,反思人与自然宇宙的关系。从人类科学思想发展史的角度看,许多学科在深陷窘况时,正是一场"哥白尼革命",转换认知范式,更新思维结构而使该学科得到了长足的发展。

在经济发展与环境保护方面,我们也应当来一次"哥白尼革命"。事实证明,旧常态下刺激经济增长的思路、手段和方式都是不可持续的,《增长的极限》一书等于宣判了经济数量增长观的"死刑"。那么,在经济新常态下,转换一下经济发展的思路,倡导"生态先行""环保优先"的发展范式,可能会更好地解决经济发展和环境保护之间的矛盾。2013年9月7日,习近平总书记在哈萨克斯坦纳扎尔巴耶夫大学的演讲时提到:"我们既要绿水青山,也要金山银山。宁要绿水青山,不要金山银山,而且绿水青山就是金山银山。"[①] 这段话深刻诠释了经济发展(金山银山)和生态环境(绿水青山)关系上的"哥白尼革命"。过去,我们为了金山银山而耗费了、污染了、忽视了绿水青山,这样的结果反过来制约着经济的持续发展。现在,我们转变了思路,重新认识到绿水青山的价值,理解了绿水青山就是金山银山的生态道理。从根本意义上讲,生态文明建设是经济持续健康发展的生态保障,良好的生态环境是人和社会和谐发展的自然基础。"蓝天白云、青山绿水是长远发展的最大本钱。良好的生态环境本身就是生产力,就是发展后劲,也是一个地区的核心竞争力。"[②] 所以,我们应当乘着经济发展方式嬗变的契机,转变发展思路,大力推进生态文明建设,再造秀美山川。

(二)经济新常态促使人们从唯GDP崇拜的疯魔中惊醒,对GDP的"生态启蒙"有了新认识

改革开放以来的40年,中国GDP的增长速度令世人瞩目。中国经济年均增长率接近10%,伴随中国GDP增长过程的是巨大的环境代价。

更令人担心的是,在经济旧常态下,GDP增长数量成为考核干部的"硬指标"、干部升迁的"上马石"。我国许多地方政府不顾当地的生态环境条件,以

---

① 《习近平总书记系列讲话精神学习读本》,中共中央党校出版社2013年版,第82页。
② 《习近平总书记系列讲话精神学习读本》,中共中央党校出版社2013年版,第83页。

乱伐木、乱开矿、过度养殖和过度放牧作为推升 GDP 的唯一手段，短期内提高了 GDP 的经济总量，但使当地的生态环境遭到严重的破坏，加剧了我国生态环境恶化的趋势。

经济新常态下，我们需要的不再是 GDP 两位数以上的增长奇迹，对数量奇迹的膜拜已经过时。相反，我们应当重新审视 GDP，来一场意义重大的"生态启蒙"。所谓"生态启蒙"，就是人类生态意识觉醒，生态理性确立的一场生态思想解放运动。它要求人们遵循生态学的原理，恪守生态理性，从生态文明建设的角度重新审视 GDP 的意义、价值和导向作用，从生态学的角度和立场来反思和匡正人类的活动，其主旨是要纠正数量 GDP 对自然环境的蔑视，克服其对自然条件和生态环境的"傲慢与偏见"。从生态启蒙的意义上看，数量 GDP 不是永恒的，它的存在和增长须臾也离不开生态系统的支撑，离不开自然资源的供给和生态空间的含纳。同时，对数量 GDP 的"生态启蒙"还意味着把工业文明时代的"黑色 GDP"改变为生态文明时代的"绿色 GDP"。以往数量 GDP 的考核没有考核资源消耗、环境污染、生态空间占有、生态修复等内容，人们对"良好的生态环境本身就是生产力""保护生态环境就是保护生产力，改善生态环境就是发展生产力"的观点认识不到位。在经济新常态下，GDP 的考核本身就应当包含"绿色 GDP"指标，要把国土生态空间合理开发、节能降耗、环境污染综合防治和修复自然生态系统，把着力推进绿色经济、循环经济和低碳经济视为 GDP 的应有之义。现在，到了把人们从对数量 GDP、速度 GDP 的迷思中解放出来的时候了！

取消了 GDP 的增长目标或者转变了 GDP 考核指标体系，将极大提升政府的"生态执政力"和"绿色领导力"。生态文明建设是党提高执政能力的重要体现，生态执政是政府执政能力的重要内容。政府是社会生态产品的主要提供者和管理者，是生态环境保护的第一责任人。现在，空气雾霾、土壤污染、水域污染和食品安全问题，不仅是环境问题，也是严重的社会问题和政治问题，事关社会稳定，影响民生福祉，各级党和政府必须从巩固执政基础的高度加以重视。在生态文明建设中，党政干部的领导带头和示范引导作用是十分重要的，应当牢固树立"绿色 GDP"观念，坚持节约优先、保护优先、自然恢复为主的方针，大力推进绿色发展、循环发展和低碳发展。从转变发展方式入手，扭转生态环境恶化的趋势，为人民创造良好的生产生活环境。

在经济新常态下，党政干部有了从数量 GDP 重压下解放出来的新契机。政绩考核指标的转换，将促使他们把更多的精力和智慧投放到生态文明的建设中。要把生态文明建设的具体内容纳入各级党政干部的考核评价体系。特别要注重自然资源消耗率、环保投资率、污染物减排完成率和生态环境的修复率的考核。要培养一大批熟悉生态学知识，具有"绿色领导力"的干部。要建立生态环境污染预警反馈机制，把生态环境的保护或破坏视为考核党政干部的重要指标，推进生态文明建设考核由"软约束"变成"硬指标"，提高各级政府的"生态执政力"。

在经济新常态下，情况正在起变化。从 2015 年开始，全国有 26 个省市区下调了 GDP 的增长目标，把涉及民生、环保等非经济指标写入各地政府报告，寻找新常态下政府工作的"发力点"。例如，钢铁大省河北在下调 GDP 增幅的同时，明确 2015 年单位生产总值能耗下降 3%，化学需氧量、二氧化硫、氨氮、氮氧化物排放量分别削减 1%、1%、2.5% 和 5.1%，细颗粒物（PM2.5）浓度下降 4% 以上。其实，十八大以来，党和政府发出的政绩考核导向已经体现出"新常态思维"，我们今天需要的不再是两位数以上的经济奇迹，而是经济质量的增长，是民生福祉的改善，是天蓝、地绿、水净的美好家园。据此，许多地方政府划定了"生态红线"，在自然保护区、水源区、生态脆弱区以及退耕还林、退耕还草、"天保工程"和"三北防护林"等区域，取消了单纯 GDP 经济增长考核指标，而是把资源消耗、环境损害、生态效益等体现生态文明建设状况的指标纳入当地经济社会发展评价体系。

摆脱了 GDP 增长目标这个"紧箍咒"，各级党政干部才能真正树立尊重自然、顺应自然、保护自然的生态文明理念，才能把生态文明建设落到实处。这对我国脆弱的生态系统来说无疑是巨大的"福音"，我们要让遍体鳞伤的生态环境"休养生息"，要实施重大生态修复工程，增强生态产品的生产能力，用马克思的话讲就是"再生产整个自然界"①。

（三）经济新常态促使人们对发展的价值和目的的理解有了新提升

改革开放之初，中国经济发展迟缓，物质匮乏，人民的生活水平很低，许多人的温饱问题都没有解决。那个时候，发展的逻辑强调以经济建设为中心，

---

① 《马克思恩格斯全集》第 42 卷，人民出版社 1979 年版，第 97 页。

把大力解放和发展社会生产力作为首要根本任务，把提高人民群众的物质生活水平作为主要的奋斗目标。为此，神州大地吹响了发展的"集结号"。但是，中国经济发展进程中也出现一系列问题，也映现出人们这种发展观理解上的偏差，忽视了对发展价值和意义的追问。人们用一句朴实的话语表达了对发展价值的看法：发展是硬道理，但硬发展就没道理。这里所谓的"硬发展"，在笔者看来，就是一种单纯追求发展数量的狭隘、畸形和异化的发展，这种发展只注重物的积累，忽视人的存在；只追求数量定额，忽视幸福感受。鉴于此，我们党对发展问题的认识有了新的飞跃，从科学发展观到经济新常态下对发展的清醒认识，无不折射出我党发展理念的进一步成熟，体现了对单纯数量发展观的扬弃和对发展价值和目的的认同和追求。

经济旧常态下发展观的最大弊端就是价值和目的的迷失，它只关心"如何发展""怎样才能发展的更快"这类经济理性问题，而对于"发展是为了什么""怎样的发展才是好的发展"这类价值理性问题却毫不关心。在发展的进程中，人们走的越来越快，却迷失了前行的方向。

经济新常态下，我们对发展的认知将有新的提升，更注重发展的品质和效益，更专注发展方式的嬗变，更追求发展对幸福的守望。现在，我们要更加关注发展的全面性和协调性。站在生态文明建设的角度看发展，就应当把绿色发展、循环发展和低碳发展视为发展的应有之义。发展也意味着优化国土生态空间的开发格局，全面促进资源节约，加大生态系统的修复力度，强化水、大气、土壤等污染防治，巩固退耕还林还草的成果，提高生态产品的生产能力，保护好水源地等。一句话，再造一个山川秀美的祖国，保护改善生态环境本身就是在促进生产力的发展。山西省右玉县 18 任县委书记一张绿色蓝图绘到底，坚持植树造林的感人事迹，就说明了"绿水青山就是金山银山"的道理，也是对新常态下发展理念的生动诠释。山西省最西北的边陲小县右玉，自然环境极其恶劣，是不适合人类居住的地方。但是，新中国成立后的 60 多年来，18 任县委书记始终秉持着"改善环境就是发展生产力"的理念，坚持植树造林，改善自然生态环境。经过艰苦卓绝的不懈奋斗，右玉这个曾经风沙肆虐、干旱缺水的不毛之地，现在已经是山清水秀、满目葱茏的"塞上绿洲"，2010 年被评为"联合国最佳宜居生态县"。现在，右玉秀美的生态环境本身就是最大的"自然资本"，吸引着食品加工企业、北京汇源饮料公司、山西国际电力、华北电力和多家大型风电企业来投资建厂。右玉真正达到了经济发展和环境保护的双赢。

（四）经济新常态促使人们对环境保护的期待和诉求有了新提高

经济新常态下，下调或淡化了 GDP 增长目标，使得许多地方的政府部门摆脱了经济膨胀的束缚和压力。他们会从实际出发，辩证对待经济增速，寻找政府工作新的"发力点"，增加民生建设、环境治理和生态保护在政府工作结构性指标中的分量，这将使我国生态文明建设出现实质性的飞跃。

人民群众对环境保护的期待和诉求，是经济新常态下许多政府部门工作新的"发力点"。在物质生活满足后，人民群众对环境问题的关注度大大提升，对雾霾天气、土壤污染、江河湖泊和地下水污染、工业污染和食品安全等问题反映强烈，环境公益诉讼案件经常发生，民众对污染大量水资源、空气和土地的不顾一切代价追求增长的经济模式的不满情绪日益强烈。环境污染不仅是社会问题，也是政治问题，如何处理环境污染问题成为了强化和提高政府执政努力的新考验。

习近平总书记 2013 年 4 月在海南考察时指出，良好的生态环境是最公平的公共产品，是最普惠的民生福祉。① 从各地 2015 年政府工作报告看，人民对治理环境污染和保护生态环境的呼吁和期待，正在成为党和政府工作奋斗的目标。例如，北京市要将万元地区生产总值能耗、水耗和二氧化碳排放量分别下降 2%、4% 和 2.5%，空气中细颗粒物年均浓度下降 5% 左右。五年前，上海市就已不再考核区县的 GDP 指标了，上海市在 2015 年的政府报告中要求，环保投入相当于全市生产总值的比例保持在 3%。重庆市从辖区的地理环境出发，在部署 2015 年工作时明确指出，要完成高山生态扶贫搬迁 15 人。此举既能保护山区脆弱的生态环境，修复林业资源，又能使当地人找到新的致富手段。

2015 年 1 月 1 日，新修订的《中华人民共和国环境保护法》开始实施。这部法律的修订也同样因应了人民群众对加大环境保护力度的期盼。新环保法规定，将对污染者加重惩罚。亮点之一就是开启了环境公益诉讼。它规定，在政府部门登记、符合某些标准的组织可以起诉污染者。这样，民间各类环保组织就可以以原告的身份起诉政府、企事业单位和个人的污染环境、破坏生态的行为，使得森林、资源、水域、土地、草原、沙漠等生态公共产品有了保护者，

---

① 《习近平总书记系列讲话精神学习读本》，中共中央党校出版社 2013 年版，第 82 页。

有了它们的生态代言人。这将极大提升我国生态文明建设的水平。

的确，在改革开放的早期，人们注重的是温饱，而现在，人们更注重的是环保。污染治理和环境保护已经成为经济新常态下政府工作的重点，也是改善民生福祉的最大抓手。《光明日报》2015年2月13日以"辽河：一条会呼吸的河"为标题，报道了辽宁省治理修复辽河，促使河道水生态自然恢复的事迹。辽河是辽宁人民的母亲河，但也因为工业大省的缘故，辽河污染很严重，曾被列入国家"三河三湖"治理名单。辽河不清，辽宁难兴。经过多年的努力，辽宁在辽河流域规划建设了5个大型湿地和18个河口湿地，这些湿地像23个"绿肺"，每天吐故纳新，增强辽河的自净能力，河水一天比一天清。会呼吸的辽河打造了流域特色的生态带、旅游带和城镇带，真正实现了"以环境优化经济增长"的绿色发展之路。

还有，经济新常态下发展动力的切换和新的增长点的出现，也使生态产业的振兴赶上了新机遇。长期以来，我国经济增长的动力机制过于单一，主要依靠生产要素的积累和投资的增长。随着我国经济总量的增大和环境约束的加剧，原有的动力机制已经不能适应我国未来增长的需要。在生态文明建设的大背景下，转变经济增长方式，大力发展生态经济、低碳经济、循环经济将成为新的经济增长点。加大环保技术的研发和应用、寻找和利用新能源、综合治理和开发垃圾资源等领域都会成为刺激经济增长新动力。

总之，新常态指明的是我国经济发展变化的新趋势和新特征。认识新常态，适应新常态，是当前和今后一个时期我国经济发展的主基调。在经济新常态的引领下，中国经济将尽快进入增长适度、结构优化、环境改善、民生福祉提高的新阶段。中国经济进入新常态，的确为我国生态文明建设提供了良好的发展契机。

"环境悬崖"危机倒逼出生态文明建设的新契机①

2015年9月,由我国著名生态哲学家、四川师范大学政治教育学院唐代兴教授倡议的"环境悬崖与社会转型发展学术论坛"在四川师范大学召开。这是笔者第一次接触到"环境悬崖"这个概念,虽然初期对它不甚了解,但它给我的触动和启悟还是真实的。此次学术论坛主题清晰,论域明确。"环境悬崖"意味着环境恶化的程度,它逼促我们社会转型发展,寻找应对"环境悬崖"的生态对策。

一、"环境悬崖"概念的简略辨析

"环境悬崖"(environmental cliff)是个组合概念,此处的"环境"可以理解为"环境的""环境方面的"和"关于环境的"意思。《现代汉语词典》对"悬崖"的解释是"高而陡的山崖",如"悬崖绝壁"。人们一般用"悬崖"来描述危险之地、凶险之境,正所谓"盲人骑瞎马,夜半临深池"。可以想象,"临深池"也就是身处悬崖,再向前跨一步就将万劫不复。所以,人们经常用"悬崖"来比喻险境,例如,2012年年底,美国政府面临的财政危机就被人们称为"财政悬崖"。

如是看来,"环境悬崖"可以解读为"环境危机""环境方面的危险凶险状况"和"环境恶化的悲惨境遇"。该概念主要是想说明,近40年来中国经济高速发展付出了沉重的生态环境代价,我国本已脆弱的生态环境可承载能力的阈坎一旦崩溃而引发生态环境大劫难的危险状况。相比"生态危机""环境污染"

---

① 原载《哈尔滨工业大学学报》(社会科学版),2016年第1期。

等我们耳熟能详的概念，"环境悬崖"所描述的境况更恐怖，险境更惊悚，逼促感更强，它迫使人们在大自然面前如临深渊，如履薄冰，濒临"环境悬崖"陡然醒悟，悬崖勒马。

"环境悬崖"概念的提出，反映了具有强烈生态环境意识的学者们"生态启蒙"的思想呐喊，是生态理性萌醒的理论映射，体现了保护生态环境"天赋人责"的自觉秉持和担当。"环境悬崖"作为一个"才露尖尖角"的学术语言，大家对其可能还很陌生，对其内涵和外延的把持尚欠精准，这些都不要紧。关键是这个概念的提出，在人们的思想上能否产生振聋发聩的作用，能否在黑色工业文明笼罩的夜空划出一条耀眼的弧光。能让人醒悟，给人启迪的概念一定会日渐完善，渐次从学术话语，擢升为政治话语，进而泛化为大众话语。

二、"环境悬崖"面面观

在当今中国，生态危机和环境污染已然不是学者们"杞人忧天"般的无病呻吟，更不是危言耸听，而是现实的危局和困境。

我们已经直面资源约束趋紧、环境污染严重、生态系统退化的严峻形势，这样的"环境悬崖"已是不容置疑的存在。中国生态环境步入险境的红灯已经亮起，更多的生态环境问题全面呈现：大气——在全国74个按新的空气质量标准监测的城市中，达标比例仅为4.1%；土壤——全国1.5亿亩耕地受污染、四成多耕地退化，水土流失面积占国土面积近1/3；森林——森林生态系统退化严重，土地沙化、石漠化仍然威胁人民生命财产安全；水体——受严重污染的劣Ⅴ类水体比例达10%左右。

更为紧迫的是，我国长期处于全球价值链的中低端，承接比较多的是高污染、高耗能产业。历史遗留的环境问题尚未解决，新的环境问题接踵而至。

正如习近平所说："我们在生态环境方面欠账太多了，如果不从现在起就把这项工作紧紧抓起来，将来付出的代价会更大。"[①] 这说明，"环境悬崖"状况已经向我们敲响了生态警钟，我们不能忽视它的存在，必须拿出壮士断腕的勇气和毅力，扭转身处"环境悬崖"的危局。

---

① 《习近平总书记系列讲话精神学习读本》，中共中央党校出版社2013年版，第124页。

党和政府清醒认识到"环境悬崖"的存在。习近平有关生态环境的论述，许多表述就反映出对"环境悬崖"的忧虑和担心。习近平说："生态兴则文明兴，生态衰则文明衰。"① 这是对生态与文明关系的鲜明阐述，生态的衰败、环境的腐败会把人类文明推向"环境悬崖"，这是对文明的最大威胁，是从自然根基断了文明的命脉。习近平还说："我国生态环境矛盾有一个历史积累过程，不是一天变坏的，但不能在我们手里变得越来越坏，共产党人应该有这样的胸怀和意志。"② 我国生态环境矛盾经年累月的激化，导致生态环境持续恶化并引发出"环境悬崖"。但是，党和政府决不会忽视"环境悬崖"的存在并任由生态环境持续恶化。自2012年党的十八大首提"美丽中国"理念以来，习近平总书记在各类场合有关生态文明的讲话、论述、批示超过60次，这种对生态文明建设的重视与"优待"，在共和国的历史上可谓空前。

在今年的政府工作报告中，李克强总理说"环境污染是民生之患、民心之痛，要铁腕治理"。这表明，在中国，环境污染已经达到了"民生之患"和"民心之痛"的程度，这不是"环境悬崖"是什么？政府"要铁腕治理"污染，表达了治理污染的决心和意志。这既体现出对环境污染危害性的认识提高了，也从侧面印证了"环境悬崖"的危害性陡涨了。

2015年5月，中共中央、国务院印发了《关于加快推进生态文明建设的意见》，这是继党的十八大和十八届三中、四中全会对生态文明建设做出顶层设计后，中央对生态文明建设的一次全面部署。这里的"加快"两字格外醒目，说明推进生态文明建设的紧迫感。

危局用重刑，党和政府有关生态文明和环境保护的法律法规的集中出台，也从一个侧面反映出"生态环境"险境的存在。2015年1月1日开始实施的新《环境保护法》被人们誉为"长牙齿的法"，即它将一改以往软弱、很难执行的弊端而发挥威慑力。最高人民法院、最高人民检察院在公布的《关于办理环境污染刑事案件适用法律若干问题的解释》中，大幅降低了环境污染的入罪门槛，规定致一人以上重伤、中度残疾即可定罪。2015年7月1日，中央全面深化改

---

① 《习近平总书记系列讲话精神学习读本》，中共中央党校出版社2013年版，第121页。
② 2015年3月10日《光明日报》，《为了中华民族永续发展——习近平总书记关心生态文明建设纪实》，载《光明日报》，2015年3月1日。

革领导小组第十四次会议审计通过了《环境保护督察方案（试行）》《生态环境监测网络建设方案》《关于开展领导干部自然资源资产离任审计的试行方案》和《党政领导干部生态环境损害责任追究办法（试行）》四个文件。这些都表明，当下中国生态环境恶化的范围在扩大、程度在加深、危害在加重。面对"环境悬崖"的逼近，非重刑无以惩戒，不厉声难醒庸官。一般说来，社会加大某个领域法律法规的惩戒力度，就说明这个领域存在的问题非常严重了。

生态红线观念的提出，也说明"环境悬崖"是客观存在的。习近平总书记强调："在生态环境保护问题上，就是要不能越雷池一步，否则就应该受到惩罚。"① 这里讲的"不能越雷池一步"就是要求人们遵行生态红线，绝不能逾越。生态红线，就是国家生态安全的底线和生命线，它与"环境悬崖"的比喻意义是一样的，红线不能突破，悬崖应当勒马，二者都是危险的。一旦突破必将危及生态安全、人民生产生活和国家可持续发展。

三、"环境悬崖"边的思考

中国学者提出"环境悬崖"概念，绝不是为了学术炫耀或以辞藻的新颖博人眼球，"环境悬崖"概念的最大价值在于它在中华大地上敲响了生态警钟，鸣响了环境警笛；它以猛药治沉疴的方式点醒我们，社会发展面临的最大危机在于人们已身处悬崖而浑然不知，没有体察到"环境悬崖"近在咫尺，这就是最大的隐患。

所以，我们要勇于承认"环境悬崖"的存在及其危害，对生态环境始终怀持敬畏之心、忏悔之心、谦卑之心和惜爱之心。相反，以盲目乐观、自欺欺人的态度看待环境问题，受伤害的只能是我们自己。尼采在《善恶的彼岸》中说过："当你望着深渊，深渊也在望着你。"我借用尼采的名言也可以说："当你望着悬崖，悬崖也在望着你。"这里的"悬崖"就有着深渊的意味，它没有根基，匮乏立足点，稍微肆意妄为，人类就将坠入悬崖。悬崖是客观的，避免坠崖危机发生的前提是人们要"望着悬崖"，知道悬崖在哪里，危险有多大。人们只有认识了解危机才有可能寻找到克服危机的方法与路径。

---

① 《习近平总书记系列讲话精神学习读本》，中共中央党校出版社2013年版，第127页。

"环境悬崖"是生态危机,我们就应当利用它的警世作用,来一次发展模式上的"猛回头",陡然醒悟避免"惊险的一跳"。危机既是"危"(危险、危害),也是"机"(机会、机遇)。我们真可以抓住机遇,避免危机。因为,逼着你往前走的,可能不是前方梦想的微弱光芒,而恰恰是身后现实的悬崖万丈。

"环境悬崖"是否能成为环境学研究的核心概念,的确值得人们思考和揣摩,需要从概念的内涵和外延、能指和所指等多维度展开讨论。当然,"环境悬崖"作为对环境恶化现状的描述性概念也是具有确定性的,它的比喻旨趣和象征语义还是生动传神的。对生态环境状况有所感知的人都可以达到对"环境悬崖"概念的体认和把握。任何一个新概念从萌生到成熟都需要一个过程,没有必要对它求全责备,只要这个概念有创新的意蕴,能给人们带来启悟,它就有其存在的当然。

四、生态文明建设的新契机

我们承认"环境悬崖"的目的是要"置于死地而后生",它提醒人们从"环境悬崖"的维度反思工业文明,检视生态文明。传统工业文明的黑色发展道路是冲着"环境悬崖"狂奔而去的,其负外部效应所累积的"黑色危机"越来越严重,"环境透支""生态赤字"已经达到了历史的巅峰。"物极必反""否极泰来",巨大危机往往是巨大变革的历史起点。现在,"环境悬崖"的倒逼机制,使我国生态文明建设迎来了新契机。

(一)"环境悬崖"将促使经济与环境的关系发生"哥白尼革命"式的新变化

以往"经济优先""增长至上"成为社会的普遍共识,要求生态环境主动顺从经济发展的需要。现在,"环保优先""生态至上"的理念逐渐深入人心,我们不再追求以高污染、高耗能为代价的畸形增长。这样,在经济与环境的关系上将发生"哥白尼革命"。2013年9月7日,习近平在哈萨克斯坦纳扎尔巴耶夫大学的演讲时提到:"我们既要绿水青山,也要金山银山。宁要绿水青山,不要金山银山,而且绿水青山就是金山银山。"[1] 这是发展理念和方式的深刻变革,

---

[1] 《习近平总书记系列讲话精神学习读本》,中共中央党校出版社2013年版,第120页。

也是执政理念和方式的深刻变革，它深刻诠释了经济（金山银山）与环境（绿水青山）关系上的"哥白尼革命"。过去，我们为了金山银山污染了绿水青山，其结果制约着经济的持续发展。现在，我们转变发展思路，理解了绿水青山就是金山银山的生态道理。从根本意义上讲，良好的生态环境是经济持续健康发展的生态保障。"蓝天白云、青山绿水是长远发展的最大本钱。良好的生态环境本身就是生产力，就是发展后劲，也是一个地区的核心竞争力。"[①] 所以，面对"环境悬崖"的险境，我们要"踩刹车"，转变经济发展模式，在推进生态文明建设时再造秀美山川。

（二）"环境悬崖"令我们从唯GDP崇拜的疯魔中惊醒，渴望来一场"生态启蒙"

改革开放以来，中国GDP的增长速度令世人瞩目。但伴随而来的是巨大的环境代价：中国单位GDP所消耗的能源排在世界前列、人口红利优势消退、自然资源接近枯竭、雾霾笼罩天际、土壤污染加剧、水域污染严重、环境容量濒临极限……难道不值得我们反思吗？

更令人担忧的是，GDP成为考核干部的"硬指标"、干部升迁的"上马石"。以GDP数量排座次，以速度论英雄成为了各级政府的"游戏规则"。

"环境悬崖"的危局迫使我们重新审视GDP，来一场意义重大的"生态启蒙"。所谓"生态启蒙"，就是人类生态意识觉醒、生态理性确立的一场生态思想解放运动。它要求人们遵循生态学的原理，恪守生态理性，从生态文明建设的角度重新审视GDP，以生态学思维批判和匡正人类的活动，其主旨是要纠正数量GDP对自然环境的蔑视，克服其对生态环境的"傲慢与偏见"。从"生态启蒙"上看，数量GDP不是永恒的，它的增长须臾离不开生态系统的支撑，离不开自然资源的供给和生态空间的含纳。对数量GDP的"生态启蒙"意味着把工业文明时代的"黑色GDP"改变为生态文明时代的"绿色GDP"。以往数量GDP没有考核资源消耗、环境污染、生态空间占有、生态修复等内容，人们对"良好的生态环境本身就是生产力""保护生态环境就是保护生产力，改善生态环境就是发展生产力"的观点认识不到位。在"环境悬崖"倒逼下，GDP的考核本身就应当包含"绿色GDP"指标，大力推进绿色经济、循环经济和低碳经

---

① 《习近平总书记系列讲话精神学习读本》，中共中央党校出版社2013年版，第82页。

济。现在，面对"环境悬崖"已经没有退路的人们到了从对数量 GDP 的迷思中解放出来的时候了！

摆脱了数量 GDP 这个"紧箍咒"，我们才能真正树立尊重自然、顺应自然、保护自然的生态文明理念，才能把生态文明建设落到实处。这对我国濒临"环境悬崖"的生态系统来说无疑是巨大的"福音"，我们要让遍体鳞伤的生态环境"休养生息"，要实施重大生态修复工程，增强生态产品的生产能力，用马克思的话讲就是"再生产整个自然界"①。

（三）"环境悬崖"将促使人们对发展的价值和目的的理解产生新的提升

改革开放之初，中国把解放和发展生产力作为根本任务，把提高人民的物质生活水平作为奋斗目标。为此，神州大地吹响了发展的"集结号"。但是，中国经济发展出现的生态环境问题，映现出人们理解上的偏差，忽视了对发展价值和意义的追问。这种单纯追求数量发展的最大弊端就是价值和目的的迷失，只注重物的积累，忽视人的存在；只追求数量定额，忽视幸福感受。它只关心"如何发展""怎样才能发展的更快"这类经济理性问题，而对于"发展是为了什么""怎样的发展才是好的发展"这类价值理性问题却毫不关心。在发展的进程中，人们走的越来越快，却迷失了前行的方向。

"环境悬崖"边的思考会促使我们对发展理念的认知生产新的提升，更注重发展的品质和效益，更专注发展方式的嬗变，更追求发展对幸福的守望。现在，我们要更加强调发展的全面性和协调性，把绿色发展、循环发展和低碳发展视为发展的应有之义。发展也意味着优化国土生态空间的开发格局，全面促进资源节约，加大生态系统的修复力度，强化水、大气、土壤等污染防治，巩固退耕还林还草的成果，提高生态产品的生产能力，保护好水源地等。一句话，再造一个山川秀美的祖国，保护改善生态环境本身就是在促进生产力的发展。

（四）"环境悬崖"的凶险将提高人们对环境保护的需求和期待

"环境悬崖"的凶险和危害导致人民群众对生态安全和环境保护有了更高的需要和新的期待，人民群众对环境问题的关注度大大提升，对雾霾天气、土壤污染、江河湖泊和地下水污染、工业污染和食品安全等问题反映强烈，环境公益诉讼案件经常发生，民众对污染水资源、空气和土地的不顾一切代价追求增

---

① 《马克思恩格斯全集》第 42 卷，人民出版社 1979 年版，第 97 页。

长的经济模式的不满情绪日益强烈。环境污染既是社会问题,也是政治问题。习近平指出:"人民群众对新鲜空气、清澈水质、清洁环境等生态产品的需求越来越迫切,生态环境越来越珍贵。我们必须顺应人民群众对良好生态环境的期待,推动形成绿色低碳循环发展的新方式,并从中创造新的增长点。生态环境问题是利国利民利子孙后代的一项重要工作,决不能说起来重要,喊起来响亮、做起来挂空挡。"①

的确,人们以往注重"温饱",现在注重"环保",以往是求"生存",现在是求"生态",这体现了面对"环境悬崖"人们生存之道的嬗变。"清粼粼的水,蓝盈盈的天"曾经是最普惠的生态产品。然而,"环境悬崖"的出现改变了这一切。人们对生态产品的需求越来越迫切,渴望美好的生态环境。鉴于此,污染治理和环境保护已经成为政府工作的重点,也是改善民生福祉的最大抓手。习近平2013年4月在海南考察时指出,良好的生态环境是最公平的公共产品,是最普惠的民生福祉。② 人民群众对治理环境污染和保护生态环境的呼吁和期待,正在成为党和政府工作奋斗的目标。

总之,"环境悬崖"的存在绝不是危言耸听,无论人们对这个概念的理解和把握还有多大分歧,有一点是确定的,那就是,学者们能提出"环境悬崖"概念并不是空穴来风,它是针对我国生态环境恶化现状反思与批判,本身就是"生态启蒙"的结果。德国哲学家海德格尔说过"为死而在就是畏"③ 的确,面对"环境悬崖"的死亡之地,人类应当"畏"了,应当收敛了,应当对大自然充满敬畏。

---

① 《为了中华民族永续发展——习近平总书记关心生态文明建设纪实》,载《光明日报》,2015年3月10日。
② 《习近平总书记系列讲话精神学习读本》,中共中央党校出版社2013年版,第83页。
③ 全增嘏主编:《西方哲学史》(下册),上海人民出版社1985年版,第782页。

基于绿色发展理念的我国欠发达地区
经济跨越发展的思考[①]

——马克思"跨越资本主义卡夫丁峡谷"设想的启示

当前,中国共产党面临的历史重任就是到 2020 年全面建成小康社会,实现中华民族伟大复兴的第一个百年奋斗目标。全面建成小康社会,做到一个都不能少,这是一场十分艰巨的攻坚战,取得攻坚战的关键一役是推进我国欠发达地区经济的健康发展。

一、欠发达地区经济发展面临的选择

我国欠发达地区主要是指老、少、边、穷地区,即革命老区、少数民族地区、边疆地区和贫穷地区。这些地区由于受到自然历史条件和社会发展程度的限制,经济发展的整体实力落后于我国发展的平均水平,这些地区滞后的经济状况成为我们如期全面建成小康社会面临的巨大困难。如何推进我国欠发达地区的经济发展?以什么样的发展理念指导经济发展?能否找到一条适合本地状况的经济跨越之路?是我们必须回答的时代课题。

摆在我国经济欠发达地区面前的发展路径有两条:一条是步经济发达地区的后尘,以工业化的经济增长模式为圭臬,走出一条"黑色发展"的增长之路;一条是跨越工业化的发展阶段,在充分利用工业文明积极成果的基础上,以生态文明的可持续发展为主旨,走出一条"绿色发展"的富裕之路。

显然,对我国经济欠发达地区来说,再遵循工业化阶段的"黑色发展"之

---

① 原载中国生态经济学会生态经济教育专业委员会"信阳论坛"论文集 2016 年。

路是行不通的。批判工业化的"黑色发展"之路已经成为了大家的共识,也是学术研究的一个"热点"。针对煤烟导致的"工业黑化"现象的批判,近年来这方面的著作有《发明污染:工业革命以来的煤、烟与文化》《洁净空气政治》《大雾霾:中世纪以来伦敦污染史》《世界的烟囱:维多利亚时代和爱德华时代曼彻斯特的烟污染史》《洛杉矶雾霾启示录》等。这些著作虽然各有千秋,但主题都是从城市空气污染的角度对工业化阶段环境污染的生态批判。

鉴于此,我国经济欠发达地区只能跨越工业化的发展阶段,走上生态文明的绿色发展之路。这里讲的"跨越发展",是指在具备了一定前提和条件的基础上,经济欠发达地区可以跨越发达地区曾经走过的工业化发展阶段,在绿色发展理念的引领下,推动经济发展的特色新路。这样的话,有一个问题就摆在了我们前面,那就是:不经过工业化阶段,不唯其经济增长模式的马首是瞻,欠发达地区可以实现经济发展的目标吗?

二、马克思"跨越资本主义卡夫丁峡谷"设想给我们的启示

马克思晚年思想中最重要的理论瑰宝就是提出了"跨越资本主义卡夫丁峡谷"的设想。1877年11月,马克思在给俄国《祖国纪事》杂志编辑部的信中首次提出了俄国避免"遭受资本主义制度所带来的一切极端不幸的灾难"[①] 问题。1881年3月8日,马克思在给俄国女革命家维·伊·查苏利奇的复信及草稿中又进一步发挥了这个思想,并把它表述为:当时的俄国在各方面条件具备的情况下,"可以不通过资本主义制度的卡夫丁峡谷,而吸收资本主义制度所取得的一切肯定成果。"[②] 这就是马克思提出跨越资本主义制度的卡夫丁峡谷设想的本意。"卡夫丁峡谷"典故出自古罗马史。公元前321年,萨姆尼特人在卡夫丁城附近的卡夫丁峡谷击败了罗马军队,迫使罗马战俘从峡谷中用长矛架起的形似城门的"牛轭"下通过,借以羞辱战败军队。后来,人们就用"卡夫丁峡谷"来比喻灾难性的历史经历,卡夫丁峡谷成为了"耻辱之谷"的代名词。

马克思关于俄国等东方国家存在着跨越资本主义制度卡夫丁峡谷的可能性,

---

① 《马克思恩格斯全集》第19卷,人民出版社1979年版,第129—130页。
② 《马克思恩格斯全集》第19卷,人民出版社1979年版,第451页。

是想说明人类社会历史发展的道路既是统一的，又是多样的，是统一性和多样性的辩证统一。马克思的人类社会历史发展理论既有普遍性的表达（人类社会依次从原始社会、奴隶社会、封建社会、资本主义社会过渡到共产主义社会），又有特殊性的呈现（在特殊条件下某些国家和地区可以跨越某个历史阶段而过渡到更高级的社会形态）。马克思并不认为资本主义是一切落后国家都必须经历的历史阶段。也就是说，落后国家既可以按照相应的社会形态一个接一个的依次向前发展，也能够在各方面条件具备的情况下，实现社会形态的跨越式发展。

马克思提出的跨越资本主义卡夫丁峡谷的设想给我们的认识论和方法论带来了诸多启示：马克思主义是肯定跨越式发展的，既有常规式的社会形态更迭，也有跨越式的社会形态发展。我们也应当把跨越式的发展、进步和跃迁看成是社会整体进步的一种常态。我们的理论要面对现实，认识要与时俱进，不要拘泥于已有的理论窠臼，而应当提出新观点、新见解。方法上要坚持矛盾普遍性与特殊性的统一，坚持具体问题具体分析这一马克思主义活的灵魂。马克思的设想决不是出于一厢情愿的幻想，也不是顺情说好话，而是从科学的角度，把它当作一个切实可行的纲领提出的。因此，它必须有一系列的前提和条件，只有这样才能有实际的可操作性。马克思指出了俄国等东方国家跨越资本主义卡夫丁峡谷的前提和条件，例如，这些国家存在着村社土地公有制；必须吸取资本主义的一切肯定成就；必须采取一切可能的措施，帮助公社的复兴；必须有俄国的国内革命和必须有欧洲革命的引发和支持等。

三、经济欠发达地区跨越式发展的前提和条件

我国经济欠发达地区往往是生态资源丰饶的地区，虽说那些地区在工业化的进程中滞后了，但从辩证的意义上看这也并非全是坏事。那里的自然资源和生态环境由于没有受到工业化的过度盘剥和破坏而得到了较好的保护，那里山清水秀，自然风光天然纯美，动植物种类繁多，能够提供丰富多样的生态产品。无论是大漠孤烟，还是长河落日；无论是芳草鲜美，还是落英缤纷；无论是茂密的森林，还是清澈的小溪；无论是连绵的苍山，还是壮阔的草原……经济欠发达地区实现跨越式发展的最大优势就是良好的生态环境，良好的生态就是令人艳羡的"金饭碗"，这是实现跨越式发展的自然生态前提，也是当地最大的财

富和最令人自豪的自然生态资本。

当然,仅仅具备这样的自然生态前提还是远远不够的,正如在社会形态演进中"跨越资本主义卡夫丁峡谷"需要前置条件一样,我国经济欠发达地区要想避免工业化的一切极端不幸的灾难,跨越工业文明而迈向绿色发展的生态文明阶段,也是需要诸多条件的。

(一)转变发展理念,在经济与生态的关系上来一场"哥白尼革命"

在经济发展上,欠发达地区不能沿袭工业化阶段经济增长模式的老路,而是要开辟出一条绿色发展的生态经济之路。以往人们是以牺牲生态环境来谋得经济的发展,现在,要在经济与生态环境的关系上来一场"哥白尼革命",树立新的生态效益观,坚守"生态至上""环保优先"的理念,在维持生态平衡,在环境可承载的前提下推进经济的发展。习近平总书记多次强调指出:"我们既要绿水青山,也要金山银山。宁要绿水青山,不要金山银山,而且绿水青山就是金山银山。"① 这是欠发达地区发展经济的行动指南,它深刻诠释了经济(金山银山)与生态(绿水青山)关系上的"哥白尼革命"。过去,特别是在工业化程度高的地区,我们为了金山银山败坏了绿水青山,反过来断了经济持续发展的生态根基,结果是自己成了自己的"掘墓人"。现在,在经济欠发达地区发展经济,我们必须转变发展思路,深入理解"绿水青山就是金山银山"的生态道理。从最为根本的意义上讲,经济欠发达地区良好的生态环境才是当地经济持续发展的"摇钱树"和"聚宝盆"。诚如习近平总书记说的那样:"蓝天白云、绿水青山是长远发展的最大本钱。良好的生态环境本身就是生产力,就是发展后劲,也是一个地区的核心竞争力。"② 所以,只有走绿色发展之路,才是我国经济欠发达地区现实跨越式发展的不二选择。

(二)充分利用工业化阶段创造的一切优秀成果

经济欠发达地区要想实现跨越式发展,不是要抛弃工业化阶段的积极成果,而是要尽量避免工业化经济增长模式对自然资源的掠夺式盘剥和对生态环境的大肆污染。相反,工业化创造的一切优秀成果恰恰是经济欠发达地区发展经济,全面建成小康社会的物质前提和保障。例如,经济欠发达地区"欠发达"的一

---

① 《习近平总书记系列讲话精神学习读本》,中共中央党校出版社2013年版,第83页。
② 《习近平总书记系列讲话精神学习读本》,中共中央党校出版社2013年版,第82页。

个很大原因是当地的交通条件、通信水平和电力状况长期滞后，成为制约当地社会经济发展的"短板"。国家应当把工业化的红利适当向这些地区投放，加大交通、通信、电力等基础设施建设，让当地更多的生态产品和生态优势能够借助基础设施的平台而转化为经济效益，给当地经济腾飞插上绿色发展的"翅膀"。让这些地区在充分吸取工业化一切优秀成果的基础上，加大绿色发展的进度，缩小经济发达地区与欠发达地区的差距。再例如，"互联网＋技术"同样是助推欠发达地区经济发展的有效路径，借助于互联网这个平台，当地的生态环境资源可以昭告天下，众人皆知，真正做到用"绿水青山"（环境效益）去获得"金山银山"（经济效益）。

（三）走绿色发展之路

我国经济欠发达地区曾经也采用过工业化的经济增长模式，以牺牲自然资源为代价换取些许而短暂的经济效益。但这些地区今天都因为资源枯竭而产业萎缩，经济停滞。

这样的经济增长方式不仅是短命的，而且是有害的，在导致自然资源枯竭的同时，也破坏了当地宝贵的生态环境资源。马克思曾经对这样破坏性的劳动给予了批判。他说："劳动本身，不仅在目前的条件下，而且一般只要它的目的仅仅在于增加财富，它就是有害的，造孽的。"①

（四）找对跨越式绿色发展的举措，提升欠发达地区的经济实力

当年在福建宁德地区工作时，习近平同志因地制宜，提出"靠山吃山唱山歌，靠海吃海念海经"的"山海经"，鼓励欠发达地方开创"绿色工程"。总书记的这种思路为欠发达地区经济发展找到了一条体现特色的道路。实现跨越式绿色发展，关键是要另辟蹊径，找到具有本地特色，适合欠发达地区经济振兴之路。沿袭工业化的经济增长模式，以消耗大量自然资源和人力资源为代价的经济增长之路，已经被实践证明不是提升欠发达地区经济实力的正确途径。我国经济欠发达地区恰好是生态环境质量较高的地区，那里没有饱受工业"黑色发展"的摧残，远离工业污染源，适合发展绿色经济和生态农业。所以，经济欠发达地区只能以绿色发展理念为指导，充分利用当地丰富多样的生态资源，解放思想，创新思维，真正把"绿水青山"的生态优势变成"金山银山"的经

---

① 《马克思恩格斯全集》第42卷，人民出版社1979年版，第55页。

济优势。

(1) 大力发展"生态旅游"。"生态旅游"最早由世界自然保护联盟（IUCN）于1983年提出。30多年来，其内涵不断扩充，但有两个要点始终不变：生态旅游的对象是自然景物，它们不应受到损坏。人们通过观赏、摄影、写生、自然探究等活动给当地带来了丰厚的经济回报。比如，最近几年的仲夏夜，湖北咸宁通山县的大幕山上，每晚都会有一大批游客来到生态赏萤点，观赏几万只萤火虫漫山飞舞形成的"萤海"。而以前，通山县像大幕山这样生态功能重要、自然资源丰富的地区，人民的生活却很贫困，当地民众主要靠伐木为生，收入低，环境破坏严重。现在，通山县大力发展"生态旅游"，成为华中地区的重点生态旅游区。三月的樱花，五月的杜鹃，七月的萤海，吸引着全国的游客纷至沓来。山还是那座山，人依然是那些人，但是发展的理念变了，山里人的经济状况也大大改观了。现在，通山县生态旅游业的年产值占全县GDP的1/3，直接提供就业岗位两万多个，老百姓的收入翻了四五倍。

(2) 大力发展民宿产业和农家乐产业。经济欠发达地区往往都具有丰厚的民俗文化积淀和地方风情资源，加上良好的自然生态环境，大大增强了对城市居民的吸引力。所以，许多地区把村民闲置的房子、窑洞利用起来，开办家庭客栈和农家乐，出租给节假日来此休假、游玩的城里人，同样获得了可观的经济效益。

(3) 大力发展山地旅游产业。山地旅游是贫困山区的致富良方。山地丘陵和高原占我国国土面积的69%，而分布在深山区、石山区、高寒山区中的大多数人是中国的贫困人口。对他们的精准扶贫怎样实施？三千峰林八百水，以奇特地貌闻名国内外的张家界在2016年的猴年春节山地旅游火红异常——100多万游客涌入张家界市，带来了8.1亿元的旅游收入。山地旅游潜力无限，大有可为。

(4) 大力发展山地体育旅游产业运动。爬山、攀岩、山区徒步远足、山地自行车、山地滑雪、高山滑雪等非常适合山区的体育旅游项目，也是欠发达地区振兴经济的上佳选择。在国际上有这样成功的实例。例如，法国、瑞士等国，在阿尔卑斯山区开展不同类型的山地体育项目，特别是当地大型冬季滑雪运动场的建成，使阿尔卑斯山区成为了滑雪者的"天堂"，荒凉落后的阿尔卑斯山区因此兴旺发达。在我国的黑龙江省，近年来冬季运动项目大规模的展开，也推动了山区经济的发展。中国牡丹江市雪乡的变化就是明证。

实践证明，经济欠发达地区完全没有必要去模仿、照搬工业化的经济增长方式，也不可能总是依赖血拼自然资源去获得短暂而微薄的利润。他们只能因地制宜，找准充分利用当地生态资源的经济项目，久久为功，一定能实现跨越式发展，达到经济效益和生态效益双赢的目标。

（五）充分利用国家精准扶贫、生态补偿等各项政策

现在，党和政府为了达到全面建成小康社会，力保一个也不能少的目标，实施了精准扶贫政策。我国一些经济欠发达地区的自然生态环境不利于人们的生活和生产，国家就开展了"生态移民"工程，这些地区可以乘着这千载难逢的时机，来一场脱胎换骨的转变，真正实现跨越式发展，在新的生存环境下达到经济发展的目的。同时，国家在许多地区实施了"退耕还林""退田还草""退田还湖"等大规模的生态修复工程和水源保护工程，国家为此投入了大量的生态补偿资金，这也是经济欠发达地区实现跨越式发展的大好时机。例如，从黑龙江到吉林、内蒙古，广袤原始森林里，多年不绝的伐木声已戛然而止。国家实施全面停止天然林商业性采伐后，数以十万计的林业工人放下锯斧，从"砍林人"转变为"护林人"，国有林区从"开发利用"转入"种树看护森林"的发展新阶段。这种转变，也为林区经济跨越式发展提供了新契机。林区人真正体会到生态效益是森林给予人类的最大财富，他们通过发展碳汇经济，巩固生态建设根基，加深对森林环境、风光、林下资源产品的认知，坚定发展生态旅游、林产品开发等接续产业的决心，将产业发展的方向和重点放在生态休闲度假游、山野产品集约化经营及特色种养殖等产业上来。据报道，白雪皑皑的黑龙江省牡丹江市柴河林业局卫星林场，春节期间家庭旅馆生意红红火火，白雪变成"白银"。

据人民网 2016 年 3 月 7 日报道，习近平总书记在参加十二届全国人大四次会议黑龙江代表团审议时，针对黑龙江省的具体情况，提出了"黑龙江的冰天雪地也是金山银山"的思路，这对黑龙江欠发达地区利用冰雪等独特的自然资源发展当地经济指明了方向。"冰天雪地也是金山银山"，实际上就是提出了"生态效益观"，用"冰天雪地"的生态效益去换取"金山银山"的经济效益。这样，就可以在生态文明理念的引领下，跨越传统工业化的阶段，把生态资源的优势转化为巨大的经济效益。

"好风凭借力,送我上青云"。经济欠发达地区在国家绿色发展理念和政策的大力支持下,在当地群众的实干拼搏下,充分利用政策红利,转变以往靠掠夺自然资源维持生计的旧方式,从而实现了经济跨越式发展。

我国经济欠发达地区实现经济上的跨越式发展不仅有理论上的可能性,也有现实上的可操作性。

许多经济欠发达地区成功的实例就证明了这种跨越的可能性。贵州省的六盘水市发展山地旅游产业,使这座城市从"江南煤都"转型到"中国凉都"的历程,强有力地证明了山地旅游产业的光明前途。六盘水市因煤而生,因煤而兴,后因煤而痛,因环境污染一度被当时的国家环保总局列入"区域限批"黑名单。痛定思痛,六盘水市深刻认识到,发展不能以牺牲环境为代价。告别传统发展理念,修复生态,再造秀美山川是六盘水市迈出的第一步。退耕还林、保护天然林,建设珠江防护林体系、开展石漠化综合治理,加强对森林、草地、湿地的生态系统和自然保护区、饮用水源地的保护,一系列组合拳行云流水般打出,六盘水市的荒山秃岭重新披上了"绿装",江湖河流改善了水质,一个个城市湿地公园成为最令人"心生惦记"的城市绿肺、天然氧吧。"江南煤都"的新路——立足资源优势,发展旅游经济从此而生。

"条条大路通罗马,致富各有奇妙招,工业模式非普世,绿色发展天地宽"。我国幅员辽阔,各地工业化水平参差不齐,不可能都要经过工业化的阶段而走向生态文明新时代。经济欠发达地区基本属于工业化的迟到者,但这也是各有利弊:不利的方面在于基础设施和思想观念落后,有利的方面在于当地文化中饱含着敬畏自然、善待万物的生态意识,工业化导致的环境污染对当地影响不大,其生态资源没有受到严重的摧残。这些都是当地实现跨越式发展的自然条件和生态基础。

我国经济欠发达地区的人民一定要有理论自信和行动自觉,不要盲目羡慕工业化的经济增长模式,要充分利用工业化的一切积极成果,在生态文明建设和绿色发展的进程中走出一条实现跨越式发展、具有中国特色的社会发展新路。

苏联早期马克思主义理论家的生态思想和生态实践索隐[①]

在大力推进生态文明建设,努力走向社会主义生态文明新时代的大背景下,苏联早期马克思主义理论家列宁、普列汉诺夫和布哈林的生态思想和生态实践引起了人们的关注。他们在苏联早期社会主义实践中形成的生态思想和卓有成效的生态环境保护实践,是很有挖掘价值的理论"富矿"。无论是从深化马克思主义生态思想研究,还是从拓展人类生态思想史研究的角度看,研究他们的生态思想和生态保护经验都是大有裨益的。同时,该研究非常有助于我们重新思考社会主义与生态文明的关系。

一、苏联早期的马克思主义生态思想

在面对日益严重的生态危机和对资本主义生态批判的背景下,马克思恩格斯的生态思想受到了越来越多学者们的极大关注,无论是生态学马克思主义还是生态社会主义,都从马克思恩格斯的生态思想中受益匪浅。但是,我们认为,在马克思主义生态思想的理论谱系中应当包含苏联马克思主义理论家的生态思想。苏联早期的马克思主义理论家曾经阐发过丰富的生态思想,苏联早期的生态学和生态保护实践也是成绩斐然,这些对社会主义国家的生态思想和生态实践都具有启发和借鉴的意义。

(一)普列汉诺夫与地理环境论

作为最早在欧洲和俄罗斯传播马克思主义的思想家以及俄罗斯马克思主义

[①] 原载《晋阳学刊》,2017年第4期。

政党的创始人之一,普列汉诺夫对苏联马克思主义学者产生了不小的影响。学者们对于这位俄罗斯马克思主义先驱的了解大都集中在他对马克思唯物史观的发展上,却忽视了他在马克思主义生态理论方面的贡献,而普列汉诺夫的"地理环境论"最能体现其生态思想。

地理环境论,其核心就是研究自然地理环境与人类社会发展关系的理论。早在普列汉诺夫之前,以孟德斯鸠(Montesquieu)为代表的近代西方学者就对二者的关系做出了阐述,他们认为在二者的相互关系中,地理环境起决定作用。孟德斯鸠认为,地理环境决定了一个民族的性格特点,从而决定了其法律及政治制度。马克思恩格斯针对这二者的关系也展开过深入的研究,可以说马克思恩格斯关于自然地理环境与人类社会发展关系的学说,是唯物史观的重要组成部分。马克思认为,地理环境对人类社会的发展产生了巨大的作用,但它不是决定性的作用。在二者的相互关系中,人类社会居于主体地位,地理环境是人类社会存在的物质前提,人类通过生产实践改造地理环境的同时也改造着人类自身。正如马克思在《资本论》中提到的那样:"劳动首先是人与自然之间的一个过程,在这过程中,人由他自己的活动来引起,来调节,来统治人与自然之间的物质变换。人要作为一种自然力,和自然物质互相对立。他会推动各种属人身体所有的自然力,推动人的臂膀和腿,头和手,以便在一种对自己生活有用的形式上占有自然物质。但是,当他由这种运动作用于他以外的自然,并使它发生变化时,他同时也改变着他自己的自然。"[①]

普列汉诺夫在继承马克思关于地理环境与人类社会发展关系学说的基础上,提出了自己的地理环境论。普列汉诺夫首先批判了爱尔维修的人类社会发展是建立在其物质需求基础上的观点,他指出,要想说明人类社会的发展应该考察的是为满足这种需要所采取的手段和途径,即生产力和生产关系,而非物质需求本身。人类社会生产力和生产关系的发展受到周围地理环境的影响。为此他举例说:"一个没有金属的地方的居民,就不能发明优于石器的工具。人能够驯服在人的生产力发展中起了很大作用的马、牛、羊等,就必须居住在它们野生时生活的地方,亦即它们祖先生活过的地方。行船的技术确乎不是在草原上发生的。因此,周围的自然环境、地理环境的缺乏或丰富,曾经给工业的发展以

---

① 《马克思恩格斯全集》第23卷,人民出版社1972年版,第202页。

无可争辩的影响。"① 他认为，自然地理环境决定着人类生产活动和生产资料的性质，生产资料的性质则决定着人们在生产过程中的相互关系，正是这种关系决定了整个人类社会的结构，因此自然地理环境的性质决定了社会环境的性质。但是在这里，地理环境的性质并不是直接决定了社会环境的性质，而是通过生产力和生产关系的相互影响起作用。"生产关系和生产力的相互影响，造成了一个社会运动，这个社会运动有它自己的逻辑和它自己独立于自然环境的法则。"②

此外，人类社会与地理环境的关系是变化多端的，每当人类生产力发生变化时，它们之间的关系也会发生相应的变化，德国鲁尔工业区的发展就是很典型的例证。随着工业革命的到来，鲁尔区因为其丰富的煤炭资源和四通八达的地理位置一跃成为德国最重要的工业区，工业产值一度达到了全国的40%。但是随着新的产业革命的到来以及20世纪50年代后煤炭能源地位的下降，加之生态环境的严重污染，鲁尔工业区很快衰落下去。为此，德国政府适时调整产业布局，加大对该地区环境污染的治理力度，从20世纪80年代开始，鲁尔区经济由衰落转向繁荣，改变了该区环境污染严重的局面，成为环境优美的地区。在不同产业革命阶段，自然地理环境对鲁尔区的发展产生了不同的影响。因此，从鲁尔区例子可以看出，自然地理环境在不同生产力阶段对人类社会产生了不同影响。

普列汉诺夫运用历史唯物主义的观点和方法，以探讨自然地理环境同生产力和生产关系的相互作用为中介，从而揭示了自然地理环境对人类社会发展的巨大作用。但是，他的观点具有地理环境决定论的倾向。在《替经济唯物主义说几句话》一文中，他写道："自然界本身，亦即围绕着人的地理环境，是促进生产力发展的第一个推动力。"③ 生产力的发展以及生产关系的形成离不开自然地理环境，但只能说自然地理环境起了基础作用，而不是决定作用。普列汉诺夫在一定程度上夸大了地理环境的作用，但他对自然地理环境的重视，足以体现其思想理论中所蕴含的生态思想，他的地理环境理论对之后苏联马克思主义生态思想的发展产生了极大影响。

---

① ［俄］普列汉诺夫：《唯物主义史论丛》，生活·读书·新知三联书店1961年版，第149页。
② ［俄］普列汉诺夫：《唯物主义史论丛》，生活·读书·新知三联书店1961年版，第149页。
③ ［俄］普列汉诺夫：《唯物主义史论丛》，生活·读书·新知三联书店1961年版，第151页。

（二）列宁的生态自然观和对资本主义的生态批判

19世纪末20世纪初，资本主义进入到帝国主义阶段，列宁将马克思主义理论同俄国革命实践和时代特征相结合，创立了列宁主义。列宁主义作为马克思主义的重要组成部分，受到了世界各国学者广泛而深入的研究，但鲜有人关注列宁的生态思想。其实，列宁十分重视生态环境保护，他的生态思想主要包括生态自然观和对资本主义的生态批判。

列宁在继承马克思自然观基础上，提出了自己的生态自然观，其核心在于对人与自然关系的探讨。马克思认为人是自然界的产物，自然是人类生产和生活的基础，"无论在人那里，还是在动物那里，人类生活从肉体方面来说就在于人（和动物一样）靠无机界生活……自然界，就它自身不是人的身体而言，是人的无机的身体。人要靠自然界生活。这就是说，自然界是人为了不致死亡而必须与之处于持续不断的交互作用过程的、人的身体。所谓人的肉体生活和精神生活同自然界相联系，不外是说自然界同自身相联系，因为人是自然界的一部分。"① "没有自然界，没有感性的外部世界，工人什么也不能创造。"② 列宁同样认识到了自然界的重要性，但他更意识到了自然规律在人类生产活动中的基础作用，认为自然界有它自身的规律独立存在，而这正是人类实践的前提。他在《哲学笔记》中指出："外部世界、自然界的规律，乃是人的有目的活动的基础。"③ 他还认为，人类需要认识规律并利用规律来进行改造自然的活动，他指出："当我们不知道规律的时候，自然规律是在我们的认识之外独立存在着并起着作用，使我们成为'盲目的必然性'的奴隶。一经我们认识了这种不依赖于我们的意志和我们的意识而起着作用的（马克思对这点重述了千百次）规律，我们就成为自然界的主人。在人类实践中表现出来的对自然界的统治是自然现象和自然过程在人脑中客观正确的反映的结果，它证明这一反映（在实践向我们表明的范围内）是客观的、绝对的、永恒的真理。"④ 列宁的自然观还体现在合理利用自然资源的主张以及用最新科技成果改善生态环境的建议上。在列宁那个时代，苏联作为世界上幅员最为辽阔的国家，拥有各种各样丰富的自然资

---

① 《普列汉诺夫哲学著作选集》第2卷，生活·读书·新知三联书店1961年版，第227页。
② 《马克思恩格斯全集》第42卷，人民出版社1972年版，第95页。
③ 《马克思恩格斯全集》第42卷，人民出版社1972年版，第92页。
④ 《列宁全集》第55卷，人民出版社1990年版，第157页。

源，即便如此，列宁还是意识到了合理利用自然资源的重要性。列宁在《省苏维埃主席会议上的讲话》中提到："只有按照一个总的大计划进行的、力求合理地利用经济资源的建设，才配称为社会主义的建设。"① 当然，从列宁的这次讲话中我们不仅可以看出他合理利用自然资源的主张，更重要的是我们还可以发现其中的生态社会主义思想萌芽。他认识到了社会主义制度与生态理性的高度契合性，所以他强调社会主义建设必须要合理利用各种自然资源。此外，他还认为利用科学技术不仅可以提高劳动生产率，还可以改善生态环境。当英国化学家发现了从煤层中提取煤气的方法时，列宁称赞这是一个伟大的技术胜利。他分析了这项发现的重大意义，既看到了这项技术运用到资本主义的弊端，同时也看到了这项技术运用到社会主义的生态意义。"在社会主义制度下，采用拉姆赛的这种能'解放'千百万矿工及其他工人的劳动的方法，就能立刻缩短一切工人的工作时间，例如从8小时缩短到7小时，甚至更少些。所有工厂和铁路的'电气化'，一定能使劳动的卫生条件更好，使千百万工人免受烟雾、灰尘和泥垢之苦，使肮脏的、令人厌恶的工作间尽快变成清洁明亮的、适合人们工作的实验室。家家户户有电力照明和电力取暖设备，就一定能使千百万'家庭女奴'不再把一生中四分之三的时光消磨在乌烟瘴气的厨房里。"②

对资本主义的生态批判，主要是从生态环境视角出发，揭示资本主义制度对生态环境的污染与破坏。从19世纪40年代开始，马克思恩格斯就开始了对资本主义的生态批判。如恩格斯在《致尼·弗·丹尼尔逊》中就资本主义带来的生态破坏问题提到："关于这种惊人的经济变化必然带来一些现象……所有已经或正在经历这种过程的国家，或多或少都有这样的情况。地力损耗——如在美国；森林消失——如在英国和法国，目前在德国和美国也是如此；气候改变、江河淤浅在俄国大概比其他任何地方都厉害。"③ 列宁对资本主义也展开了深入的批判，他的批判集中在资本主义经济制度的剥削本质上，但学者们很少注意到列宁从生态环境角度对资本主义进行的批判。他批判了资本主义对城市环境和工人生存环境的破坏。列宁在论述城乡对立时就揭示了资本主义对城市环境

---

① 《列宁全集》第18卷，人民出版社1988年版，第195—196页。
② 《列宁全集》第35卷，人民出版社1992年版，第18页。
③ 《列宁全集》第23卷，人民出版社1990年版，第94页。

的污染:"在大城市中,用恩格斯的话来说,人们都在自己的粪便臭味中喘息,所有的人,只要有可能,都要定期跑出城市,呼吸一口新鲜的空气,喝一口清洁的水。"① 列宁在讨论人造肥料代替天然肥料时,也批判了资本主义对生态环境的污染,他写道:"十分明显,人造肥料代替天然肥料的可能性以及这种代替(部分的)的事实,丝毫也推翻不了下述事实:把天然肥料白白抛掉,同时又污染市郊和工厂区的河流和空气,这是很不合理的。"② 此外,他还指出了资本主义制度是工人生存环境恶化的罪魁祸首,"说工人生活日益困难是由于自然界减少了它的赐物,这就是充当资产阶级的辩护士。"③

列宁的生态思想,集中在人与自然关系的探讨上,这是对马克思恩格斯生态思想的继承和发展。不仅如此,列宁还把这些生态思想付诸实践,促进了苏联生态环境保护事业的发展。

(三) 布哈林与平衡论

布哈林是联共(布)党和共产国际的领导人之一,马克思主义理论家和经济学家,被列宁称作"党的最可贵和最大的理论家"。布哈林长期从事理论工作,据国外研究布哈林问题的专家西尼·盖特曼计算,布哈林的全部著作可以编成30多卷。他提出的理论对马克思主义的发展做出了巨大贡献,他的平衡论可以说是苏联早期马克思主义生态思想的重要成果。

要想搞清楚平衡论,就必须知道平衡的概念。在布哈林看来,平衡是物质之间或者系统之间的一种状态,处在这种状态的物质或者系统,如果不受到其他外力的影响,它自身是不会改变的。布哈林给平衡下定义为"某种体系如果不能自动地,即没有从外面加给它的能,改变本身的状态,人们就说它处于平衡的状态"④。例如物理学中的二力平衡,如果减少或者增加其中一个力,物体运动的状态就会被改变。平衡又分为稳定的平衡和不稳定的平衡两种。"平衡的破坏很快停止,物质或者系统恢复到原来的状态,这种平衡就称为稳定的平衡;否则就称为不稳定的平衡。"⑤

---

① 《马克思恩格斯全集》第38卷,人民出版社1979年版,第265页。
② 《列宁全集》第5卷,人民出版社1986年版,第133页。
③ 《列宁全集》第5卷,人民出版社1986年版,第134页。
④ 《列宁全集》第5卷,人民出版社1986年版,第90页。
⑤ [俄]尼·布哈林:《历史唯物主义理论》,李光谟等译,人民出版社1983年版,第76页。

布哈林认为，任何事物都可以看成由各个要素有机组合而成的整体或者体系，体系周围的其他要素对它来说就是环境，而环境与体系的关系存在着三种类型。第一，稳定的平衡。所谓稳定的平衡就是它们之间的相互作用保持为不变的状态，或者它们两者相互作用的平衡被打破后又重新恢复到原样的状态。但稳定的平衡并不是说完全没有运动，平衡破坏后的复归就是一种运动。"在这种情况下，环境与体系之间的矛盾经常以同一种量的对比关系重现。"① 第二，带正号的动的平衡（体系的发展）。稳定的平衡只是一种理想的情况，平衡的破坏在现实中是不会再丝毫不差地恢复到原状的，而是在新的基础上产生新的平衡。带正号的动的平衡就是指环境和体系在新的基础上形成了新的平衡，而这种新的基础是更高级别的平衡。虽然环境与体系之间的矛盾在对比关系上没有改变，但是在数量上发生了巨大变化。带正号的平衡的特点就是新矛盾取代旧矛盾，是体系的向前发展。第三，带负号的动的平衡（体系的破坏）。既然新的平衡可以在更高级的基础上确立，那么完全相反的情况也会出现：新的平衡每一次都由于体系的一部分毁灭而在降低的基础上确立起来，而这种就是带负号的动的平衡。

"如果我们把社会当作体系加以考察，那么这个体系的环境就是'外部的自然界'"②，布哈林认为人类社会与自然界的相互关系就是一种平衡。而考察社会与自然界不断变化的相互关系就要在社会劳动领域中寻找。"人类社会只要存在，就需要从外部自然界汲取物质能量。没有这种汲取能量的过程，人类社会也就无法生存。人类社会从自然界汲取的能量越多，就越能适应自然界；只有在这方面数量有所增长，我们才能看到社会的发展。"③ 社会的发展就是一种带正号的平衡。而人类社会同自然界的接触方式就是人的生产劳动。社会通过人的劳动从自然界汲取能量是一个物质变换的过程，这种物质变换过程就是它们之间的相互关系。所以他认为，脱离自然界就谈不上什么人类社会，"自然界是人类社会的培养基"④，人类不能脱离自然而存在，就是在人类征服自然的时候都要利用自然规律为自己服务。他批判了"人是自然界之王，自然界是为人准

---

① ［俄］尼·布哈林：《历史唯物主义理论》，李光模等译，人民出版社1983年版，第76页。
② ［俄］尼·布哈林：《历史唯物主义理论》，李光模等译，人民出版社1983年版，第79页。
③ ［俄］尼·布哈林：《历史唯物主义理论》，李光模等译，人民出版社1983年版，第113页。
④ ［俄］尼·布哈林：《历史唯物主义理论》，李光模等译，人民出版社1983年版，第117页。

备的,一切都是适应着人的需要的"错误观点,"实际上,自然界时常袭击人,以致把这个'自然界之王'弄得狼狈不堪。"① 在布哈林看来,人与自然的关系应该是一种和谐的关系,一方面人改造自然来使其适应自己,另一方面人也要适应自然,不然人类社会与自然的平衡就会是带负号的平衡。

布哈林提出了较为系统化的人与自然平衡理论,这是难能可贵的。更有价值的是,他把自然界和人类社会看成一个整体,并提出了二者应该处于平衡状态的理论,这与当今生态伦理界提到的"人与自然协同进化"理论具有相同的理论旨趣。为此,福斯特是这样评价布哈林和他的平衡理论的:"尽管在他的自然与社会之间'平衡'的分析中有机械论的解释,有时还常常在人类对自然的关系上表现出一个'必争主义者'的观点,但布哈林还是很好地意识到了人与自然之间共同进化中的相互的关系。"②

二、苏联早期生态学的发展与生态保护实践

(一)发达的生态学

苏联早期马克思主义者包含着如此丰富的生态思想,这与苏联当时发达的生态学的影响是分不开的。"有根据说,20世纪20年代苏联的生态学在世界上是最先进的。当生态学的西方模式,以适合自然的连续性时,苏联的生态学则率先向更加辩证复杂、动态的、历史的和共同进化的模式发展。"③

维尔纳茨基(Вернадский Владимир Иванович),苏联矿物学家,地球化学奠基人之一,在苏联他被称为20世纪的罗蒙诺索夫(Mihailo Lomonosov)。1926年他的专著《生物圈》出版,林恩·马古利斯(Lyna Margulihs)在本书的英文版序言中称他是"历史上第一个把握了地球是一个独立圈层的真实含义的人"。在他之前"生物圈"被认为仅是地球圈层的一个组成部分,人们没有认识到处于生物生存环境外的岩石圈、大气圈以及水圈也是生物圈的组成部分。而维尔纳茨基率先提出生物圈是地球上所有存在生命的地带,包括一切有机体及其生

---

① [俄]尼·布哈林:《历史唯物主义理论》,李光模等译,人民出版社1983年版,第113页。
② [俄]尼·布哈林:《历史唯物主义理论》,李光模等译,人民出版社1983年版,第113页。
③ [俄]约翰·贝米拉·福斯特:《马克思的生态学:唯物主义与自然》,刘仁胜、肖峰译,高等教育出版社2006年版,第255页。

存的环境,其范围包括部分岩石圈、大气圈和全部水圈。他所提出的生物圈概念,在各个学科领域得到广泛应用,他的学说揭示了人与自然平等存在,极大地促进了现代生态学的发展,而且也给布哈林带来了不小的启示,"维尔纳茨基的著作《生物圈》给布哈林留下很深的印象,他开始相信把人类历史放在生物圈的大关系中是马克思的实践唯物主义跟上最新发展所必要的因素。"①

苏联杰出的植物遗传学家瓦维洛夫(Вавилов Николай Иванович),是苏联早期另一位伟大的生态学家。他在植物遗传学和作物育种领域有着极其深远的影响。作为列宁农业科学院的第一任院长,瓦维洛夫将唯物主义运用到科学研究。他对生态学的贡献在于他对植物生态学发展的促进作用。瓦维洛夫提出的栽培作物的发源地学说,使人们认识到了存在着植物基因多样性的许多中心,即丰富的种子银行;人类可以在这个种子银行中培育新的种子,种子银行也成为当今人类耕种的基础。斯坦钦斯基也是苏联生态学家的杰出代表。他通过研究生物区的食物链,了解到在能源潜能被耗尽之前如何获取和改变能量。他用热力学第二定律说明了自养生物到食草动物再到食肉动物生物量是递减的。他还指出,构建适合人类的经济活动必须在研究生物群落的能量流动并据此估算出天然社区的能量流动的基础上进行;通过研究生物群落可以有效保护农田从而避免使用有害的杀虫剂。他认为,环境保护工作应当纳入到国民经济计划中去,成为计划经济的一部分。同时,他还积极主张并呼吁建立国家级自然保护区,保护生物的多样性,为苏联早期的生态环境建设做出了自己的贡献。

早期苏联还拥有许多杰出的生态学家。除了前面提到的维尔纳茨基、瓦维洛夫和斯坦钦斯(Станчинський Володимир Володимирович)外,还有生态学家特奥多罗维奇。他认为,忽视生态环境保护,以浪费自然资源为代价来换取农业收成的增加是毫无意义的。伯蒂尔波斯基就警告拖拉机和联合收割机的大量使用将对农业环境产生破坏。生态学家卡什卡罗夫(Кашкаров Даниил Юрьевич)以吉尔吉斯人为例探讨了传统社会中人与生态的关系。他说:"吉尔吉斯人整个生命的循环都是由生态因素决定的……吉尔吉斯人是其栖息地的产物:他们每年的活动循环及其游牧生活都是由生态因素引导,他们的心理和生

---

① [俄] 约翰·贝米拉·福斯特:《马克思的生态学:唯物主义与自然》,刘仁胜、肖峰译,高等教育出版社2006年版,第271页。

活的实践哲学也是如此。"① 种种迹象都表明，苏联早期的生态学十分发达，研究视域宽广，成果丰硕，为现代生态学的发展做出了巨大贡献。

（二）生态保护实践

苏联早期的马克思主义生态思想和生态学都走在了那个时代的前列，在生态环境保护实践方面，苏联也展现出先驱者的风范，为后来的生态环境保护树立了可资借鉴的样板。苏联早期的生态环境保护实践主要表现在下面几个方面。

1. 建立自然保护区

在自然保护区的建立上，列宁做出了很大贡献。列宁十分注重人与自然的关系，倡导人与自然应和谐共处。列宁阅读了大量生态学著作，他对伟大的生态学家十分敬重，在其著作《唯物主义和经验批判主义》中亲切地提到过维尔纳茨基。从十月革命胜利伊始，他就十分重视生态环境的保护，革命胜利的第二天，苏联政府就颁布了由列宁草拟的《土地法令》，废除了土地、地下资源、水和森林的私有制，宣布其为全民所有的财产，受到苏维埃国家的特殊保护，这就为日后建立自然保护区提供了坚实的法律基础。1919 年 1 月，列宁把注意力转移到了环境保护上，他批准建立生态保护区，并禁止在生态保护区里开采自然资源。1920 年 5 月 4 日，应维尔纳茨基的要求，列宁决定在乌拉尔南部米阿斯地区建立第一个国家级自然保护区——伊尔门自然保护区，这也是唯一一个由政府管理的专门用于对自然界的科学研究的保护地。1927 年到 1929 年年底，苏联建立起了大约 300 万公顷的荒野保护区。到 1933 年，苏维埃政府一共建立了 33 个自然保护区，受保护面积达到了 666.6 万英亩。② 这些自然保护区的建立，为生态学家进行科学研究提供了天然的"实验园"，极大推动了苏联早期生态学和生态环境保护实践的发展。

2. 推进自然保护立法

苏联是世界上进行自然保护立法最早的国家之一，苏联早期就颁布了许多有关自然保护的法律和法规。1917 年颁布的《土地法令》就明确了政府具有对国家土地、地下资源、水和森林的监管保护义务。接着在 1918 年 5 月又颁布了

---

① ［俄］约翰·贝米拉·福斯特：《马克思的生态学：唯物主义与自然》，刘仁胜、肖峰译，高等教育出版社 2006 年版，第 265 页。

② Arran Gare, "The Environment Record of the Soviet Union". *Capitalism Nature Socialism* 13 (2002). p. 67.

《森林法》，用法律手段来调整对森林资源的保护和利用。1920年，苏联政府通过了《关于地下资源的特别法令》。1921年，苏联政府颁布了《关于全国性疗养区管理的法令》。建立疗养区制度，也是苏联政府保护环境的重要形式。按该法令规定，疗养区除了要具备足够的医疗条件外，疗养所在地还应拥有促进人身心健康的自然环境。因此，对于疗养区的保护，也是对自然生态环境的保护。除上述法令法规外，苏联早期的环境法令还有《关于建立气象站的法令》《狩猎法令》《关于自然遗迹、花园和公园的法令》《关于地下资源及其开采的条例》等。值得我们注意的是，苏联政府早在20世纪30年代就注意到了防治大气污染的重要性，为此颁布了专门的法律来保护大气，即《关于防治大气污染和改善居民卫生保健条件的措施的决议》。这些法令法规的颁布，为苏联生态实践的顺利开展提供了法律保障，也为日后苏联自然保护立法体系的形成奠定了坚实的基础。

3. 建立环保组织

为了使广大群众参与到环境保护运动中来，提高公民的环保意识，苏联政府还建立了一些环保组织。在1918年7月，莫斯科就成立了一个名为"自然保护协会"的组织，建议政府成立一个有足够权力来管理国有土地以建立自然保护区的机构，规划设计苏联自然保护区的建设方案。1924年年底又成立了"全俄环境保护协会"，成员达到千人规模。这些环保组织的成立，极大普及了生态环境保护方面的知识，使更多人认识到环境保护的重要性，极大促进了苏联早期生态环境保护实践活动向纵深发展。

三、苏联早期生态思想和生态实践遭受到的厄运

苏联早期无论是在生态思想还是在生态实践方面都领先于世界。如果按照这个趋势发展下去，苏联将会成为建设生态国家的典范。然而，历史却与之截然相反。苏联后期的生态环境不仅没有得到有效保护，而且受到了严重破坏。苏联早期马克思主义理论家的生态思想似乎也被人们遗忘了。从那以后，苏联的生态状况就饱受一些西方生态学马克思主义者的诟病。例如，美国生态学马克思主义理论家詹姆斯·奥康纳就对苏联模式社会主义展开过生态批判，在他看来，苏联的生态危机相当严重，标志性事件有：中亚黑色沙尘暴、冷战时期

的核污染、中亚工业区严重的环境污染和切尔诺贝利核电站爆炸导致的核灾难等。印裔德国学者萨拉·萨卡（Saral Sarkar）在《生态社会主义还是生态资本主义》一书中就批判了苏联粗放型的经济增长模式，认为它导致了苏联模式社会主义面临的生态环境破坏和资源缺乏的困境，严重制约了苏联经济的发展。法国学者安德烈·高兹在《资本主义·社会主义·生态学》一书中，则是从苏联经济体制角度展开了对苏联模式社会主义的生态批判。他认为苏联模式社会主义虽然与现实的资本主义不同，但二者同样视经济理性为社会经济发展的圭臬，同样把追求快速积累和经济增长作为社会经济发展的目标。所以，苏联模式的社会主义不可能有效地保护生态环境。

　　1924 年列宁逝世后，斯大林成为苏联最高领导人。为了巩固自己的政治地位，斯大林于 1934 年在苏联全国范围内发起了影响恶劣的"大清洗运动"，许多党和国家的领导人、知识分子遭受到了残酷的迫害。苏联的生态学同样遭受到毁灭性的打击。由于斯大林感到生态学的观点和主张与他倡导的高速发展经济的方针存在着矛盾和冲突，特别是政府不顾生态环境在苏联展开大规模工业化运动，遭到有生态倾向的官员和生态科学家的反对和质疑，所以，一些生态学家开始遭到"清洗"。这一时期，以"重建苏联的生物和动物群落"为口号的新生物学取代了传统的生态学，致使苏联生态学到 20 世纪 30 年代末期几乎绝迹。斯大林掌权之后，苏联的生态环境保护事业也遭受到巨大冲击，许多自然保护区被关闭，到 1951 年，原来占苏联总面积 0.56% 的 128 个自然保护区减少到 40 个[①]，苏联的环境保护运动被彻底扼杀。从此苏联走上了"高速工业化、重工业优先化、全盘国有化和全盘集体化"的畸形发展道路，从而付出了高昂的环境代价。正如著名的生态学马克思主义理论家福斯特指出的那样："一个最大讽刺是，生态因素在苏联经济增长率的急剧下降和 20 世纪 70 年代的停滞开始的过程中起了一种主要的作用。"[②]

---

① Donald Worster, ed. *The Ends of the Earth: Perspectives on Modern Environmental History*. Cambridge: University Press, 1988. pp. 255.

② Kendall E. Bailes, ed. *Environmental History: Critical Issues in Comparative Perspective*. New York: 1985. pp. 397-398.

四、结语

苏联后来糟糕的生态环境已经模糊了苏联早期在生态方面的巨大成就,这不得不说是一大历史悲剧。苏联早期的生态成就有利回击了"社会主义也具有反生态倾向"的错误观点。普列汉诺夫、列宁和布哈林的生态思想丰富了马克思主义的生态思想宝库,也为生态学马克思主义研究提供了一个新的视角。苏联在生态思想和生态实践方面的悲剧也提醒我们,生态环境保护不单单是一个生态学问题,在很大程度上也是一个政治问题。斯大林时期对生态学的批判和对生态学家的迫害,导致了苏联模式社会主义建设中的生态灾难。前者之覆,后车之鉴,从苏联经历的生态灾难中,我们应当谨记:

——社会主义不仅要处理好人与人的关系,也要处理好人与自然的关系。社会主义不仅是"红"的(红色政权),也应当是"绿"的(生态环境)。

——中国特色社会主义要践行绿色发展理念,要坚信生态保护的最佳选择是先进的社会主义。

——中国特色社会主义应当考虑跨越资本主义工业文明"卡夫丁峡谷"的可能性,不经过资本主义工业文明导致的黑色发展与生态灾难,直接走向社会主义生态文明新时代。

——生态文明与社会主义制度具有高度的契合性,建设生态文明应当成为中国共产党治国理政的发展理念和历史使命。

理解"优美生态环境需要"理念的新视阈[①]

马克思主义具有与时俱进的理论品质。在关于生态文明建设的论述方面，十九大报告提出的新思想、新理念让人耳目一新，给人深刻启迪。例如，在"人的需要理论"方面，中国共产党第一次提出了"优美生态环境需要"新理念，报告指出："我们要建设的现代化是人与自然和谐共生的现代化，既要创造更多物质财富和精神财富以满足人民日益增长的美好生活需要，也要提供更多优质生态产品以满足人民日益增长的优美生态环境需要。"十九大报告提出了"优美生态环境需要"的新理念，表明我们党对社会发展进程中人民群众需要的变化和新需要的内容有着清醒的认识、透彻的把握，并在理论的层面上回应了人民群众需要新的变化。这样，在"人的需要理论"方面，一幅新的研究蓝图呈现在人们面前，极大拓展了"人的需要理论"的研究视阈，丰富和发展了社会主义生态文明观。

一、对"优美生态环境需要"新理念的考辨

党的十九大报告理论创新成果颇丰，其中"人民日益增长的优美生态环境需要"的新理念就非常引人注目。明确理念是理解理念的重要环节，要真正把握新理念的实质，就必须把新理念还原到特定的话语体系之中，找到它内嵌其中的学术背景。

在报告中，"优美生态环境需要"强调了人的需要的新变化，"生态环境需要"与物质财富和精神财富一样，都是满足人民日益增长的美好生活需要的重

[①] 原载《治理现代化研究》，2018年第4期。

要组成部分,三者不可分割,缺一不可。首先,我们要认识到,"优美生态环境需要"的主体是广大人民群众,是生活在现实社会中的普通大众。人民群众既是优美生态环境的创造者,也是优美生态环境的享用者。"优美生态环境需要"是人民群众日益增长的新需要,是人民群众期盼美好生活的新需要。所以,"满足人民日益增长的优美生态环境需要"是以人民为中心发展思想的必然选择。其次,我们也要看到,对"优美生态环境需要"新理念要从量和质两方面去理解和把握。从量上讲,"优美生态环境需要"是多方面的、整体性的和长期的,满足该需要的前提条件就是"提供更多优质生态产品"。例如,蓝天、净水、绿地、安全食品和优美的人居环境等。从质上讲,这种生态环境必须是优美的、宁静的、和谐的、宜人的,人们可以诗意般地栖居其中,徜徉陶醉在大自然的怀抱。再次,理解"优美生态环境需要"新理念要与"人与自然和谐共生现代化"新思想结合起来。十九大报告中的一大亮点就是提出了具有中国特色的现代化思想。曾几何时,以工业现代化为硬核的西方现代化模式长期执人类发展理念之牛耳,但随着"环境公害"灾难的降临,《寂静的春天》《增长的极限》和《只有一个地球》等绿色经典似投出的利剑,直击西方现代化的"软肋",人们普遍质疑并尖锐批判了西方现代化范式。报告强调:"我们要建设的现代化是人与自然和谐共生的现代化",这是我们党对现代化的最新理解,是一个很有中国特色、中国风格的现代化理解范式,针对性地擘画出非西方的现代化新路。在构建人与自然和谐共生的现代化进程中,提供更多优质的生态产品以满足人民日益增长的优美生态环境需要,就是中国新型现代化理论的特色所在。西方现代化无疑为人们提供了大量的物质和精神财富,但中国特色的人与自然和谐共生的现代化,还要满足人民群众的"优美生态环境需要",这是对西方现代化理论的超越和发展,同时也把"人与自然和谐共生的现代化"与"优美生态环境需要"联系起来。也就是说,中国特色的现代化应当具有提供更多优质生态产品以满足人民日益增长的优美生态环境需要的能力与担当,这样的现代化与西方现代化迥异,前者是绿色现代化,后者是黑色现代化。最后,我们还应当认识到,"美好生活需要"与"优美生态环境需要"是分不开的,优美生态环境的确是美好生活需要的前提和基础,生态环境遭到污染和破坏,人们的生存都将受到威胁,更遑论美好生活需要了。因此,我们对美好生活的理解应当有生态环境的维度,对人民群众需要的满足应当从物质、精神层面提升到优美生态环境需要的层面。报告中还提到，人们对优美生态环境的需要是"日益增长的"，这意味着该需要不是可有可无的，更不是暂时的、零星的。党和政府为人民群众提供优美生态环境，就像提供物质和精神财富一样，是一项长期和持续的工作，必须给予高度重视，持之以恒、久久为功。

二、满足人民对美好生活的需要是中国共产党人的初心和使命

以人民为中心是习近平新时代中国特色社会主义思想的出发点和落脚点。早在2012年11月15日，十八届中共中央政治局常委同中外记者见面时，习近平总书记就明确指出："人民对美好生活的向往，就是我们的奋斗目标。"党的十九大报告更加鲜明地指出："中国共产党人的初心和使命，就是为人民谋幸福，为中华民族谋复兴。这个初心和使命是激励中国共产党人不断前进的根本动力。"大会还要求全党同志"永远把人民对美好生活的向往作为奋斗目标"。从马克思主义的观点看，人民群众的需要不是抽象停滞的，而是具体变化的，呈现出一种动态升展的样态。社会历史条件的变化，必然引起人民群众需要的变化。十九大报告把近代以来中国社会历史变化的阶段用"站起来""富起来"到"强起来"加以概括，在毛泽东带领中国人民站起来的时代，人民群众的需要更多表现在政治方面，争取民族独立、人民解放，推翻不合理的旧制度，建成社会主义制度。让人民群众当家作主、扬眉吐气是当时中国人民的最大需要。社会主义制度在中国的实现，使广大人民群众的政治需要得到极大满足。在邓小平带领中国人民富起来的时代，改革开放的重要目的就是要重新恢复历史唯物主义关于人的需要观和利益观，将人民群众的需要及其满足上升为执政党的最高原则和执政理念。"以经济建设为中心""贫穷不是社会主义""让一部分人先富起来"，为什么成为了当时中国的"好声音"，是因为当时人民群众的需要更多地表现在经济方面，"离开这个主要的内容，政治就变成了口头政治，就离开了党和人民的最大利益"①。改革开放使中国经济建设取得重大成就，人民生活不断改善，人民的获得感、幸福感显著增强。中国稳居世界第二的经济总

---

① 《邓小平文选》第2卷，人民出版社1983年版，第150页。

量，为满足人民经济需要奠定了坚实基础。当中国特色社会主义进入新时代，习近平带领中国人民强起来的今天，人民群众的需要也有了新的变化、新的追求，人们从求温饱转向了求环保，从求生存转向了求生态。这表明，人民群众的需要已经从物质和精神的层面提升到生态环境的层面，赞赏环境、追求绿色、保护生态已经成为人民群众的新需要、新期盼。人民对美好生活的向往，就是我们党努力奋斗的目标。我们党及时关注并顺应了人民群众追求美好生活的新需要，在十九大报告中第一次提出"满足人民群众日益增长的优美生态环境需要"新理念。这表明，我们党对人民群众需要的变化有着清醒认识，深知优美生态环境在满足人民群众需要时的重要作用，把"优美生态环境需要"视为与物质财富、精神财富同样重要的，满足人民群众美好生活需要的前提条件，这是党的群众路线和群众观点在人民群众需要理论方面的具体体现，是执政为民的生态表达，也是生态文明建设背景下"人的需要理论"的新发展。

三、满足人的需要是马克思主义理论的价值追求

马克思主义是指导我们党理论创新的思想基础和理论来源。十九大提出的"优美生态环境需要"新理念是对马克思"人的需要理论"的继承和发展，人们可以在马克思主义那里寻其"源"，知其"流"。

关于"人的需要"问题，马克思有着丰富的论述。人的需要以及需要的满足在历史唯物主义中占据重要的地位。这里的"历史"是现实的人的历史，是人的需要不断产生并不断得到满足的历史，而这里的"唯物"显然包含着人的需要及其满足方式在内的社会生活的方方面面，优美生态环境也包含其中。所以，马克思是从人的基本需要出发来建构历史唯物主义理论大厦的。马克思在《德意志意识形态》中指出："全部人类历史的第一个前提无疑是有生命的个人的存在。因此，第一个需要确认的事实就是这些个人的肉体组织以及产生的个人对其他自然的关系。"[①] "我们首先应当确定一切人类生存的第一个前提，也就是一切历史的第一个前提，这个前提是：人们为了能够'创造历史'，必须能

---

① 《马克思恩格斯选集》第 4 卷，人民出版社 1995 年版，第 67 页。

够生活。但是为了生活，首先就需要吃喝住穿以及其他一些东西。因此第一个历史活动就是生产满足这些需要的资料，即生产物质生活本身。"① 马克思还认识到，在实践中"已经得到的满足的第一个需要本身，满足需要的活动和已经获得的为满足需要用的工具又引起新的需要"②。这说明，人们的需要是变化的，随着社会发展和科技进步，人们的基本需要满足之后就会产生"新的需要"。人们"新的需要"的产生是一个客观存在的状况，需要的层次将提升，需要的内容将扩大。在当今中国，人民群众在获得了更多物质财富和精神财富的基础上，一定会产生"新的需要"——优美生态环境需要，而且这种需要是更基本、更真切的需要，它为人民物质和精神财富的供给和满足奠定了自然前提和生态基础。

马克思"人的需要理论"的主要内容有以下三个方面。

第一，人们的需要是他们的本质，人是一种需要的存在物。正常的需要是维持现实的人的生存的合理诉求。人的需要是由人的本质决定的。马克思曾经批判过以费尔巴哈为代表的旧唯物主义的缺陷，那就是旧唯物主义关注的人是抽象的人、是"一般的人"，而不是现实的人、具体的人，这样的哲学忽视了人的需要，进而导致对人的忽视，成为了"目中无人"的哲学，这样的哲学只能是僵化的、机械的而且缺乏人性的光辉。

在马克思看来，"他们的需要即他们的本质。"③ 这表明，人的需要同人的本质相同一，人的需要及其满足是人的本能、本性，是人的类本质的展现。马克思还认为："人以其需要的无限性广泛性区别于其他一切动物。"④ 马克思在《1844年经济学哲学手稿》中，专门论述了人的需要、生产与动物的需要、生产之间的区别。"诚然，动物也生产。它为自己营造巢穴或住所，如蜜蜂、海狸、蚂蚁等。但是动物只生产它自己或它的幼仔直接需要的东西；动物的生产是片面的，而人的生产是全面的；动物只是在直接的肉体需要的支配下生产，而人甚至不受肉体需要的支配也进行生产，并且只有不受这种需要的支配时才

---

① 《马克思恩格斯选集》第4卷，人民出版社1995年版，第76页。
② 《马克思恩格斯选集》第1卷，人民出版社1972年版，第32页。
③ 《马克思恩格斯全集》第3卷，人民出版社1960年版，第514页。
④ 《马克思恩格斯全集》第49卷，人民出版社1982年版，第130页。

进行真正的生产；动物只生产自身，而人再生产整个自然界。"① 可见，动物的本能、机能决定其需要只能是"直接的肉体需要"，而人的需要远远超越了生理本能需要的范围和层次。为了满足人的需要的无限性和广泛性，人的生产就应当是"全面的""真正的生产"，人应当再生产整个自然界。这种属人的生产一定包含对"优美生态环境"的再生产，一定是能够提供更多优质生态产品的全面的真正的生产。

现实的人就有具体而真实的需要，在全面建成小康社会的进程中，我们党及时关注到人民群众具体真实需要的扩展和变化，强调"也要提供更多优质的生态产品以满足人民日益增长的优美生态环境需要"。这表明，满足人民群众的优美生态环境需要是社会主义生态文明建设的价值追求，也是以人民为中心思想在环境保护、绿色发展上的生动体现。

第二，人的需要不是抽象、僵化的，而是具体、变化的，呈现出一种辩证发展、不断上升的趋势。"人的需要上升递进规律"体现在人的全面发展和社会历史的进步中，也是和谐、幸福、美好生活的应然状态。

马克思主义"人的需要理论"认为，人的需要就是人的现实，就是人的本质。人性的丰富性就表现为需要的丰富性，人的自由全面发展到什么程度，他的需要就发展到什么程度。人的需要的发展是人的自由全面发展的应有之义。在一定意义上可以说，人的需要的层次和内容的提升和满足方式的变迁可以视为社会历史进步的标杆和尺度。人的需要是多维而复杂的。从需要内容上看包括三个方面，物质需要、精神需要和社会交往的需要。从需要层次上看，人的需要大体上可以呈现出人的生存需要、享受需要和发展需要等不同的层面。随着人类社会的发展，"人的需要理论"也在与时俱进。因循着马克思"人的需要理论"，现代西方出现了马斯洛和赫勒等人的需要理论，这些成果的出现无疑深化和拓展了"人的需要理论"的研究。但我们也要看到，由于社会进步的阶段不同和研究主题的差异，已有的"人的需要理论"主要还是在物质和精神层面展开的，还没有提及"优美生态环境需要"问题，更没有详细阐发优美生态环境需要在人的需要中的地位和作用问题。我们党在继承前人研究成果的基础上，认识到"人的需要上升递进规律"，及时提出了"优美生态环境需要"这个新

---

① 《马克思恩格斯全集》第 42 卷，人民出版社 1979 年版，第 96—97 页。

理念，第一次在人的需要理论中增加了生态环境需要的内容，这无疑是丰富了马克思"人的需要理论"，是对人民群众期盼优美生态环境需要的社会诉求的理论回应。

第三，满足人的需要是人们实践和认识活动的最终价值尺度，也是推动实践和认识活动持续发展的利益动因。在马克思主义理论中，社会历史的发展可以视为人们为自身的利益需要进行的创造价值的活动。

在谈到认识活动时，马克思指出：人们"对自然界的独立规律的理论认识本身"其目的是使自然界"服从于人的需要"①。亚里士多德在《形而上学》书中的第一句话就是"每个人在本性上都想求知"。"想"就是一种需要，一种求知的需要。可见，人类认识的发展与人的需要密不可分。

在谈到实践活动时，马克思主义认为，人们的实践活动受到真理尺度和价值尺度的制约，实践的价值尺度，就是人的需要的尺度，是指人们在实践中必须遵循的，以满足人的需要为特定内容的实践目标。列宁说："人为了自己的需要，通过实践和外部自然界发生关系，人通过自然界来满足自己的需要。"② 在《德意志意识形态》中，马克思加了一个重要的边注："人体、需要和劳动"。在这里，人体的存在是前提和基础，人的需要是人体真实的生存状态和劳动的内在动力。马克思强调了需要与劳动的辩证关系，劳动是满足人的需要的手段与方式，劳动创造了人的需要，也为满足人的需要提供了物质前提；人的需要反过来又提升了实践的自觉性和能动性，推动着实践向更高层次的发展。

马克思"人的需要理论"的旨趣为我们理解和掌握十九大提出的"优美生态环境需要"新理念提供了理论支撑和理解框架。在加快生态文明体制改革，建设美丽中国的今天，我们应当更加重视"优美生态环境需要"与人的本质、人的生存状况和人的全面发展的关系，把优美生态环境需要视为与物质财富和精神财富同等重要的需要。我们要认识到，人的需要是现实的、动态的，原来的需要满足之后，新的需要一定会产生。所以，执政党不能仅仅陶醉于过去为人民群众做了什么，满足了人民群众哪些需要，而应当时刻关

---

① 《马克思恩格斯全集》第 46 卷（上），人民出版社 1979 年版，第 393 页。
② 《列宁全集》第 38 卷，人民出版社 1959 年版，第 348 页。

注人民群众需要的新变化，敏锐地洞察并及时反映这种新变化。在理论上，加深对"优美生态环境需要"新理念的认识，探讨"优美生态环境需要"的含义和特征，它的构成以及在人的需要中的地位和作用，用生态环境认识的新成果指导生态文明建设新的实践。在实践上，加大优美生态环境建设的力度，优美生态环境不是天成的，也是等不来的，而应当重在建设。正如列宁所说："世界不会满足人，人决心以自己的行动来改变世界。"① 只有把生态环境建设成宁静、和谐、美丽的状态，满足人民日益增长的优美生态环境需要才有前提和保障。

四、"优美生态环境需要"新理念的创新意义

十九大报告提出的"优美生态环境需要"新理念，是我们党对马克思"人的需要理论"的继承和发展。马克思以及马斯洛等西方关于人的需要理论中还没有明确提出"优美生态环境需要"概念，没有把人的需要延伸到优美生态环境需要的范围，没有凸显优美生态环境需要在人的需要和人自由全面发展中的地位和作用。我们党敏锐认识到，随着中国特色社会主义进入了新时代，我国经济建设取得重大成就，人民生活水平不断改善，人民群众的需要必然会有新的变化，增添新的内容。所以，我们党及时从理论上回应了人民群众需要的新样态和新变化，第一次提出了"优美生态环境需要"这个新理念，这无疑是对马克思"人的需要理论"的丰富和发展，也超越了以马斯洛为代表的当代西方的"人的需要理论"。同时，"优美生态环境需要"新理念的提出拓展了"人的需要理论"研究的新视阈，增添了人学研究的新内容。

时代是思想之母，实践是理论之源。"优美生态环境需要"新理念的提出正是我们党与时俱进，善于聆听时代声音的具体体现。十九大报告指出："中国特色社会主义进入新时代，我国社会主要矛盾已经转化为人民日益增长的美好生活需要和不平衡不充分的发展之间的矛盾。我国稳定解决了十几亿人的温饱问题，总体上实现小康，不久将全面建成小康社会，人民美好生活需要日益广泛，不仅对物质文化生活提出了更高要求，而且在民主、法治、公

---

① 《列宁全集》第38卷，人民出版社1959年版，第229页。

平、正义、安全、环境等方面的要求日益增长。"中国社会主要矛盾的新变化,意味着人民群众需要的新样态的产生,需要的新领域的扩展,这是中国社会发展进步的必然。

面对着中国社会主要矛盾的新变化,我们党已经看到,"小康全面不全面,生态环境质量是关键"。当下生态环境方面存在的突出问题已经成为了满足人民日益增长的美好生活需要的制约因素。土壤污染、水质污染、雾霾袭人、食品污染、垃圾围城等生态短板效应的影响,使得"优美生态环境"成为了人民的新需要,时代的新呼唤。

人民有所呼,政府有所应。习近平总书记指出:"环境就是民生,青山就是美丽,蓝天也是幸福。良好生态环境是最公平的公共产品,是最普惠的民生福祉。"① 人民群众对清新空气、清澈水质、清洁环境等生态产品的需要越来越迫切,生态环境越来越珍贵,我们必须顺应人民群众对优美生态环境的期盼。正是在大力推进生态文明建设的进程中,我们党更加注重人民群众的生态祈盼和环境追求,努力阐发"人的需要理论"中的生态意蕴,把人民群众对"优美生态环境需要"视为"美好生活需要"的重要组成部分,把"美好生活需要"的范围拓展延伸到优美生态环境需要的层面,这是我们党在社会主义生态文明建设中的又一重大理论创新,使"美好生活需要"范畴的内涵更加丰富,外延更加广泛。

总之,十九大报告提出的"优美生态环境需要"新理念,是我们党提出的社会主义生态文明观的最新理论成果,是对马克思"人的需要理论"的继承和发展。这种新的需要理念,超越了当代西方的"人的需要理论",第一次明确提出了"优美生态环境需要"这个新理念、新观点,把"优美生态环境需要"与人民群众的"美好生活需要"结合起来,开辟了人学研究和社会发展研究的生态维度,把人的需要从政治、经济、精神、文化、心理和人的自由全面发展的层面延展拓进到"优美生态环境需要"的层面。这样,什么是"优美生态环境"?"优美生态环境需要"包含着什么内容?怎样提供更多的生态产品以满足人民日益增长的"优美生态环境需要"等一系列理论和现实问题就呈现在人们面前。这方面的研究将弥补传统需要理论存在着的特定生态学阈限,把生态环

---

① 《习近平总书记系列讲话精神学习读本》,中共中央党校出版社2013年版,第82页。

境需要镶嵌到"人的需要理论"当中，唤起"人的需要理论"中的生态环境因素，把人的需要同人与自然关系的生态整合结合起来。美丽中国，美好家园是人民美好生活的重要内容，满足人民群众日益增长的优美生态环境需要，反映了人民群众的根本需要和最大利益，是人与自然和谐共生现代化的内在要求和应有之义。